명당(明堂) 잡는 법

엄윤문 지음

동양서적

■ 머 릿 말

　필자가 산수지리(山水地理)의 오묘한 진리를 터득코저 전국에 걸친 산수(山水)를 찾아서 정신없이 헤매인 지도 벌써 20년이 지났다.
　그러나 천변만화(千變萬化)하는 이 학문을 달통한다는 것은 쉬운 일이 아니다. 아직도 미궁에서 헤매이고 있으니 자신의 학덕(學德)이 부족함을 탄식할 뿐이다.
　이 산수지리학의 기원을 살펴보면 옛 당나라의 일행선사(一行禪師)가 오묘한 이치에 달통하였고 송나라의 주희(朱喜)가 유명하였으며 우리나라에서는 신라 말 옥용자(玉龍子) 도선국사(道詵國師)와 그 후 남사고(南師古) 이조 초에 율곡(栗谷) 토정(土亭) 무학대사 등이 산수지리학에 능하였을 뿐만 아니라 그 업적이 널리 알려져 있다.
　특히 우리나라에서는 이조 때부터 살아 있는 사람은 양택(陽宅)인 집터를, 죽은 자에게는 음택(陰宅)인 묘터를 중요시하는 풍조가 오늘날까지 흘러내려오고 있다.
　고로 역술에 뜻을 둔 많은 사람들이 산수지리학을 배우고자 하나 많은 책들이 그 뜻이 어려워서 해득하지 못하고 있는 현실이다.
　따라서 이 학문을 일반사회인까지도 쉽게 터득하는 책을 발간하였으면 하는 계획을 세우고 많은 자료를 수집하고 체계화하였는데 부족함이 많으나 후일 다시 보충하고자 하는 마음에서 우선 이 책을 내게 되었다.
　이 책에서는 어려운 학설을 피하고 초보자라도 잘 이해하고 해득할 수 있는 방법으로 꾸며 보았다. 산수지리학에 뜻을 둔 분들에게 조금이라도 도움이 되었으면 하는 마음이 간절하다.

一九七九年 九月
웅암동 백련사에서 엄윤문 근식

■ 추 천 사

　풍수지리학(風水地理學)은 아득한 옛날 중국에서 전래(傳來)되어 우리 민족 풍속상 뿌리가 깊이 박혀진지도 어언 천 년이란 세월이 흘러갔다.
　특히 이조 태조(太祖) 이성계(李成桂)가 천도(遷都)하기 위하여 무학대사와 정도전에 명하여 개경(開京)에서 서울로 수도를 정하고 천도한 이래 이조 때에 풍수지리학이 크게 발전하여 오늘에 이르고 있다.
　생자(生者)는 양택(陽宅), 사자(死者)는 음택(陰宅)을 잘 선택하여야만 자신은 물론 자자손손(子子孫孫)이 부귀영화를 누리게 된다는 사실들은 흘러간 역사가 실증(實證)하는 바이다.
　그러나 이와같이 길지(吉地)를 얻느냐 못얻느냐 하는 점은 평소에 선덕(善德)을 쌓고 활인지업(活人之業)을 많이 베풀어야만 한다.
　옛글에 보면 착함을 행하는 자는 복을 받고 악함을 행하는 자는 죽는다고 하였다. 국가나 개인이나 다 똑같은 이치이다. 평소에 이와 같이 선(善)과 덕(德)을 쌓지 못한 사람은 아무리 많은 돈을 가지고 명사(名士)를 모시고 길지를 찾아보아야 그 명사의 눈에 길지가 보이지 않는다는 것은 엄연한 사실이다.
　우리나라에도 수많은 지사(地師)들의 저서(著書)가 출판되었고 많은 사람들이 이 학문을 터득하기에 여념이 없으나 이 책 자체의 용어(用語)가 어려워서 여러 명사(名士)들을 찾아 동서로 헤매이고 있는 현실임을 볼 때 안타깝기가 짝이 없다.
　때마침 청운 엄윤문(嚴允文) 선생이 쓴 「명당(明堂) 찾는 법」내용을 살펴보니 초보자라도 체득할 수가 있도록 되어 있어 사학(斯學)을 전공(專攻)하는 한 사람으로서 기쁘기가 한량없다.
　특히 내가 알기로는 저자(著者)인 엄윤문(嚴允文) 선생은 역학계에

발을 들여 놓은지도 30년이 지났으며 그간에 저서도 20여 권이나 될 뿐만 아니라 역학학원을 경영하면서 수많은 역학인들을 배출하고 있음을 볼 때 역학계 발전에 크게 기여하고 있다.
 그리고 이 책에는 각종 길흉사(吉凶事)를 택일하는 방법과 패철보는 방법을 자세하게 설명되어 있어 풍수지리를 살피는데 많은 도움이 되도록 쓰여져 있음을 볼 때 이 학문 발전에 큰 획을 그은 책임을 추천하는 바이다.

一九九七年 九月   日
사단법인 한국역리학회
사단법인 한국역술인협회
중앙본부
중앙회장 철학박사 지창룡 근석

❈ 목   차 ❈

- 머릿말
- 추천사

제1장 육갑법(六甲法) ……………………………………… 11

제1절 육갑법의 기본지식……………………………………… 12
1. 천간(天干)과 지지(地支) ………………………………… 12
2. 육십갑자(六十甲子) ……………………………………… 13
3. 합(合)·충(冲)·형(刑)·파(破)·해(害) ……………… 13
4. 띠 월건(月建)·시간 ……………………………………… 15

제2절 음양(陰陽) ……………………………………………… 22
1. 음양이란 무엇인가 ………………………………………… 22
2. 음양의 소속 ………………………………………………… 23

제3절 오행(五行) ……………………………………………… 24
1. 오행과 상생 상극 …………………………………………… 25
2. 오행의 소속 ………………………………………………… 25

제4절 이십사절(24節) ………………………………………… 30

제2장 택일법(擇日法) ……………………………………… 33

제1절 생기복덕 가리는 법 …………………………………… 34
1. 생기복덕법이란 …………………………………………… 34
2. 생기팔신(生氣八神) 길흉 ………………………………… 37

제2절 길흉신 정국(吉凶神 定局) … 37
　1. 세신정국(歲神定局) … 38
　2. 월별기준 길흉신 … 40
　3. 황흑도(黃黑道) … 42
　4. 대공망일(大空亡日) … 43
　5. 복단일(伏斷日) … 43
　6. 백기일(百忌日) … 44

제3절 생활택일(生活擇日) … 45
　1. 제사(祭祀)・고사(告祀) … 45
　2. 여행(旅行) … 47
　3. 이사(移徙) … 48
　4. 이사방위(移徙方位) … 50
　5. 연회(宴會) … 52
　6. 개업(開業) … 53
　7. 약혼(約婚) … 54

제4절 혼인(婚姻) … 55
　1. 혼인운(婚姻運) … 55

제5절 양택(陽宅) … 61
　1. 집짓는 운 … 61
　2. 날가리는 법 … 63
　3. 출입문 길흉방 … 64

제6절 음택(陰宅) … 65
　1. 초상(初喪) … 65
　2. 이장(移葬) … 68

3. 합장(合葬) ·· 73

제3장 명당(明堂) 잡는 법 ························· 75

제1절 형체(刑體) ······································ 77
1. 술어(述語) 해석 ·· 77

제2절 길흉(吉凶) ······································ 84
1. 길격(吉格) ·· 84
2. 흉격(凶格) ·· 85

제4장 혈 찾는 법(尋穴法) ························· 89

제1절 십오도수 정혈법(15度數 定穴法) ········ 91
1. 산매법(山媒法) ·· 94
2. 반배정혈법(反配定穴法) ······························ 99
3. 반배각법(反配角法) ··································· 103
4. 천덕용법(天德龍法) ··································· 107
5. 권지법(權枝法) ··· 109
6. 진수정법(唇守正法) ··································· 113
7. 사태용정혈법(四胎龍定穴法) ······················· 115

제2절 기타 정혈법(其他 定穴法) ················ 117
1. 사정용정법(四正龍正法) ····························· 117
2. 천심십도혈(天心十道穴) ····························· 120
3. 분수(分水)와 합수(合水) ···························· 121
4. 조산(朝山) ··· 122
5. 수세(水勢) ··· 123

6. 낙산(樂山) …………………………………………… 124
   7. 용호(龍虎) …………………………………………… 125
   8. 향배(向背) …………………………………………… 126
   9. 요감(饒減) …………………………………………… 127
  제3절 괴혈론(怪穴論) …………………………………… 128

제5장 좌법(坐法) …………………………………… 133
  제1절 좌정법(坐定法) …………………………………… 134
   1. 천덕용좌법(天德龍坐法) ……………………………… 134
   2. 입수좌법(入首坐法) …………………………………… 135
   3. 천월덕입수좌법(天月德入首坐法) …………………… 136

제6장 역사인물의 운명과 명당 ………………… 139
  태조 이성계(太祖 李成桂) ……………………………… 140
  세종대왕(世宗大王) ……………………………………… 148
  문종왕(文宗王) …………………………………………… 157
  단종왕(端宗王) …………………………………………… 163
  세조대왕(世祖大王) ……………………………………… 171
  연산군(燕山君) …………………………………………… 176
  고종황제(高宗皇帝) ……………………………………… 179
  대원군(大院君) …………………………………………… 185
  영조(英祖) ………………………………………………… 190
  사도세자(思悼世子) ……………………………………… 195
  계비(繼妃) 인현왕후(仁顯王后) ………………………… 200

신사임당(申師任堂) ………………………………………… 202
이승만(李承晩) …………………………………………… 207
김구(金九) ………………………………………………… 210
신익희(申翼熙) …………………………………………… 213
김성수(金性洙) …………………………………………… 216

제7장 명당에 얽힌 이야기 …………………………… 223

1. 이천 서씨(利川 徐氏)의 명당 ……………………… 224
2. 해평 윤씨(海平 尹氏)의 명당 ……………………… 225
3. 삼대 정승이 난 명당 ………………………………… 226
4. 이조왕궁(李朝王宮) 결정의 숨은 이야기 ………… 230
5. 문화 류씨 유잠(柳潛)의 명당 ……………………… 234
6. 이순자 여사 부친 이봉희씨의 명당 ………………… 238

제8장 패철(나경)보는 법 ……………………………… 243

제1절 패철의 의의 ……………………………………… 244

1. 방향(方向)과 위치(位置) …………………………… 244
2. 도표(圖表)와 구성(構成) …………………………… 249
3. 각층의 사용법 ………………………………………… 251
4. 택일(擇日)과 장법(葬法) …………………………… 293

제1장 육갑법(六甲法)

제1장 육갑법(六甲法)

제1절 육갑법(六甲法)의 기본 지식

학술적으로 사주·궁합·택일·점·이름 등의 길흉화복을 판단하려면 아무리 쉬운 방법으로 배우려 해도 우선적으로 육갑법을 숙달이 되도록 공부한 뒤에라야 여러가지 방법을 보고 이해할 수 있다. 육갑법이란 천간이 무엇이고 지지가 무엇이며 천간과 지지가 어떻게 작용하는가에 대하여 설명한다.

1. 천간(天干)과 지지(地支)

천간은 열가지로 되었다해서 십간(十干)이라고도 하고, 지지는 열두가지로 되었다 해서 십이지(十二支)라고도 한다. 아래와 같다.

천간 갑 을 병 정 무 기 경 신 임 계
天干 甲 乙 丙 丁 戊 己 庚 辛 壬 癸
지지 자 축 인 묘 진 사 오 미 신 유 술 해
地支 子 丑 寅 卯 辰 巳 午 未 申 酉 戌 亥

천간과 지지에는 각각 음(陰)과 양(陽)으로 구분되어 있다.

천간의 甲 丙 戊 寅 壬은 양에 속하고
      乙 丁 己 辛 癸는 음에 속한다.
지지의 子 寅 辰 午 申 戌은 양에 속하고
      丑 卯 巳 未 酉 亥는 음에 속한다.

2. 육십갑자(六十甲子)

　열개의 천간과 열두개의 지지가 각각 위 아래로 짝을 지으면 예순가지가 되는데 이를 육십갑자(六十甲子)라 한다. 단 양에 속하는 천간은 양에 속하는 지지와 짝이 되고, 음에 속하는 천간은 음에 속하는 지지와 짝이 되었다.

　천간은 하늘을 상징하여 위에 있고, 지지는 땅을 상징하여 아래에 있다. 그리고 천간은 남자에 해당되고 지지는 여자에게 해당된다.

갑자	을축	병인	정묘	무진	기사	경오	신미	임신	계유
甲子	乙丑	丙寅	丁卯	戊辰	己巳	庚午	辛未	壬申	癸酉
갑술	을해	병자	정축	무인	기묘	경진	신사	임오	계미
甲戌	乙亥	丙子	丁丑	戊寅	己卯	庚辰	辛巳	壬午	癸未
갑신	을유	병술	정해	무자	기축	경인	신묘	임진	계사
甲申	乙酉	丙戌	丁亥	戊子	己丑	庚寅	辛卯	壬辰	癸巳
갑오	을미	병신	정유	무술	기해	경자	신축	임인	계묘
甲午	乙未	丙申	丁酉	戊戌	己亥	庚子	辛丑	壬寅	癸卯
갑진	을사	병오	정미	무신	기유	경술	신해	임자	계축
甲辰	乙巳	丙午	丁未	戊申	己酉	庚戌	辛亥	壬子	癸丑
갑인	을묘	병진	정사	무오	기미	경신	신유	임술	계해
甲寅	乙卯	丙辰	丁巳	戊午	己未	庚申	辛酉	壬戌	癸亥

3. 합(合)·충(冲)과 형(刑)·파(破)·해(害)

　천간에는 천간끼리 서로 만나면 합(合)이 되는 것이 있고 충(冲)이 되는 것이 있으며, 지지에는 지지끼리 서로 만나면 역시 서로 합이 되는 것과 충이 되는 것이 있으며 또는 서로 형(刑)하고 해(害)하고 파(破)하는 것이 있다.

　합(合)이란 서로 화합되는 것이요 충(冲)은 서로 충돌함이요, 형(刑)은 서로 부딪혀 상하게 하는 것이요, 파(破)는 서로 파괴하는 것이요 해는 서로 해치는 것이다.
 ●천간합=甲己合 乙庚合 丙辛合 丁壬合 戊癸合
 갑기가 합이요 을경이 합이요 병신이 합이요 정임이 합이요 무계가 합이다.
 ●천간충=甲庚冲 乙辛冲 丙壬冲 丁癸冲 戊己冲
 갑경이 충이요 을신이 충이요 병임이 충이요 정계가 충이요 무기가 충이다.
 ●三合=申子辰合 巳酉丑合 寅午合 亥卯未合
 지지에는 세가지 지지끼리 합을 이루는 것이 있는데 신자진(申子辰)이 만나면 합이요(申子·子辰·申辰도 합이 된다) 사유축이 만나면 합이요(巳酉·酉丑·巳丑도 합이 된다) 寅午, 戌이 합이오(寅午·午戌·寅戌도 합이 된다) 亥卯未가 합이다(亥卯·卯未·亥未도 합이 된다)
 ●六合=子丑合 寅亥合 卯戌合 辰酉合 巳申合
 자(子)와 축(丑)이 합이요 인(寅)과 해(亥)가 만나면 합이요 묘(卯)와 술(戌)이 만나면 합이요 진(辰)과 유(酉)가 만나면 합이요 사(巳)와 신(申)이 만나면 합이다.
 ●형(刑)=寅巳申, 丑戌未(寅은 巳를 형하고 巳는 申을 형하고 申은 寅을 형하니 이를 寅巳申 삼형이라 한다. 또 丑은 戌을 형하고, 戌은 未를 형하고 未는 丑 형하니 이를 丑戌未 삼형이라 한다)
 子卯相刑(子는 卯를 형하고 卯는 子를 형하니 상형이라 한다)
 辰午酉亥子刑(辰은 辰을, 午는 午끼리, 酉는 酉끼리 亥는 亥끼리 형하니 이를 자형〈自刑〉이라 한다)
 ●육파(六破)=子-酉 丑辰 寅-亥 巳-申 卯-午 戌-未
 자유(子酉)가 파요, 축진(丑辰)이 파요, 인해(寅亥)가 파요, 사신(巳申)이 파요 묘오(卯午)가 파요 술미(戌未)가 파다. 즉 자(子)와 유(酉)는 서로 만나면 파괴한다는 뜻이다.
 ●(害)=子-未 丑-午 寅-巳 卯-辰 申-亥 酉-戌
 자(子)와 미(未)가 만나면 서로 해친다는 뜻이다.

4. 띠·월건(月建)·시간

띠란 육십갑자(六十甲子)가 매년 돌아감에 따라 십이지를 기준하여 어느 해가 무슨 띠인가 알아보는 것이며, 월건이란 일년 열 두 달에 고정적으로 십이지(十二支)에 매인 것이며, 하루 스물네시간에도 두시간에 일지(一支)씩 십이지의 시간이 고정적으로 정해져 있으니 다음과 같다.

● =자(子)-쥐 축(丑)-소 인(寅)-범 묘(卯)-토끼 진(辰)-용 사(巳)-뱀 오(午)-말 미(未)-양 신(申)-원숭이 유(酉)-닭 술(戌)-개 해(亥)-돼지

갑자(甲子) 병자(丙子) 무자(戊子) 경자(庚子) 임자년(壬子年)은 모두 쥐해가 되니 위해에 출생하면 쥐띠다.

을축(乙丑) 정축(丁丑) 기축(己丑) 신축(辛丑) 계축년(癸丑年)은 모두 소해가 되니 위해에 출생하면 소띠다.

병인(丙寅) 무인(戊寅) 경인(庚寅) 임인(壬寅) 갑인년(甲寅年)은 모두 범해가 되니 위해에 출생하면 범띠다.

정묘(丁卯) 기묘(己卯) 신묘(辛卯) 계묘(癸卯) 을묘년(乙卯年)은 모두 토끼해니 위해에 출생하면 토끼띠다.

무진(戊辰) 경진(庚辰) 임진(壬辰) 갑진(甲辰) 병진년(丙辰年)은 모두 용해가 되니 위해에 출생하면 용띠다.

기미(己未) 신사(辛巳) 계사(癸巳) 을사(乙巳) 정사년(丁巳年)은 모두 뱀해가 되니 위해에 출생하면 뱀띠다.

경오(庚午) 임오(壬午) 갑오(甲午) 병오(丙午) 무오년(戊午年)은 모두 말해가 되니 위해에 출생하면 뱀띠다.

신미(辛未) 계미(癸未) 을미(乙未) 정미(丁未) 기미년(己未年)은 모두 양해가 되니 위해에 출생하면 양띠다.

임신(壬申) 갑신(甲申) 병신(丙申) 무신(戊申) 경신년(庚申年)은 모두 원숭이해가 되니 위해에 출생하면 원숭이띠다.

계유(癸酉) 을유(乙酉) 정유(丁酉) 기유(己酉) 신유년(辛酉年)은 모두 닭해가 되니 위해에 출생하면 닭띠다.

갑술(甲戌) 병술(丙戌) 무술(戊戌) 경술(庚戌) 임술년(壬戌年)은 모두 개해가 되니 위해에 출생하면 개띠다.

을해(乙亥) 정해(丁亥) 기해(己亥) 신해(辛亥) 계해년(癸亥年)은 모두 돼지해이니 위해에 출생하면 돼지띠다.

● 월건(月建) = 정월(正月)-인(寅) 이월(二月)-묘(卯) 삼월(三月)-진(辰) 사월(四月)-사(巳) 오월(五月)-오(午) 유월(六月)-미(未) 칠월(七月)-신(申) 팔월(八月)-유(酉) 구월(九月)-술(戌) 시월(十月)-해(亥) 십일월(十一月)-자(子) 십이월(十二月)-축(丑)

그런데 이 월건에는 매년 매월 육십갑자(六十甲子)로 돌아가는 바 지지(地支)는 어느해 어느 달을 막론하고 고정되어(위와 같이) 있으나 천간(天干)만은 그해 그해에 따라 다르게 매인 것이니 월건을 육십갑자(六十甲子)로 짚어나가는 요령과 일람표는 아래와 같다.

갑기년(甲己年)-정월(正月)을 병인(丙寅)부터 을경년(乙庚年)-정월(正月)을 무인(戊寅)부터 병신년(丙辛年) 정월(正月)을 경인(庚寅)부터 정임년(丁壬年)-정월(正月)을 임인(壬寅)부터 무계년(戊癸年)-정월(正月)을 갑인(甲寅)부터

가령 태세(太歲-그해의 干支)가 甲년(甲子 甲戌 甲申年 등)이나 己년(己巳 己卯 己丑年 등)으로 되어 있으면 정월(正月)을 병인(丙寅)부터 시작하여 이월(二月)에 정묘(丁卯), 삼월(三月)에 무진(戊辰), 사월(四月)에 기사(己巳)로 육십갑자(六十甲子) 순서에 의하여 매 달의 간지(干支)를 붙여나간다.

○ 월건일람표

월\年干	正月(寅)	二月(卯)	三月(辰)	四月(巳)	五月(午)	六月(未)	七月(申)	八月(酉)	九月(戌)	十月(亥)	十一月(子)	十二月(丑)
甲己年	丙寅	丁卯	戊辰	己巳	庚午	辛未	壬申	癸酉	甲戌	乙亥	丙子	丁丑
乙庚年	戊寅	己卯	庚辰	辛巳	壬午	癸未	甲申	乙酉	丙戌	丁亥	戊子	己丑
丙辛年	庚寅	辛卯	壬辰	癸巳	甲午	乙未	丙申	丁酉	戊戌	己亥	庚子	辛丑
丁壬年	壬寅	癸卯	甲辰	乙巳	丙午	丁未	戊申	己酉	庚戌	辛亥	壬子	癸丑
戊癸年	甲寅	乙卯	丙辰	丁巳	戊午	己未	庚申	辛酉	壬戌	癸亥	甲子	乙丑

갑(甲)·기(己)년은 정월(正月)이 병인(丙寅)이요 을경년(乙庚年)은 정월(正月)이 무인월(戊寅月)이요, 병(丙)·신(辛)년은 정월(正月)이 경인월(庚寅月)이요, 정임년(丁壬年)은 정월(正月)이 임인월(壬寅月)이요 무계년(戊癸年)은 정월(正月)이 갑인월(甲寅月)이다.

● 시간(時) = 자시(子時) - 오전 영(○)시~일(一)시전, 오후 십일(十一)시~0시 즉 오후 십일(十一)시~명일 일(一)시전

축시(丑時) - 오전 일(一)시~삼(三)시전
인시(寅時) - 오전 삼(三)시~오(五)시전
묘시(卯時) - 오전 오(五)시~칠(七)시전
진시(辰時) - 오전 칠(七)시~구(九)시전
사시(巳時) - 오전 구(九)시~십일(十一)시전
오시(午時) - 오전 십일(十一)시~오후 일(一)시전
미시(未時) - 오후 일(一)시~삼(三)시전
신시(申時) - 오후 삼(三)시~오(五)시전
유시(酉時) - 오후 오(五)시~칠(七)시전
술시(戌時) - 오후 칠(七)시~구(九)시전
해시(亥時) - 오후 구(九)시~십일(十一)시전

즉 오후 십일시(十一時, 23시) 부터 다음날 0시(子正)까지가 자시(子時)요, 일시(一時) 이시(二時)가 축시(丑時)요, 삼시(三時) 사시

(四時)가 인시(寅時)요, 오시(五時) 육시(六時)가 묘시(卯時)요, 칠시(七時) 팔시(八時)가 진시(辰時)요, 구시(九時) 십시(十時)가 사시(巳時)요, 십일시(十一時)에서 오후 0시(12시)가 오시(午時)요, 오후 일시(一時, 13시) 이시(二時, 14시)가 미시(未時)요, 오후 삼시(三時, 15시) 사시(四時, 16시)가 신시(申時)요, 오후 오시(五時, 17시) 육시(六時, 18시)가 유시(酉時)요, 오후 칠시(七時, 19시) 팔시(八時, 20시)가 술시(戌時)요, 오후 구시(九時, 21시) 십시(十時, 22시)가 해시(亥時)다.

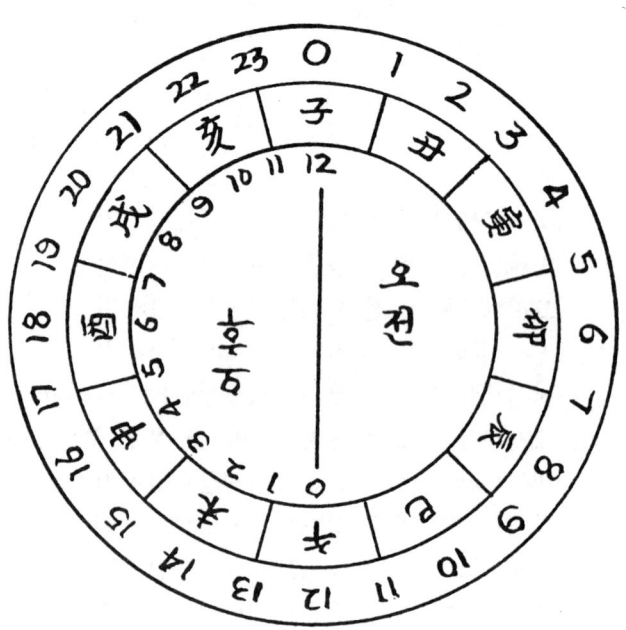

자시(子時) : 초(初)-이십삼시(二十三時)
　　　　　　정(正)-영시(0時)
축시(丑時) : 초(初)-일시(一時)
　　　　　　정(正)-이시(二時)
인시(寅時) : 초(初)-삼시(三時)
　　　　　　정(正)-사시(四時)
묘시(卯時) : 초(初)-五시(三時)
　　　　　　정(正)-육시(六時)
진시(辰時) : 초(初)-칠시(七時)
　　　　　　정(正)-팔시(八時)
사시(辰時) : 초(初)-구시(九時)
　　　　　　정(正)-십시(十時)
오시(午時) : 초(初)-십일시(十一時)
　　　　　　정(正)-십이시(十二時)
미시(未時) : 초(初)-십삼시(十三時)
　　　　　　정(正)-십사시(十四時)
신시(申時) : 초(初)-십오시(十五時)
　　　　　　정(正)-십육시(十六時)
유시(酉時) : 초(初)-십칠시(十七時)
　　　　　　정(正)-십팔시(十八時)
술시(戌時) : 초(初)-십구시(十九時)
　　　　　　정(正)-이십시(二十時)
해시(亥時) : 초(初)-이십일시(二十一時)
　　　　　　정(正)-이십삼시(二十三時)

　십이지(十二支)에 의한 시간은 매일 고정되어 있으나 육십갑자(六十甲子)로 따지는 시간은 그날 그날의 일진에 따라 다르다(地支에 의한 시간은 변동없고 天干만 다름) 그러므로 그 시간 돌려짚는 요령과 일람표를 아래에 수록한다.

갑기일(甲己日)-갑자시(甲子時), 을경일(乙庚日)-병자시(丙子時) 병신일(丙辛日)-무자시(戊子時) 정임일(丁壬日)-경자시(庚子時) 무계일(戊癸日)-임자시(壬子時)

가령 일진(日辰)이 갑일(甲日) 즉 갑자(甲子) 갑술(甲戌) 갑신(甲申) 갑오(甲午) 갑진(甲辰) 갑인일(甲寅日)에 해당되거나 기사(己巳) 을묘(乙卯) 을축(乙丑) 을해(乙亥) 기유(己酉) 기미일(己未日)에 해당하면 자시(子時)를 갑자(甲子)부터 시작하여 을축(乙丑) 병인(丙寅) 정묘(丁卯)로 육십갑자(六十甲子) 순서에 의하여 돌려짚어 나간다.

시간 일干	子時 0시	丑時 一시 二시	寅時 三시 四시	卯時 五시 六시	辰時 七시 八시	巳時 九시 十시	午時 十一시 十二시	未時 오一시 후二시	申時 三시 四시	酉時 五시 六시	戌時 七시 八시	亥時 九시 十시	子時 十一시
甲己日	甲子	乙丑	丙寅	丁卯	戊辰	己巳	庚午	辛未	壬申	癸酉	甲戌	乙亥	丙子
乙庚日	丙子	丁丑	戊寅	己卯	庚辰	辛巳	壬午	癸未	甲申	乙酉	丙戌	丁亥	戊子
丙辛日	戊子	乙丑	庚寅	辛卯	壬辰	癸巳	甲午	乙未	丙申	丁酉	戊戌	己亥	庚子
丁壬日	庚子	辛丑	壬寅	癸卯	甲辰	乙巳	丙午	丁未	戊申	己酉	庚戌	辛亥	壬子
戊癸日	壬子	癸丑	甲寅	乙卯	丙辰	丁巳	戊午	己未	庚申	辛酉	壬戌	癸亥	甲子

원칙적으로 일진(日辰)은 밤 십일(十一)시가 다 지나고 십이(十二)시 즉 0시(명일)가 되어야 다음날 일진으로 바뀌지만 그날 일진에 해당되는 자시는 일진이 바뀌기전인 전날 십일(十一)시부터 시작된다. 그러므로 위 일람표와 같이 갑자(甲子)시는 무일(戊日)이나 계일(癸日) 밤 십일(十一)시에서 갑일(甲日)이나 기일(己日)의 0시까지가 된다. 또 다른 설명으로 가령 갑일(甲日) 자시(子時)인데 이는 일진이 갑일(甲日)로 바뀌는 0시의 자(子)시가 갑자(甲子)시이고 갑자일(甲子日) 밤 십일(十一)시의 자(子)시는 을축일(乙丑日)에 해당하는 병자(丙子)시가 된다는 점을 분명히 알아두어야 한다.

예)계유일(癸酉日) 오후(밤) 십일(十一)시 : 갑자(甲子)시
　　　　 0시-갑술일(甲戌日) : 갑자(甲子)시

갑술일(甲戌日) 오후 십일(十一)시 : 丙子시

5. 선천(先天)·후천(後天)·중천수(中天數)

천간(天干)과 지지(地支)에는 각각 그에 해당되는(매인) 숫자가 있으니 선천수와 후천수와 중천수의 세가지로 구분할 수 있다.

● 선천수(先天數) = 갑기자오(甲己子午)-구(九) 을경축미(乙庚丑未)-팔(八) 병신인신(丙辛寅申)-칠(七) 정임묘유(丁壬卯酉)-육(六) 사해(巳亥)-사(巳)

예를 들어 천간 갑기(甲己)와 지지 자오(子午)는 각각 선천수가 구(九)요, 천간 을경(乙庚)과 지지 축미(丑未)는 각각 선천수가 팔(八)이다. 이 선천수는 사주·신수·점괘의 숫자를 구성하는데 쓰이고(그러한 방법으로 보는 학술이 간혹 있다) 또는 토정비결의 월건 일진수를 산출하는데도 쓰이며 기타 여러가지 술서에 간혹 적용된다.

● 후천수(後天數) = 임자일(壬子一) 정사이(丁巳二) 갑인삼(甲寅三) 신유사(辛酉四) 무진술오(戊辰戌五) 己百(또는 十) 축미십(丑未十) 계해육(癸亥六) 병오칠(丙午七) 을묘팔(乙卯八) 경신구(庚辛九)

가령 천간 임(壬)과 지지 자(子)는 후천수가 일(一)이요, 천간 정(丁)과 지지 사(巳)는 후천수가 이(二)다. 이 후천수는 오행학상 많이 쓰이고 있는 정오행(正五行) 숫자이다.

● 중천수(中天數) = 갑기진술축미십일(甲己辰戌丑未十一) 을경신유십(乙庚申酉十) 병신해자구(丙辛亥子九) 정임인묘팔(丁壬寅卯八) 무계사오칠(戊癸巳午七)

가령 천간 갑기(甲己)와 지지 진술축미(辰戌丑未)는 중천수가 각각 십일(十一)이다. 이 중천수는 토정비결작괘 하는데 쓰이고 기타에도 간혹 적용된다.

※ 토정비결 작괘법

　상괘＝그해 태세의 간지를 중천수에 의하여 상하 합한 숫자에다 당년 나이를 또 합하여 팔(八)로 나눈 나머지 숫자다. (나머지가 없으면 八이다)

　중괘＝주인공의 그 해 생월에 해당되는 월건의 간지를 선천수에 의한 숫자를 뽑아 합하고 그달(생월)이 크면(大月) 이십(二十)을 더하고 작으면(小月) 이십구(二十九)를 더하여 육(六)으로 나눈 나머지 숫자다. (나머지가 없으면 六이다)

　하괘＝주인공의 그 해 생일에 해당하는 일진의 천간으로 선천수에서 빼고, 지지로는 중천수에서 빼어 합한 숫자에다 생일날자 수를 더하여 삼(三)으로 나눈 수의 나머지로 하괘를 정한다. (나머지가 없으면 三이다)

제2절 음양(陰陽)

1. 음양이란 무엇인가

　음양(陰陽)이란 글자 그대로 음성(陰性)과 양성(陽性)인데 크게 나누어 암컷과 수컷이다. 천지 만물 만사에는 음양으로 되어 있지 않은 것이 단 한가지도 없으니 이 음양의 조화로 인하여 만물이 생성(生成)되고 있으므로 심지어 미물 곤충에 이르기까지 음양성이 아니면 생겨날 수 없고 하찮은 성냥개비 한개라도 이 음양의 원리에 부합되지 않으면 만들어질 수가 없다. 즉 만물 만사가 양성 하나만으로 존속될 수 없고 음성 하나만으로 생성될 수 없으매 반드시 음양 두가지의 절대적이 요소가 구비되어야 함은 거듭 말할 필요가 없다.

　하늘은 양이요 땅은 음이니 여기에서 이미 음양의 높고 낮은 도(道)가 정리되었다. 따라서 높은 것은 양이요 낮은 것은 음이다. 해(日)는 양이요 달(月)은 음이니 이에 낮은 양이요 밤은 음이며 밝은 것은 양이요 어두운 것은 음이다. 남자는 양이요 여자는 음이니 만물의 수컷은 모두 양에 속하고 암컷은 모두 음에 속한다. 더운 것은 양이요 추운 것은 음이니 불은 양이요 물은 음이며, 봄 여름은 양이요 가을 겨울은 음이다. 양의 성질은 동적이요 급하고 강건하고 외향적인 반면에 음의 성질은 정적이요 느리고 유순하고 내향적이다.

그외의 음양 구분은 다음을 보라.

양-길다 마르다 착하다 뾰족하다 희다 껄끄럽다 건조하다 부귀길복 크다
음-짧다 살찌다 악하다 오목하다 검다 미끄럽다 습하다 빈천흉화 작다

2. 음양의 소속

위에서는 만물 만사에 대한 형태의 음양 구분을 간단히 설명하였고 여기에서는 운명학상 공부에 필요로 하는 점 만을 분류한다. 음양은 심지어 글자하나 하나에도 구분되어 있는 바 천간과 지지가 모두 음양으로 구분되고 숫자에도 역시 음양으로 구분되어 있다.

- 천간음양= 甲 乙 丙 丁 戊 己 庚 辛 壬 癸
  　　　　양 음 양 음 양 음 양 음 양 음
- 지지음양= 자 축 인 묘 진 사 오 미 신 유 술 해
  　　　　양 음 양 음 양 음 양 음 양 음 양 음

천간 갑병무경임(甲丙戊庚壬)은 양이요 을정기신계(乙丁己辛癸)는 음이며, 지지 자인진오신술(子寅辰午申戌)은 양이요 축묘사미유해(丑卯巳未酉亥)는 음이다.

- 숫자음양= 一 二 三 四 五 六 七 八 九 十
  　　　　 양 음 양 음 양 음 양 음 양 음
- 오행(五行) = 木(목)·火(화)·土(토)·金(금)·水(수)
  　　　　　나무(木)·불(火)·흙(土)·쇠(金)·물(水)　다섯가
  　　　　　지를 오행이라 한다)
- 상생(相生) = 木生火　火生土　土生金　金生水　水生木
  　　　　　목생화　화생토　토생금　금생수　수생목

나무는 불을 생하고, 불은 흙을 생하고, 흙은 쇠를 생하고, 쇠는 물을 생하고 물은 나무를 생한다. 또는 木火가 상생관계요, 火土가 상생관계요, 土金이 상생관계요 金水가 상생관계요, 水木이 상생관계다.
● 상극(相克)＝木克土 土克水 水克火 火克金 金克木
　　　　　　　목극토 토극수 수극화 화극금 금극목
나무는 흙을 이기고, 흙은 물을 이기고, 물은 불을 이기고, 불은 쇠를 이기고 쇠는 나무를 이긴다. 또는 목토(木土)가 상극이요, 토수(土水)가 상극이요, 수화(水火)가 상극이요 화금(火金)이 상극이요, 금목(金木)이 상극관계다.

○ 목(木)은 수(水)의 생을 받고 화(火)를 생해주며 금(金)의 극을 받고 토(土)를 극한다.

○ 화(火)는 목(木)의 생을 받고 토(土)를 생해주며 수(水)의 극을 받고 금(金)을 극한다.

○ 토(土)는 화(火)의 생을 받고 금(金)을 생(生)해주며 목(木)의 극을 받고 수(水)을 극한다.

일삼오칠구(一三五七九)의 홀수는 모두 양수라 하고 이사육팔십(二四六八十)의 짝수는 모두 음수라한다. 숫자가 십단위 백단위 천단위를 막론하고 그 끝자리 숫자가 홀수이면 양이 되고 짝수 이면 음이 된다.

제3절 오행(五行)

천지만물에 음양의 구분이 있듯이 또한 오행(五行)이란 오기(五氣)가 있다. 음양이 순환하고 오행이 생(生)하여 나감으로써 만물이 생장하고만 일 음양이 조화되지 못하거나 오행이 상극(相克)하여 중화(中和)되지 못하면 만물이 생장하지 못하고 사멸(死滅)해 버리고 만다. 이러한 원리를 적용하여 인간의 길흉화복을 추리 판단하는 학문이 바로 음양오행을 바탕으로하는 운명학이며 인간 만사 즉 각종 택일 음택 양택이며 사주 궁합 성명에 이르기까지 이 범위에서 벗어나지 않는다.

1. 오행과 상생 상극
 ο 금(金)은 토(土)의 생을 받고 수(水)를 생해주며 화(火)의 극을 받고 목(木)을 극(克)한다.
 ο 수(水)는 금(金)의 생을 받고 목(木)을 생해주며 토(土)의 극을 받고 화(火)를 극한다.

2. 오행의 소속
 오행은 천간 지지, 수, 방위, 색, 절기 등 모든 분야에 소속되어 있다.
 ● 정오행(正五行) = 갑을인묘(甲乙寅卯)-목(木) 병정사오(丙丁巳午)-화(火) 무기진술축미(戊己辰戌丑未)-토(土) 경신신유(庚辛申酉)-금(金) 임계해자(壬癸亥子)-수(水)
 이를 음양으로 구분하면 다음과 같다.
 갑인(甲寅))-양목(木) 을묘(乙卯)-음목(木) 병오(丙午)-양화(火) 정사(丁巳)-음화(火) 무진술(戊辰戌)-양토(土) 기축미(己丑未)-음토(土) 경신(庚申)-양금(金) 신유(辛酉)-음(金) 임자(壬子)-양수(水) 계해(癸亥)-음수(水)
 ● 간합오행(干合五行)은 아래와 같다.
 갑기합(甲己合)-토(土) 을경합(乙庚合)-금(金) 병신합(丙辛合)-수(水) 정임합(丁壬合)-목(木) 무계합(戊癸合)-화(火)
 천간 갑기(甲己)가 만나면 합화하여 오행은 토(土)가 되고, 을경(乙庚)이 만나면 금(金)이 되고, 병신(丙辛)이 만나면 수(水)가 되고, 정임(丁壬)이 만나면 목(木)이 되고, 무계(戊癸)가 만나면 합화하여 오행은 화(火)가 된다.
 ● 삼합오행(三合五行) = 지지가 삼합을 만나면 다른 오행으로 변화한다.

신자진합(申子辰合)-수(水) 사유축합(巳酉丑合)-금(金) 인술오합(寅戌午合)-화(火) 해묘미합(亥卯未合)-목(木)

지지 신자진(申子辰)이 만나면 합화하여 오행은 수(水)가 되고, 사유축(巳酉丑)이 만나면 금(金)이 되고, 인오술(寅午戌)이 만나면 화(火)가 되고, 해묘미(亥卯未)가 만나면 목(木)이 된다.

●육합오행(六合五行) = 지저는 또 다른 지끼리 육합을 이루면 다른 오행이 된다.

자축합(子丑合)-토(土) 인해합(寅亥合)-목(木) 묘술합(卯戌合)-화(火) 진유합(辰酉合)-금(金) 사신합(巳申合)-수(水) 오미합(午未合)

자축(子丑)이 만나 합하면 오행은 토(土)가 되고, 인해(寅亥)가 만나면 목(木)이 되고 묘술(卯戌)이 만나면 화(火)가 되고, 진유(辰酉)가 만나면 금(金)이 되고 사신(巳申)이 만나면 수(水)가 되고, 단 오미(午未)가 만나면 합은 이루지만 오행은 변하지 않는다.

●육십갑자 납음오행(六十甲子 納音五行) = 육십갑자에 각각 매인 오행이다.

갑자·을축-해중금 병인·정묘-노중화 무진·기사-대림목
경오·신미-노방토 임신·계유-금봉금 갑술·을해-산두화
병자·정축-간하수 무인·기묘-성두土 경진·신사-백납금
임오·계미-양류목 갑신·을유-천중水 병술·정해-옥상土
무자·기축-벽력화 경인·신묘-송백목 임진·계사-장류수
갑오·을미-사중금 병신·정유-산화화 무술·기해-평지목
경자·신축-벽상土 임인·계묘-금박금 갑진·을사-복등화
병오·정미-천하수 무신·기유-대역土 경술·신해-사천금
임자·계축-상자목 갑인·을묘-대계水 병진·정사-사중土
무오·기미-천상화 경신·신유-석류목 임술·계해-대해수

●수리오행(數理五行) = 기본수 일(一)에서 십(十)까지 오행이 매어 있는 바 아래와 같다.

일육수(一六水) 이칠화(二七火) 삼팔목(三八木) 사구금(四九金) 오십토(五十土)

일(一)은 양수(水)요 육(六)은 음수(水)다. 이(二)는 음화(火)요 칠(七)은 양화(火)다. 삼(三)은 양목(木)이요 팔(八)은 음목(木)이다. 사(四)는 음금(金)이요 구(九)는 양금(金)이다. 오(五)는 양토(土)요 십(十)은 음토(土)다.

일수(一水)는 임자(壬子)와 같고 육수(六水)는 계해(癸亥)와 같다. 이화(二火)는 정사(丁巳)의 음화(火)요 칠(七)은 병오(丙午)와 같다. 삼(三)은 갑인목(甲寅木)이요 팔(八)은 을묘목(乙卯木)이다. 사(四)는 신유금(辛酉金)이요 구(九)는 경신금(庚申金)이다. 오(五)는 무진술토(戊辰戌土)요 십(十)은 기축미토(己丑未土)다. 그러므로

갑을삼팔목(甲乙三八木) 병정이칠화(丙丁二七火) 무기오십토(戊己五十土) 경신사구금(庚辛四九金) 임계일육수(壬癸一六水)

인묘삼팔목(寅卯三八木) 사오이칠화(巳午二七火) 진술축미오십토(辰戌丑未五十土) 신유사구금(申酉四九金) 해자일육수(亥子一六水)라 한다.

● 오행의 방위는 다음과 같다.

동방-목(木) 남방-화(火) 중앙-토(土) 서방-금(金) 북방-수(水)

그러므로 갑을동방목(甲乙東方木) 병정남방화(丙丁南方火) 무기중앙토(戊己中央土) 경신서방금(庚辛西方金) 임계북방수(壬癸北方水) 인묘진(寅卯辰)-동방목(東方木) 사오미(巳午未)-남방화(南方火) 신유술(申酉戌)-사방금(四方金) 해자축(亥子丑)-북방수(北方水)

● 사시오행(四時五行) = 사시란 봄(春)·여름(夏)·가을(秋)·겨울(冬)이다.

(正二三月)-목(木), 여름(四五六月)-화(火), 가을(七八九月)-금(金), 겨울(十十一十二月)-수(水)

그러므로 봄을 목왕절(木旺節), 여름을 화왕절(火旺節), 가을을 금왕절(金旺節), 겨울을 수왕절(水旺節)이라 한다.

또는 正二月(寅卯)은 목(木), 四五月(巳午)은 화(火), 七八月(申酉)은 금(金), 十十一月(亥子)은 수(水), 三六九十二月(辰未戌丑)은 토(土)가 된다.

● 색오행(色五行) = 빛깔에는 청(靑)·적(赤)·황(黃)·백(白)·흑(黑)을 오색(五色)이라 하는바 각각 오행으로 구분되어 있다.
 청(靑)-목(木) 적(赤)-화(火) 황(黃)-토(土) 백(白)-금(金) 흑(黑)-수(水)
 청색은 갑을동방(甲乙東方)의 목(木)이요, 적색은 병자남방(丙子南方)의 화(火)요 황색은 무기중앙(戊己中央)의 토(土)요, 백색은 경신사방(庚辛四方)의 금(金)이요, 흑색은 임계북방(壬癸北方)의 수(水)다.
 ● 육신(六神)에 속하는 오행은 다음과 같다.

청룡(青龍)-목(木) 주작(朱雀)-화(火) 구진(句陳)-토(土), 등사(騰蛇)-토(土) 백호(白虎)-금(金) 현무(玄武)-수(水)

갑을(甲乙)은 동방이요 청룡이요 목(木)이다. 병정(丙丁)은 남방이요 주작이요 화(火)다. 무기(戊己)는 중앙이요 구진·등사요 토(土)다. 경신(庚辛)은 서방이요 백호요 금(金)이다. 임계(壬癸)는 북방이요 현무요 수(水)다.

○오행총국
목(木) = 갑을인묘(甲乙寅卯), 삼팔(三八) 동방 청색 목(木)
화(火) = 병정사오(병정사오), 이칠(二七) 남방 적색 화(火)
토(土) = 무기진술축미(戊己辰戌丑未) 오십(五十) 중앙 사고(四庫) 황색토(戊己는 중앙, 辰戌丑未는 四庫)
금(金) = 경신신유(庚辛申酉) 사구(四九) 서방 백색 금
수(水) = 임계해자일육(壬癸亥子一六) 북방 흑색 수(水)

3. 오행의 왕쇠(旺衰)

왕(旺)이란 그 오행의 힘(세력)이 강성함을 말하고 쇠(衰)란 그 오행의 힘이 미약한 것을 말한다. 초보자의 입장으로는 이해가 어렵겠으며 또 본 책자에서는 직접적으로 적용되는 경우가 별로 없으나 이 학문의 심오한 공부(즉 次元 높은 단계)에 들어가자면 필히 상식적으로 알아두어야 하겠기에 간단히 설명해두는 바이다.

오행은 같은 오행이 되는 때(가령 木이 寅卯木月을 만남)를 만나면 그 힘이 가장 왕해지고, 오행을 생해주는 때(가령 木이 亥子水月을 만나면 水生木으로 木이 생을 받음)를 만나면 그 다음으로 왕하다.

오행이 극(克)을 받는 때(가령 木이 申酉金月을 만나면 金克木으로 木이 金의 극을 받음)를 만나면 가장 힘이 쇠약해지고, 오행이 생해주는 때(가령 木이 巳午火月을 만나면 木生火로 木의 기운이 火로 빠져나간다)를 만나거나 그 오행이 극하는 때(가령 木이 戌未土月을 만나

면 木克土가 되어 木의 힘이 土를 누르느라고 빠지고 만다)를 만나면 다음으로 쇠약해진다.

　이 외 화토금수(火土金水)도 목(木)의 예와 마찬가지로 그 달(때)의 생극 비화(比和-가령 水가 水를 만난 것) 관계를 따져 그 오행이 왕한가 쇠한가를 가늠한다.

제4절 이십사절(二十四節)

　이십사절이란 입춘 우수 경칩 춘분 등과 같은 절기와 중기를 말하는데 일개월에 절기와 중기가 둘이 있으므로 일년 열두달이니 이십사절기가 된다. 이 이십사절이 소속된 달은 다음과 같다.

　　　정월(正月)　　입춘-정월(正月)의 절기(이날부터 正月)
　　　　　　　　　　우수-정월(正月)의 중기

　　　이월(二月)　　경칩-이월(二月)의 절기(이날부터 二月)
　　　　　　　　　　춘분-이월(二月)의 중기

　　　삼월(三月)　　청명-삼월(三月)의 절기(이날부터 四月)
　　　　　　　　　　곡우-삼월(三月)의 중기

　　　사월(四月)　　입하-사월(四月)의 절기(이날부터 四月)
　　　　　　　　　　소만-사월(四月)의 중기

　　　오월(五月)　　망종-오월(五月)의 절기(이날부터 五月)
　　　　　　　　　　하지-오월(五月)의 중기

　　　유월(六月)　　소서-유월(六月)의 절기(이날부터 六月)
　　　　　　　　　　대서-유월(六月)의 중기

　　　칠월(七月)　　입추-칠월(七月)의 절기(이날부터 七月)
　　　　　　　　　　처서-칠월(七月)의 중기

　　　팔월(八月)　　백로-팔월(八月)의 절기(이날부터 七月)
　　　　　　　　　　추분-팔월(八月)의 중기

구월(九月)　　한로-구월(九月)의 절기(이날부터 九月)
　　　　　　　상강-구월(九月)의 중기
시월(十月)　　입동-시월(十月)의 절기(이날부터 十月)
　　　　　　　소설-시월(十月)의 중기
십일월(十一月)　대설-십일월(十一月)의 절기(이날부터 十一月)
　　　　　　　동지-십일월(十一月)의 중기
십이월(十二月)　소한-십이월(十二月)의 절기(이날부터 十二月)
　　　　　　　대한-십이월(十二月)의 중기

제2장 택일법(擇日法)

제2장 택일법(擇日法)

제1절 생기복덕 가리는 법

1. 생기복덕이란?

이는 생기(生氣)에서부터 천의(天宜)·절체(絶體)·유혼(遊魂)·화해(禍害)·복덕(福德)·절명(絶命)·귀혼(歸魂)의 여덟가지 길흉신 붙이는 법을 그냥 생기복덕법 또는 생기법이라 한다.

이 생기팔신(生氣八神)을 남녀별로 나이를 붙이고 일진을 붙이는 요령을 알기만 하면 연령으로 어느 일진에 무엇이 해당하는가를 책의 조견표를 보지 않고도 알 수 있는 것이지만(동양서적에서 이미 발행한 《택일학전서》에 생기복덕 붙이는 요령이 자세히 설명되어 있으니 참고바란다) 이 책자에서는 그 생기 복덕 붙이는 요령을 생략하고 남녀별 연령별로 일진만 대조하면 어느 날이 생기, 복덕, 천의가 드는 길일이고 어느 날이 화해·절명이 드는 흉일인가를 쉽게 알 수 있는 조견표(早見表)를 수록하였으니 누구나 다 생기법을 맞춰볼 수 있을 것이다.

올바르게 좋은 날을 가리려면 우선적으로 이 생기법에서 일진을 가리고 다음으로 혼인·이사·고사·건축 등 각각 그 분야에 해당되는 길일과 맞추어 사용하면 되는 것이다. 가령 혼인에 있어 병인일(丙寅日)이 대길한 일진이라 가정하더라도 그 인일(寅日)이 남자나 여자의 생기법으로 화해나 절명일이 되면 병인일(丙寅日)이 아무리 좋을지라도 소용이 없는 것이다.

그러므로 날 가리는 요령은 먼저 백지에다 자(子)에서부터 해(亥)까지 십이(十二)지를 기록해 놓고 주인공의 연령으로 생기법을 따져 좋은 날에는 ○표, 나쁜 날에는 ×표, 좋지도 않고 나쁘지도 않은 날에는 △표를 하여 ○표에 해당되는 일진만으로 혼인이나 이사 기타의 좋은 날과 맞추면 된다.

만일 ○표의 일진으로는 적합한 날을 가릴 수 없을 때에는 부득이한 경우 △표로 각 길일과 맞추고 ×표는 비록 길일로 되었을지라도 절대 사용하지 마라.

●가령 당년 삼십육(三十六)세 남자라면
子(귀혼)-△
丑(천의)-○
寅(천의)-○
卯(복덕)-○
辰(생기)-○
巳(생기)-○
午(절체)-△
未(절명)-×
申(절명)-×
酉(화해)-×
戌(유혼)-△
亥(유혼)-△

① 생기복덕 조견표

1		2	3	4	5	6	7		
8	9	10	11	12	13	14	15		
16	17	18	19	20	21	22	23		남자연령
24	25	26	27	28	29	30	31		
32	33	34	35	36	37	38	39		
40	41	42	43	44	45	46	47	보는곳	
48	49	50	51	52	53	54	55		
56	57	58	59	60	61	62	63		
64	65	66	67	68	69	70	71		
72	73	74	75	76	77	78	79		
절체	절명	화해	유혼	귀혼	천의	복덕	생기	子	
화해	생기	절체	복덕	천의	귀혼	유혼	절명	丑	
화해	생기	절체	복덕	천의	귀혼	유혼	절명	寅	
생기	화해	절명	천의	복덕	유혼	귀혼	절체	卯	일진日辰 찾는곳
복덕	천의	유혼	화해	생기	절명	절체	귀혼	辰	
복덕	천의	유혼	화해	생기	절명	절체	귀혼	巳	
귀혼	유혼	천의	절명	절체	화해	생기	복덕	午	
유혼	귀혼	복덕	절체	절명	생기	화해	천의	未	
유혼	귀혼	복덕	절체	절명	생기	화해	천의	申	
천의	복덕	귀혼	생기	화해	절체	절명	유혼	酉	
절명	절체	생기	귀혼	유혼	복덕	천의	화해	戌	
절명	절체	생기	귀혼	유혼	복덕	천의	화해	亥	
5	4	3	2	1					
12	11	10	9	8		7	6		
20	19	18	17	16	15	14	13		여자연령
28	27	26	25	24	123	22	21		
36	35	34	33	32	31	30	29		
44	43	42	41	40	39	38	37	보는곳	
52	51	50	49	48	47	46	45		
60	59	58	57	56	55	54	53		
68	67	66	65	64	63	62	61		
76	75	74	73	72	71	70	69		

가령 남자의 나이 칠(七)·십오(十五)·이십삼(二十三)·삼십일(三十一)세 등은 자(子)일이 생기요 축(丑)·인일(寅日)이 절명, 묘일(卯日)이 절체일이요, 여자의 나이 칠(七)·십사(十四)·이십이(二十二)·삼십(三十)세 등은 자일(子日)이 복덕이요 축(丑)·인일(寅日)이 유혼이요 묘일(卯日)이 귀혼이요 진(辰)·사일(巳日)이 절체일이다.

2. 생기팔신(生氣八神) 길흉

一. 생기일(生氣日) = 대길하니 모든 행사에 사용하라.
二. 천의일(天宜日) = 매사에 대길하다.
三. 절체일(絶體日) = 평하니 사용 가능하다.
四. 유혼일(遊魂日) = 길흉 반반이니 역시 사용 가능하다.
五. 화해일(禍害日) = 백사에 흉하니 피하라.
六. 복덕일(福德日) = 만사 대길하니 백복이 따른다.
七. 절명일(絶命日) = 백사 대흉하니 사용치 마라.
八. 귀혼일(歸魂日) = 평하니 사용 가능하다.

생기·복덕·천의는 ○표, 절체·유혼·귀혼은 △표, 화해·절명은 ×표하라.

제2절 길흉신 정국(吉凶神 定局)

날을 가리려면 먼저 어느 날에 어떤 길신(吉神)이 있어 좋고 어느 날에 어떤 흉신이 있어 무슨 일을 하는데 나쁜가를 알아야 한다. 다음 각 정국표를 참고하라.

1. 세신정국(歲神定局)

①길신(吉神)

연지(年支)	子	丑	寅	卯	辰	巳	午	未	申	酉	戌	亥	비 고
세천덕(歲天德)	巳	庚	丁	申	壬	辛	亥	甲	癸	寅	丙	乙	방위일진 백사대길
천덕합(天德合)	신	을	임	사	정	병	인	기	무	해	신	경	우동
세월덕(歲月德)	임	경	병	신	임	경	병	신	임	경	병	갑	우동
월덕합(월덕합)	정	을	신	기	정	을	신	기	정	을	신	기	우동
세역마(세역마)	인	해	신	사	인	해	신	사	인	해	신	사	우동, 역행 등 길

가령 자(子)년에는 사(巳)방·사일(巳日)이 세천덕이요 신(申)방·신(申)일 세천덕합일 이다.

②흉신(凶神)

당년태세	子	丑	寅	卯	辰	巳	午	未	申	酉	戌	亥	비 고
구퇴(灸退)	卯	子	酉	午	卯	子	酉	午	卯	子	酉	午	건물의 방향을 꺼림
삼살(三殺)	남	동	북	서	남	동	북	서	남	동	북	서	건물, 묘의 좌를 놓지 않음
좌살(坐殺)	丙丁	甲乙	壬癸	庚申	丙丁	甲乙	壬癸	庚申	丙丁	甲乙	壬癸	庚申	위와 같음
대장군(大將軍)	서	서	북	북	북	동	동	동	남	남	남	서	집짓고 흙다루고 수리못함
상문(喪門)	寅	卯	辰	巳	午	未	申	酉	戌	亥	子	丑	문상 문병 삼가고 집짓고 수리하고, 상청 설치 않음
조객(吊客)	戌	亥	子	丑	寅	卯	辰	巳	午	未	申	酉	위와 같음
세파(歲破)	午	未	寅	酉	戌	亥	子	丑	寅	卯	辰	巳	묘의 좌, 건물을 짓고 수리않음
태세(太歲)	子	丑	寅	卯	辰	巳	午	未	申	酉	戌	亥	이 방위애 동토 수리꺼림
관부(官符)	亥辰	申巳	巳午	寅未	亥申	申酉	巳戌	寅亥	亥子	申丑	巳寅	寅卯	위와 같음
향살(向殺)	壬癸	庚辛	丙丁	甲乙	壬癸	庚辛	丙丁	甲乙	壬癸	庚辛	丙丁	甲乙	음택 양택의 향을 안놓음

　가령 태세가 자(子)년(甲子, 丙子, 戊子, 庚子, 壬子)이라면 묘(卯)방이 구퇴방이요, 남방이 삼살방이요, 병정(丙丁)방이 좌살방이요, 서쪽이 대장군방이요 인(寅)방이 상문방이요, 술(戌)방이 조객방이요, 오방(午方)이 세파방이요, 자(子)방이 태세방이요, 해(亥)·진(辰)방이 관부살이요, 임계(壬癸)방이 향살방이다.
　모두 이와 같은 요령으로 방위의 살닿는 것을 본다.

2. 월별기준 길흉신
①길신(吉神)

월별	正	二	三	四	五	六	七	八	九	十	十一	十二	비 고
생기(生氣)	戌	亥	子	丑	寅	卯	辰	巳	午	未	申	酉	매사길, 단 살충·도살은 꺼림
천의(天醫)	丑	寅	卯	辰	巳	午	未	申	酉	戌	亥	子	입원치료 수술에 길
삼합(三合)	午戌	未亥	申子	酉丑	戌寅	亥卯	子辰	丑巳	寅午	卯未	辰申	巳酉	회의 계약 약혼 연회 합자 행사 등에 길
육합(六合)	亥	戌	酉	申	未	午	巳	辰	卯	寅	丑	子	위와 같음
천덕(天德)	丁	申	壬	辛	亥	甲	癸	寅	丙	乙	巳	庚	백사에 대길함
천덕합(天德合)	壬	巳	丁	丙	寅	己	戊	亥	辛	庚	申	乙	위와 같음
월덕(月德)	丙	甲	壬	庚	丙	甲	壬	庚	丙	甲	壬	庚	위와 같음
월덕합(月德合)	辛	己	丁	乙	辛	己	丁	乙	辛	己	丁	乙	위와 같음
월공(月空)	壬	庚	丙	甲	壬	庚	丙	甲	壬	庚	丙	甲	건축 가옥수리, 문서제출 길
월은(月恩)	丙	丁	庚	己	戊	辛	壬	癸	庚	乙	甲	辛	혼인 여행 이사 귀인면접 길
월재(月財)	九	三	四	二	七	六	九	三	四	二	七	六	이사 상업 개업 건축에 길
오부(五富)	亥	寅	巳	申	亥	寅	巳	申	亥	寅	巳	申	건축, 가옥수리 창고건축 길
해신(解神)	申	申	戌	戌	子	子	寅	寅	辰	辰	午	午	기도 병치료 화해 등에 길
역마(驛馬)	申	巳	寅	亥	申	巳	寅	亥	申	巳	寅	亥	여행 이사 상업 등에 길
시덕(時德)	午	午	午	辰	辰	辰	子	子	子	寅	寅	寅	고사 혼인 사업 이사에 길
민일(民日)	午	午	午	酉	酉	酉	子	子	子	卯	卯	卯	민원서류 제출에 길

가령 정월(正月)에는 술일(戌日)이 생기일이요 축일(丑日)이 천의, 오(午-·술일(戌日)이 삼합일이다.

월 별	正	二	三	四	五	六	七	八	九	十	十一	十二	비 고
천강(天罡)	巳	子	未	寅	酉	辰	亥	午	丑	申	卯	戌	매사불길이나 황도 일이면 무방
하괴(河魁)	亥	午	丑	申	卯	戌	巳	子	未	寅	酉	辰	위와 같음
천적(天賊)	辰	酉	寅	未	子	巳	戌	卯	申	丑	午	亥	만사 대흉함
수사(受死)	戌	辰	亥	巳	子	午	丑	未	寅	申	卯	酉	오직 수렵 고기잡이 살충·도살만 좋음
월파(月破)	申	酉	戌	亥	子	丑	寅	卯	辰	巳	午	未	오직 파괴하고 수술에만 길함
홍사(紅紗)	酉	巳	丑	酉	巳	丑	酉	巳	丑	酉	巳	丑	혼인에 크게 꺼림
피마(彼麻)	子	丑	午	卯	子	丑	午	卯	子	丑	午	卯	혼인 이사에 꺼림
왕망(往亡)	寅	巳	申	亥	寅	巳	申	亥	寅	巳	申	亥	여행 취임등 교통수단에 흉함
귀기(歸忌)	丑	寅	子	丑	寅	子	丑	寅	子	丑	寅	子	이사, 귀가, 여행, 사람초대 꺼림
라망(羅網)	子	申	巳	辰	戌	亥	丑	申	未	子	巳	申	취임, 소송 다툼 등 꺼림
월염(月厭)	戌	酉	申	未	午	巳	辰	卯	寅	丑	子	亥	혼인에 꺼림
염대(厭對)	辰	卯	寅	丑	子	亥	戌	酉	申	未	午	巳	위와 같음
월살(月殺)	丑	戌	未	辰	丑	戌	未	辰	丑	戌	未	辰	혼인 상량식 등에 꺼림
온황(溫遑)	未	戌	辰	寅	午	子	酉	申	巳	亥	丑	卯	문병 및 병치료에 꺼림
혈기(血忌)	丑	未	寅	申	卯	酉	辰	戌	巳	亥	午	子	수술 침구 도살등 피 흘리게 되는일 흉
혈지(血支)	丑	寅	卯	辰	巳	午	未	申	酉	戌	亥		위와 같음
산격(山隔)	未	巳	卯	丑	亥	酉	未	巳	卯	丑	亥	酉	산에 들어가는 것을 꺼림
수격(水隔)	戌	申	午	辰	寅	子	戌	申	午	辰	寅	子	물에 들어가는 것을 꺼림
천격(天隔)	寅	子	戌	申	午	辰	寅	子	戌	申	午	辰	여행, 취직 등에 꺼림
음차(陰差)	戌庚	酉辛	申庚	未丁	午丙	巳丁	辰甲	卯己	寅甲	丑癸	子壬	亥癸	혼인 가옥수리 건축을 꺼림
양착(陽錯)	寅甲	卯乙	辰甲	巳丁	午丙	未丁	申庚	酉辛	戌庚	亥癸	子壬	丑癸	위와 같음

월 별	正	二	三	四	五	六	七	八	九	十	十一	十二	비 고
천구(天狗)	子	丑	寅	卯	辰	巳	午	未	申	酉	戌	亥	제사 고사를 아니 지냄
빙소와해 (氷消瓦解)	巳	子	丑	申	卯	戌	亥	午	未	寅	酉	辰	집짓고 축대쌓고 제방쌓고 기둥 상량 등에 꺼림
토온(土瘟)	辰	巳	午	未	申	酉	戌	亥	子	丑	寅	卯	가옥수리 등 모든 흙 다루는 일을 꺼림
토기(土忌)	寅	巳	申	亥	卯	午	酉	子	辰	未	戌	丑	위와 같음
지랑(地囊)	庚子庚午	癸丑癸未	甲寅甲寅	乙卯乙卯	戊辰戊辰	癸未癸巳	丙寅丙寅	丁卯丁巳	戊辰戊戌	庚子庚戌	辛未辛未	乙未乙酉	위와 같음

3. 황흑도(黃黑道)

황도는 길하고 흑도는 불길한데 모든 행사일을 황도와 겸하도록 하면 더욱 좋다. 특히 황도일이 되면 천강(天罡)·하괴일(河魁日)도 무난히 쓸 수 있다.

혼인식, 상량식, 고사식, 하관(下棺) 등에 황도시간을 이용하면 좋다.

	月 및 日	子	丑	寅	卯	辰	巳	午	未	申	酉	戌	亥
황도黃道	청룡황도(青龍黃道)	子	寅	辰	午	申	戌	子	寅	辰	午	申	戌
	명당황도(明堂黃道)	丑	卯	巳	未	酉	亥	丑	卯	巳	未	酉	亥
	금궤황도(金匱黃道)	辰	午	申	戌	子	寅	辰	午	申	戌	子	寅
	천덕황도(天德黃道)	巳	未	酉	亥	丑	卯	巳	未	酉	亥	丑	卯
	옥당황도(玉堂黃道)	未	酉	亥	丑	卯	巳	未	酉	亥	丑	卯	巳
	사명황도(司命黃道)	戌	子	寅	辰	午	申	戌	子	寅	辰	午	申
흑도黑道	천형흑도(天刑黑道)	寅	辰	午	申	戌	子	寅	辰	午	申	戌	子	X
	주작흑도(朱雀黑道)	卯	巳	未	酉	亥	丑	卯	巳	未	酉	亥	丑	X
	백호흑도(白虎黑道)	午	申	戌	子	寅	辰	午	申	戌	子	寅	辰	X
	천뢰흑도(天牢黑道)	申	戌	子	寅	辰	午	申	戌	子	寅	辰	午	X
	현무흑도(玄武黑道)	酉	亥	丑	卯	巳	未	酉	亥	丑	卯	巳	未	X
	구진흑도(句陳黑道)	亥	丑	卯	巳	未	酉	亥	丑	卯	巳	未	酉	X

가령 子月(十一月)이라면 자축진사미술일(子丑辰巳未戌日)이 황도일이요 자일(子日)이라면 자축진사미시(子丑辰巳未時)가 황도 시간이다.

4. 대공망일(大空亡日)

이 대공망일은 천상천하(天上天下)의 모든 신(神)들이 길흉간 아무 작용을 하지 않고 쉬는 날이니, 집을 짓고, 수리하고, 이장(移葬)하고, 무덤을 수선하고, 흙 다루고 나무 다루는 일을 하여도 아무 탈이 생기지 않는(길도 아니고 흉도 아니다) 시일이 임박하거나 기타의 사정으로 날을 가릴 수가 없을 때는 이 공망을 사용하라.

을축(乙丑) 갑술(甲戌) 을해(乙亥) 계미(癸未) 갑신(甲申) 을유(乙酉) 임진(壬辰) 계사(癸巳) 갑오(甲午) 임인(壬寅) 계묘(癸卯) 임자일(壬子日)

5. 복단일(伏斷日)

복단(伏斷)이란 엎어지고 끊어지고 잘리고 깨진다는 뜻이 있는 날로 흉일 중에도 대흉일(大凶日)이다. 그러므로 만사 불길하여 이 날에는 아무 행사도 못하는데 오직 변소 수리하고, 나무자르고, 어린이 젖떼는 일에만 사용한다.

복단일은 다음과 같은데 일진과 요일을 대조하여 본다.

자일(子日)-일요일
축일(丑日)-목요일
인일(寅日)-화요일
묘일(卯日)-토요일
진일(辰日)-수요일
사일(巳日)-일요일
오일(午日)-목요일
미일(未日)-월요일

신일(申日)-금요일
유일(酉日)-화요일
술일(戌日)-토요일
해일(亥日)-수요일
　가령 일진이 갑자, 병자, 무자 등 자일(子日)이고 일요일을 만나면 복단일이다.

6. 백기일(百忌日)
　길신(吉神) 흉신과 관계 없이 다음과 같이 못하는(꺼리는) 날이 있다.
　갑일(甲日)-물품 근전 곡식을 출고(出庫)하는 것을 꺼린다.
　을일(乙日)-씨앗 뿌리고, 모종하고 나무 곡식 채소 옮겨 심는 것을 꺼린다.
　병일(丙日)-주방(부엌) 만들거나 수리하는 일을 아니한다.
　정일(丁日)-머리 깎고(이발) 머리 감고 미장원 가는 것을 꺼린다.
　무일(戊日)-토지매입 계약, 토지 상속 받는 일을 꺼린다.
　기일(己日)-책이나 문서 따위를 불태우거나 찢어 없애는 것을 보류한다.
　경일(庚日)-침 맞고 뜸질하고, 주사 맞고, 수술받는 일을 꺼린다.
　신일(辛日)-된장 고추장 등 장담고 매주쑤는 일 등을 꺼린다.
　임일(壬日)-제방(둑쌓는 일)과 물 때는 일을 꺼린다.
　계일(癸日)-이날에 고소장(訴狀) 내는 일을 꺼린다.
　자일(子日)-점치는 일을 꺼린다.
　축일(丑日)-새로 만든 옷 입는 것을 꺼리고, 소를 잡지 아니한다.
　인일(寅日)-날을 받아 가신, 조왕, 산신, 용왕, 하늘 등에 제사지내지 아니한다.
　묘일(卯日)-우물, 연못 등 구덩이를 파지 아니한다.
　진일(辰日)-삼우제(三虞祭) 이후 이날만은 울음소리를 내지 아니한다.
　사일(巳日)-장거리 여행 하는 것을 꺼린다.
　오일(午日)-지붕 덮는 일을 꺼린다.
　미일(未日)-약 복용하는 것을 삼가한다. (환자 제외)
　신일(申日)-침실, 신혼방을 꾸미거나 침대 들여오는 일을 꺼린다.
　유일(酉日)-손님을 초대하여 접대하거나 회합을 갖지 아니한다.
　술일(戌日)-개를 얻거나 사서 들여오는 일을 꺼린다.
　해일(亥日)-결혼식을 올리지 아니한다.

제3절 생활택일

1. 제사(祭祀)·고사(告祀)
①좋은 날-생기법을 맞추라.
　임신(壬申) 을해(乙亥) 병자(丙子) 정축(丁丑) 임오(壬午) 계미(癸未) 정해(丁亥) 을축(乙丑) 신묘(辛卯) 임진(壬辰) 갑오(甲午) 을미(乙未) 정유(丁酉) 갑진(甲辰) 무신(戊申) 임자(壬子) 을묘(乙卯) 병진(丙辰) 무오(戊午) 임술(壬戌) 계해일(癸亥日) 및 황도, 천은, 천사, 천덕 월덕과 그 합일, 모창 월재, 생기, 복덕 천의일
　불공=갑자(甲子) 을축(乙丑) 병인(丙寅) 경오(庚午) 갑술(甲戌) 무인(戊寅) 을유(乙酉) 무자(戊子) 기축(己丑) 신묘(辛卯) 신오(申午) 병신(丙申) 계묘(癸卯) 정미(丁未) 계축(癸丑) 갑인(甲寅) 병진(丙辰) 신유일(辛酉日) 및 위 일진 포함
　산신제=갑자(甲子) 을축(乙丑) 정묘(丁卯) 무진(戊辰) 기사(己巳) 임신(壬申) 갑술(甲戌) 을해(乙亥) 병자(丙子) 경진(庚辰) 갑신(甲申) 을유(乙酉) 병술(丙戌) 정해(丁亥) 신묘(辛卯) 갑오(甲午) 을미(乙未) 임인(壬寅) 계묘(癸卯) 을유(乙酉) 경술(庚戌) 신해(辛亥)
　용왕제=경오(庚午) 신미(辛未) 임신(壬申) 계유(癸酉) 갑술(甲

戌) 경자(庚子) 신유일(辛酉日)
칠성제=갑술(甲戌) 을해(乙亥) 병자(丙子) 을축(乙丑) 신묘(辛卯) 을축(乙丑) 신묘(辛卯) 무술(戊戌) 기해(己亥) 계묘(癸卯) 갑진(甲辰) 을사(乙巳) 정미(丁未) 무신(戊申) 을유(乙酉) 무오(戊午) 을미(乙未) 경신(庚申) 신유일(辛酉日) 또는 매월 초삼(初三), 칠일(七日), 팔일(八日), 십오일(十五日), 이십이일(二十二日), 이십칠일(二十七日)

②못지내는 날
정월(正月)-자(子) 진(辰) 술(戌) 신(申), 해일(亥日), 이월(二月)-축(丑) 진(辰) 유일(酉日) 삼월(三月)-축(丑) 인(寅) 미(未) 술(戌) 해일(亥日) 사월(四月)-인(寅) 묘(卯) 사(巳) 미(未) 신(申) 해일(亥日), 오월(五月)-자(子) 진일(辰日) 유월(六月)-축(丑) 사(巳) 오(午) 진일(辰日) 칠월(七月)-축(丑) 인(寅) 오(午) 술(戌) 해일(亥日) 팔월(八月)-묘(卯) 미일(未日) 구월(九月)-축(丑) 인(寅) 진(辰) 신(申) 미일(未日) 시월(十月)-축(丑) 인(寅) 사(巳) 신(申) 유일(酉日) 십일월(十一月)-묘(卯) 오(午) 술일(戌日) 십이월(十二月)-진(辰) 유(酉) 미(未) 해일(亥日)

또는 매월 오(五)·십사(十四)·이십삼일(二十三日)·복단일, 천구하식시(天拘下食時-子日亥時, 丑日子時, 寅日丑時 卯日寅時 辰日卯時, 巳日辰時 午日巳時 未日午時, 申日未時, 酉日申時, 戌日酉時 亥日戌時)를 피할 것.

산신제는 위 일진에 산격일(山隔日)과 산명일(山鳴日)-대월(大月)은 이(二)·팔(八)·이십일(二十一)·이십삼(二十三)·이십육일(二十六日), 소월(小月)은 일(一)·팔(八)·십(十)·십팔(十八)·이십이(二十二)·이십삼일(二十三日)을 피함

용왕제는 위 피하는 일진에 수격일을 피할 것.

2. 여행(旅行)

①좋은 날

육지, 항공, 해상 통용＝갑자(甲子) 을축(乙丑) 병인(丙寅) 정묘(丁卯) 무진(戊辰) 경오(庚午) 신미(辛未) 갑술(甲戌) 을해(乙亥) 정축(丁丑) 을묘(乙卯) 갑신(甲申) 병술(丙戌) 을축(乙丑) 경인(庚寅) 신묘(辛卯) 갑오(甲午) 을미(乙未) 경자(庚子) 신축(辛丑) 임인(壬寅) 계묘(癸卯) 병오(丙午) 정미(丁未) 을유(乙酉) 임자(壬子) 계축(癸丑) 갑인(甲寅) 을묘(乙卯) 경신(庚申) 신유(辛酉) 임술(壬戌) 계해일(癸亥日) 및 역마, 월재, 천덕 월덕, 생기, 사상, 건, 만, 성, 개일

배 떠나는 날＝을축(乙丑) 병인(丙寅) 정묘(丁卯) 무진(戊辰) 정축(丁丑) 무인(戊寅) 임오(壬午) 을유(乙酉) 신묘(辛卯) 갑오(甲午) 을미(乙未) 경자(庚子) 신축(辛丑) 임인(壬寅) 신해(辛亥) 병진(丙辰) 무오(戊午) 기미(己未) 신유일(辛酉日) 및 천은, 만, 성, 개일

②불리한 날

사일(巳日)·왕망·귀기·천적·수사·복단·위·파·수일 사리·사절 (즉 입춘, 춘분 입하 하지 입추 추분 입동 동지 ㅡ日전) 매월 오(五), 십사(十四), 이십삼일(二十三日)

정월(正月)－축(丑) 인(寅) 진(辰) 사(巳) 신(申) 유(酉) 해일(亥日)

이월(二月)－자(子) 진(辰) 사(巳) 묘(卯) 유(酉) 술일(戌日), 인일(寅日)

삼월(三月)-자(子) 축(丑) 인(寅) 사(巳), 미(未) 신(申) (戌) 해일(亥日)
사월(四月)-자(子) 축(丑) 인(寅) 진(辰) 사(巳) 미(未) 신(申) 해일(亥日)
오월(五月)-자(子) 축(丑) 인(寅) 묘(卯) 사일(巳日)
유월(六月)-자(子) 축(丑) 인(寅) 진(辰) 사(巳) 오일(午日)
칠월(七月)-축(丑) 인(寅) 묘(卯) 사(巳) 신(申) 술(戌) 해일(亥日)
팔월(八月)-인(寅) 묘(卯) 진(辰) 사(巳) 오(午) 미(未) 신(申) 해일(亥日)
구월(九月)-자(子) 축(丑) 인(寅) 진(辰) 사(巳), 미(未) 신일(申日)
시월(十月)-축인(丑寅), 사(巳) 오(午) 신일(申日)
십일월(十一月)-인(寅) 묘(卯) 사(巳) 오(午) 미(未) 신(申) 유일(酉日)
십이월(十二月)-자(子) 진(辰) 사(巳) 미(未) 신(申) 유(酉) 해일(亥日)
배 못떠나는날-위 불리한 날에 수격일, 병자(丙子) 계축(癸丑) 계미일(癸未日)

3. 이사(移徙)
①좋은 날
갑자(甲子) 을축(乙丑) 병인(丙寅) 정묘(丁卯) 기사(己巳) 경오(庚午) 신미(辛未) 갑술(甲戌) 을해(乙亥) 정축(丁丑) 계미(癸未) 갑신(甲申) 경인(庚寅) 임진(壬辰) 을미(乙未) 경자(庚子) 임인(壬寅) 계묘(癸卯) 병오(丙午) 정미(丁未) 경술(庚戌) 계축(癸丑) 갑인(甲寅) 을묘(乙卯) 경신(庚申) 신유(辛酉) 천덕, 월덕 및 그 합일, 천웅 황도 모창 역마 만, 성 개일 월은 사상

②못하는 날
복단일, 천적, 수사, 귀기, 왕망, 본명일(本命日-甲子生이 甲子日, 乙丑生이 乙丑日의 예) 본명이 충하는 날(子生이 午日) 건, 파, 평, 수일

정월(正月)-축인진(丑寅辰) 신유해일(申酉亥日)
이월(二月)-자인진사유해일(子寅辰巳酉亥日)
삼월(三月)-자묘축인진미신술해(子卯丑寅辰未申戌亥)
사월(四月)-자축인사진미신해(子丑寅巳辰未申亥)
오월(五月)-자인묘사일(子寅卯巳日)
유월(六月)-
칠월(七月)-축사미신술해일(丑巳未申戌亥日)
팔월(八月)-인묘오미신해일(寅卯午未申亥日)
구월(九月)-자축인진사미신유일(子丑寅辰巳未申酉日)
시월(十月)-축인사신술일(丑寅巳申戌日)
십일월(十一月)-인묘오신유해일(寅卯午申酉亥日)
십이월(十二月)-자진미신유해일(子辰未申酉亥日)

○이사주당= ○는 길, ×는 불길
대월(大月) ○ ○ ○ × × ○ ○ × ○ ○ × × ○ × ○
○ ○ × × ○ ○ × ○ ○ × × ○
일자(日字) 1 2 3 4 5 6 7 8 9 10 11 12 13 14 15 16 17 18 19 20 21 22 23 24 25 26 27 28 29 30
소월(小月) ○ ○ ○ × ○ ○ × × ○ ○ ○ × ○ ○ × × ○
○ ○ × ○ ○ × × ○ ○ ○ × ○ ○

○손 보는 법
《손》은 즉 태백살(太白殺)이다. 아래와 같다.

一·二日(十一·十二, 二十一日 二十二日)-동쪽
三·四日(十三·十四, 二十三, 二十四日)-남쪽
五·六日(十五·十六, 二十五·二十六日)-서쪽
七·八日(十七·十八, 二十七·二十八日)-북쪽
九·十日(十九·二十, 二十九·揷十一)-없음(上天)

4. 이사방위(移徙方位)

 이사방위도 생기 복덕법과 같이 나이로 방위 짚어보는 요령만 알면 책의 조견표를 보지 않고도 손가락으로 짚어 나이로 방위를 붙여볼 수 있으나 이 책자에서는 그 손으로 짚는 방법은 복잡하므로 생략하고(동양서적에서 이미 발행한《택일학전서》에 방위 붙이는 요령이 자세히 설명되어 있다) 조견표로 기록하여 누구나 빠르고 쉽게 어느 방위가 좋고 나쁜가를 참고할 수 있도록 하였다.

①방위신(方位神)의 길흉
천록(天祿)-취직 영전·승진된다.
안손(眼損)-눈병, 손재수가 생긴다.
식신(食神)-재산이 는다.
증파(甑破)-손재와 가정풍파가 있다.
오귀(五鬼)-질병 등 불상사가 생긴다.
합식(合食)-사람과 재물이 번창한다.
진귀(進鬼)-손재, 우환이 이른다.
관인(官印)-벼슬 직위를 얻는다.
퇴식(退食)-재산이 줄어든다.

②이사방위 보는 표

1	2	3	4	5	6	7	8	9	
10	11	12	13	14	15	16	17	18	
19	20	21	22	23	24	25	26	27	남
28	29	30	31	32	33	34	35	36	자
37	38	39	40	41	42	43	44	45	연
46	47	48	49	50	51	52	53	54	령
55	56	57	58	59	60	61	62	63	
64	65	66	67	68	69	70	71	72	
73	74	75	76	77	78	79	80	81	
천록	안손	식신	증파	오귀	합식	진귀	관인	퇴식	정동
안손	식신	증파	오귀	합식	진귀	관인	퇴식	천록	동남
진귀	관인	퇴식	천록	안손	식신	증파	오귀	합식	정남
퇴식	천록	안손	식신	증파	오귀	합작	진귀	관인	서남
식신	증파	오귀	합식	진귀	관인	퇴식	천록	안손	중앙
오귀	합식	진귀	관인	퇴식	천록	안손	식신	증파	정서
증파	오귀	합식	진귀	관인	퇴식	천록	안손	식신	서북
관인	퇴식	천록	안손	식신	증파	오귀	합식	진귀	정북
합식	진귀	관인	퇴식	천록	안손	식신	증파	오귀	동북
2	3	4	5	6	7	8	9	10	
11	12	13	14	15	16	17	18	19	
20	21	22	23	24	25	26	27	28	
29	30	31	32	33	34	35	36	37	여
38	39	40	41	42	43	44	45	46	자
47	48	49	50	51	52	53	54	55	연
56	57	58	59	60	61	62	63	64	령
65	66	67	68	69	70	71	72	73	
74	75	76	77	78	79	80	81	1	

 가령 남자 연령 九, 十八, 二十七세 등이라면 정동이 퇴식방이요 동남이 천록방이다. 또는 여자 나이 七, 十六, 二十五세 등이라면 정동이 합식방이요 정남이 식신방이요 정서가 천록방이다.

5. 연회(宴會)

연회란 회갑·칠순 팔순 진갑 및 기타의 경사에 날을 받아 손님들을 초대하여 잔치를 베풀고 음식대접 하는 일이다.

①좋은 날

주인공의 나이로 생기일이나 복덕일이나 천의일에 맞추어 천덕, 월덕, 천덕합, 월덕합, 삼합, 오합(五合-즉 印卯日)천은, 월은 가운데서 가리거나 정, 성, 만, 개, 집일을 겸하도록 하면 된다.

月	正	二	三	四	五	六	七	八	九	十	十一	十二
천 덕	丁	申	壬	辛	亥	甲	癸	寅	丙	乙	巳	庚
천덕합	壬	巳	丁	丙	寅	乙	戊	亥	辛	庚	申	乙
월 덕	丙	甲	壬	庚	丙	甲	壬	庚	丙	甲	壬	庚
월덕합	辛	乙	丁	乙	辛	乙	丁	乙	辛	乙	丁	乙
금 당	辰	戌	巳	亥	午	子	未	丑	申	寅	酉	卯

병인(丙寅) 정묘(丁卯) 무인(戊寅) 을묘(乙卯) 경인(庚寅) 신묘(辛卯) 임인(壬寅) 계묘(癸卯) 갑인(甲寅) 을묘일(乙卯日)

②꺼리는 날

계유(癸酉), 을유(乙酉), 정유(丁酉), 을유(乙酉), 신유일(辛酉日), 오일(五日), 십사(十四), 이십삼일(二十三日), 천적, 수사 파일 수일 폐일 상삭(上朔-甲年-癸亥, 乙年-乙巳, 丙年-乙亥, 丁年-辛巳, 戊年-丁亥, 乙年-癸巳, 庚年-乙亥, 辛年-乙巳, 壬年-辛亥, 癸年-丁巳

㉠건제십이신

月別	건성	正	二	三	事	五	六	七	八	九	十	十一	十二	비 고
건(建)	입춘후	寅	卯	辰	巳	午	未	申	酉	戌	亥	子	丑	건축수리 동토 꺼림
제(除)	경칩후	卯	辰	巳	午	未	申	酉	戌	亥	子	丑	寅	구직 납인 합자 꺼림
만(滿)	청명후	辰	巳	午	未	申	酉	戌	亥	子	丑	寅	卯	제반사 길
평(平)	입하후	巳	午	未	申	酉	戌	亥	子	丑	寅	卯	辰	무해 무덕
정(定)	망종후	午	未	申	酉	戌	亥	子	丑	寅	卯	辰	巳	소송을 꺼림
집(執)	소서후	未	申	酉	戌	亥	子	丑	寅	卯	辰	巳	午	여행 방수 방출 꺼림
파(破)	입추후	申	酉	戌	亥	子	丑	寅	卯	辰	巳	午	未	오직 파괴하는 것만 길
위(危)	백로후	酉	戌	亥	子	丑	寅	卯	辰	巳	午	未	申	위험한 일 모두 꺼림
성(成)	한로후	戌	亥	子	丑	寅	卯	辰	巳	午	未	申	酉	소송을 꺼림
수(收)	입동후	亥	子	丑	寅	卯	辰	巳	午	未	申	酉	戌	여행 연회 이사 개업 꺼림
개(開)	대설후	子	丑	寅	卯	辰	巳	午	未	申	酉	戌	亥	제사 기도 꺼림
폐(閉)	소한후	丑	寅	卯	辰	巳	午	未	申	酉	戌	亥	子	여행 이사 연회 개업 꺼림

가령 정월(正月)은 입춘후 인일(寅日)이 건(建)이고 이월(二月)은 경칩후 묘일(卯日)이 건성이다.

6. 개업(開業)

① 좋은 날

모든 사업을 맨 처음 개업하는데 좋은 날은 다음과 같다. 그리고 개업고사를 지낼 경우에는 위 고사일을 참고하라. 시무식(始務式), 기공식(起工式)도 마찬가지다.

갑자(甲子) 을축(乙丑) 병인(丙寅) 기사(己巳) 경오(庚午) 신미(辛未) 갑술(甲戌) 을해(乙亥) 병자(丙子) 을묘(乙卯) 임오(壬午) 계미(癸未) 갑신(甲申) 경인(庚寅) 신묘(辛卯) 을미(乙未) 기해(己亥) 경자(庚子) 계묘(癸卯) 병오(丙午) 임자(壬子) 갑인(甲寅) 을묘(乙卯) 기미(己未) 경신(庚申) 신유(辛酉) 천덕, 월덕, 천은, 월은, 월재, 역마, 삼합, 오합, 육합, 정, 만, 성, 개일

② 좋지 못한 날
천적, 복단, 월파, 폐일, 대소모(大小耗-正二三月-己未 壬子日, 四五六日, 事五六月-丙戌-乙卯日, 七八九月-辛丑 戊午日, 十 十一 十二月-壬辰 辛酉日), 또는 正二三月-己酉日 事五六月-甲子日, 七八九月-辛卯日, 十 十一 十二月-壬辰 辛酉日), 또는 正二三月-己酉日 事五六月-甲子日, 七八九月-辛卯日, 十 十一 十二月-壬辰日

(월별)	正	二	三	事	五	六	七	八	九	十	十一	十二
천적일	辰	酉	寅	未	子	巳	戌	卯	甲	丑	午	亥
폐 일	丑	寅	卯	辰	巳	午	未	申	酉	戌	亥	子
월파일	申	酉	戌	亥	子	丑	寅	卯	辰	巳	午	未
월허일	丑	戌	未	辰	丑	戌	未	辰	丑	戌	未	辰

7. 약혼(約婚)

남녀 생기법으로 화해·절명일을 피하여 다음과 같은 좋은 날을 가리되 좋지 않은 날을 피하라. 사주(四柱) 납채 보내는데도 같다.

① 좋은 날
을축(乙丑) 병인(丙寅) 정묘(丁卯) 신미(辛未) 무인(戊寅)
기묘(己卯) 경진(庚辰) 병술(丙戌) 무자(戊子) 기축(己丑)
경인(庚寅) 신묘(辛卯) 임진(壬辰) 계사(癸巳) 을미(乙未)
무술(戊戌) 신축(辛丑) 임인(壬寅) 계묘(癸卯) 갑진(甲辰)
병오(丙午) 정미(丁未) 경술(庚戌) 임자(壬子) 계축(癸丑)
갑인(甲寅) 을묘(乙卯) 병진(丙辰) 정사(丁巳) 무오(戊午)
기미(己未) 황도, 삼합, 육합, 천덕, 월덕, 천덕합, 월덕합, 월은, 천의, 정성, 개일

② 꺼리는 날
천적, 수사, 천강, 하귀(천강 하귀는 황도일이면 무방함)
사폐(四廢=봄-庚申 辛酉日, 여름-壬子 癸亥日, 가을-甲寅 乙卯日 겨울-丙午 丁巳日),

월파 수일(收日) 폐일(閉日) 월살(月殺-正五九月-丑, 二六十月-戌 三七十一月-未, 四八十二月-辰), 복단일(伏斷日)

제4절 혼인(婚姻)

1. 혼인운(婚姻運)
① 합혼개폐법(합혼개폐법)
여자의 나이로 결혼해도 좋은가 아닌가를 보는 방법이다. 대개운(大開運)에 결혼하면 부부 화목하고 해로하며, 반개운(半開運)은 부부 불화하며, 폐개운(閉開運)은 부부 불화한다고 한다.

구분	대개(大開)	반개(半開)	폐개(閉開)
자오묘유생녀	17 20 23 26 29 32	18 21 24 27 30 33	19 22 25 28 31 34
인신사해생녀	16 19 22 25 28 31	17 20 23 26 29 32	18 21 24 27 30 33
진술축미생녀	15 18 21 24 27 30	16 19 22 25 28 31	17 20 23 26 29 32

가령 자오묘유(子午卯酉)생 여자라면 십칠(十七), 이십(二十), 이십삼(二十三), 이십륙(二十六), 이십구(二十九)세가 대개운이니 혼인에 길하고 십팔(十八), 이십일(二十一), 이십사(二十四)세는 반개운이며, 십구(十九), 이십이(二十二), 이십오(二十五)세는 폐개운이다.

㉠ 혼인흉년
다음에 해당하는 해는 혼인에 불길하다고 하니 피하는 것이 좋다.

생년	子	丑	寅	卯	辰	巳	午	未	申	酉	戌	亥
남자	未	申	酉	戌	亥	子	丑	寅	卯	辰	巳	午
여자	卯	寅	丑	子	亥	戌	酉	申	未	午	巳	辰

가령 자(子)년생 남자라면 미(未)년이 혼인에 불길한 해요, 자(子)

생인 여자라면 묘(卯)년이 혼인에 불길한 해다.

2. 달 가리는 법-여자의 생년으로 기준한다.

어느 달에 혼인식을 올려야만 가장 좋으며 어느 달에 혼인식을 올리면 불길한가를 보는 방법이다.

● 대리월(大利月)을 사용하라. 대리월로 쓰지 못하게 되거든 방매씨(妨妹氏)에 해당하는 달로 가리라. 방옹고(妨翁姑)에 닿는 달은 시부모가 없을 경우는 무방하고(있으면 불가), 방여부모(妨女父母)에 닿는 달은 친정부모가 없으면 사용해도 무방하며, 방부주(妨夫主)에 닿은 달은 신랑에 해롭고, 방여신(妨女身)에 닿는 달은 신부에게 해로우니 사용하지 마라.

여자의 생년 구분	子午생	丑未생	寅申생	卯酉생	辰戌생	巳亥생
대리월(大利月)	六·十二月	五·十一月	二·八月	正·七月	三·九月	四·十月
방매씨(妨媒氏)	正·七月	四·十月	三·九月	六·十二月	二·八月	五·十一月
방옹고(妨翁姑)	二·八月	三·九月	四·十月	五·十一月	正·七月	六·十二月
방여부모(妨女父母)	三·九月	二·八月	五·十一月	四·十月	六·十二月	正·七月
방부주(妨夫主)	四·十月	正·七月	六·十二月	三·九月	五·十一月	二·八月
방여신(妨女身)	五·十一月	六·十二月	正·七月	二·八月	四·十月	三·九月

가령 여자가 자(子)생 및 오(午)생이라면 육월(六月)과 십이월(十二月)이 대리월이요, 사·십월(四·十月), 오·십월(五·十月)은 신랑 신부가 불길한 달이고, 二·八月, 삼·구월(三·九月)은 두 집 부모에게 불리한 달이다.

① 살부대기월(殺夫大忌月)

또 다음에 해당하는 달에 혼인식을 올리면 남편과 사별(死別)하니 피하라.

자(子)생녀-정(正)·이월(二月) 축(丑)생녀-사월(四月) 인(寅) 생녀-칠월(七月) 묘(卯)생녀-십이월(十二月) 진(辰)생녀-사월(四月) 사(巳)생녀-오월(五月) 오(午)생녀-십이월(十二月) 미(未)생녀-륙·칠월(六·七月) 신(申)생녀-륙·칠월(六·七月) 유(酉)생녀-팔월(八月) 술(戌)생녀-십이월(十二月) 해(亥)생녀-칠·팔월(七·八月)

3. 날 가리는 법
① 혼인식에 좋은 날

다음은 음양부장길일(陰陽不將吉日) 가운데 혼인에 꺼리는 천적·수사·월파·천강·하괴·홍사·피마·월살·월염·염대일을 뺀 길일이니 가급적 이날에 맞추어 아래 꺼리는 날을 피하여 사용하면 대길하다.

정월(正月)-병인(丙寅) 정묘(丁卯) 무인(戊寅) 경인(庚寅) 신묘(辛卯)

이월(二月)-을축(乙丑) 병인(丙寅) 병자(丙子) 정축(丁丑) 무인(戊寅) 무자(戊子) 기축(己丑) 경인(庚寅) 경자(庚子)

삼월(三月)-갑자(甲子) 병자(丙子) 을유(乙酉) 병술(丙戌) 정유(丁酉) 기유(己酉)

사월(四月)-갑자(甲子) 무술(戊戌) 병자(丙子) 병술(丙戌) 무자(戊子) 무술(戊戌)

오월(五月)-계유(癸酉) 갑술(甲戌) 계미(癸未) 갑신(甲申) 을유(乙酉) 병술(丙戌) 을미(乙未) 병신(丙申) 무술(戊戌) 무신(戊申)

유월(六月)-임신(壬申) 임오(壬午) 갑신(甲申) 계사(癸巳) 갑오(甲午)

칠월(七月)-임신(壬申) 갑신(甲申) 계사(癸巳) 을사(乙巳)

팔월(八月)-임신(壬申) 임오(壬午) 갑신(甲申) 계사(癸巳) 갑오

(甲午)

구월(九月)-경오(庚午) 신사(辛巳) 임오(壬午) 신묘(辛卯) 계사(癸巳) 계묘(癸卯).

시월(十月)-경오(庚午) 경진(庚辰) 임오(壬午) 신묘(辛卯) 임진(壬辰) 계묘(癸卯).

다음은 오합일(五合日)이니 역시 혼인에 대길하다.

병인(丙寅) 정묘(丁卯) 무인(戊寅) 신묘(辛卯) 임인(壬寅) 계묘(癸卯) 갑인(甲寅) 을묘일(乙卯日).

다음은 십전대길일이니 부장길일 오합일이 화해·절명에 걸려 마땅치 않을 때는 아래 일진중에서 가리라.

을축(乙丑) 병자(丙子) 정축(丁丑) 기축(己丑) 을사(乙巳) 임자(壬子) 계축(癸丑) 정묘(丁卯) 계묘(癸卯) 및 경인(庚寅) 계사(癸巳) 을미(乙未).

또는 아래와 같은 일진중에서 가려도 좋다.

갑자(甲子) 무진(戊辰) 신미(辛未) 임신(壬申) 계유(癸酉) 경진(庚辰) 신사(辛巳) 임오(壬午) 계미(癸未) 갑신(甲申) 임진(壬辰) 을미(乙未) 병신(丙申) 신축(辛丑) 갑진(甲辰) 병오(丙午) 기유(己酉) 경술(庚戌) 신유일(辛酉日) 천덕 월덕 천월덕합, 월은, 생기 정, 성, 개일, 황도

② 혼인식에 불길한 달

다음 각 항목에 해당하는 날을 피하여 가리도록 하라.

고신 과숙살=해자축(亥子丑)년생-남자는 인일(寅日), 여자는 술일(戌日)

인묘진(寅卯辰)년생-남자는 사일(巳日) 여자는 축일(丑日)

사오미(巳午未)년생-남자는 신일(申日) 여자는 진

일(辰日)
신유술(申酉戌)년생-남자는 해일(亥日) 여자는 미일(未日)
상부상처살＝입춘후 입하전-갑자(甲子) 을축(乙丑) 병오(丙午) 정미일(丁未日)
입하후 입추전-병자(丙子) 정축일(丁丑日)
입추후 입동전-경자(庚子) 신축일(辛丑日)
입동후 입춘전-임자(壬子) 계축일(癸丑日)

매월 일(一)일, 오(五)일, 칠(七)일, 구(九)일, 십오(十五)일, 십사(十四)일, 십칠(十七)일, 이십삼(二十三)일, 이십오(二十五)일을 피하고 정월(正月)은 경일(庚日), 경술(庚戌) 갑인일(甲寅日)과 자(子) 축(丑) 진(辰) 신(申) 유(酉) 술(戌) 해일(亥日)을 못쓴다.

이월(二月)은 을일(乙日) 을묘(乙卯) 신유일(辛酉日)과 묘(卯) 진(辰) 사(巳) 유(酉) 술(戌) 해일(亥日)을 못쓴다.

삼월(三月)은 병일(丙日), 갑진(甲辰) 경신일(庚申日)과 축(丑) 인(寅) 오(午) 미(未) 신(申) 술(戌) 해일(亥日)을 못쓴다.

사월(四月)은 계일(癸日), 정미(丁未) 정사일(丁巳日)과 축(丑) 인(寅) 묘(卯) 진(辰) 사(巳) 미(未) 해일(亥日)을 못쓴다.

오월(五月)은 경일(庚日), 병오일(丙午日)과 자(子) 축(丑) 사(巳) 해(亥) 오일(五日)을 못쓴다.

유월(六月)은 을일(乙日), 정미(丁未) 정사일(丁巳日)과 축(丑) 진(辰) 사(巳) 오(午) 유(酉) 술(戌) 해일(亥日)을 못쓴다.

칠월(七月)은 병일(丙日) 갑진(甲辰) 경신일(庚申日)과 축(丑) 인(寅) 진(辰) 오(午) 미(未) 유(酉) 술(戌) 해일(亥日)이 불길

팔월(八月)은 계일(癸日) 기묘(己卯) 신유일(辛酉日)과 묘(卯) 진(辰) 사(巳) 미(未) 유(酉) 해일(亥日)이 불길

구월(九月)은 경일(庚日) 경술(庚戌) 갑인일(甲寅日)과 자(子)

축(丑) 인(寅) 진(辰) 미(未) 신(申) 해일(亥日)이 불길

시월(十月)은 을일(乙日) 계축(癸丑) 계해일(癸亥日)과 축(丑) 인(寅) 사(巳) 미(未) 신(申) 유(酉) 술(戌) 해일(亥日)이 불길

십일월(十一月)은 병일(丙日) 임자일(壬子日)과 자(子) 묘(卯) 사(巳) 오(午) 미일(未日)을 못쓴다.

십이월(十二月)은 계일(癸日) 계축(癸丑) 계해일(癸亥日)과 축(丑) 묘(卯) 진(辰) 사(巳) 미(未) 유(酉) 해일(亥日)이 불길

이 날들은 혼인에 불길한 천적, 수사, 월파, 홍사, 피마, 월염, 염대, 천강 하괴, 음차, 양착살을 모두 가려 수록한 것이다.

그리고 또 주인공 남녀의 화해, 절명일과 본명일(本命日-가령 甲子生이면 甲子日)과 동지, 하지, 단오(五月 五日), 해일(亥日), 복단일, 월기일, 사월 팔일(四月 八日)과 십악(十惡), 사갑순(死甲旬)을 범하지 마라.

월기일(月忌日)-매월 오일(五日), 십사일(十四日), 이십삼일(二十三日)-인묘일(寅卯日)이면 무방

십악일(十惡日)-갑기년(甲己年)-삼월무술일(三月戊戌日) 칠월계해일(七月癸亥日), 시월병신일(十月丙申日), 십일월정해일(十一月丁亥日) 을경년(乙庚年)-사월(四月) 임신일(壬申日) 구월을사일(九月乙巳日), 병신년(丙辛年)-삼월(三月) 신사일(辛巳日), 구월(九月) 경진일(庚辰日) 정임년(丁壬年)-없음 무계년(戊癸年)-육월(六月) 축일(丑日)

사갑순(死甲旬)=자오묘유년(子午卯酉年)-갑술(甲戌) 갑진순(甲辰旬), 진술축미(辰戌丑未)년-갑인(甲寅) 갑신순(甲申旬) 인신사해년(寅申巳亥年)-갑자(甲子) 갑오순(甲午旬)

※ 단 월살 월기 십악 사갑순은 꺼리는 날이지만 인묘일(寅卯日)이면 쓸 수 있다.

③ 혼인주당(婚姻周堂)

姑 시어머니	堂 방안	翁 시아버지
夫 신랑		第 건물안
廚 주방	婦 신부	竈 부엌

결혼식 올리는 달이 크면(大月) 부(夫)자에 일일(一日)을 붙여 왼편으로(夫→姑) 혼인날까지 돌려짚고, 그 달이 작으면(小月) 부(婦)자에 일일(一日)을 붙여 오른편으로(婦→竈) 혼인날까지 돌려 짚는다. 부(夫)나 부(婦)자에 닿으면 주당살이 신랑·신부에게 닿으므로 불가하며, 구식결혼의 경우 신랑이나 신부가 맨 처음 식장에 들어설 때(장소가 신부집이면 신랑이 들어설 때요, 장소가 신랑집이면 신부가 들어설 때다) 해당되는 사람(翁에 닿으면 신랑집 결혼식에 시아버지요 신부집 결혼식이면 친정아버지, 姑에 닿고 신랑집 결혼식에 시어머니, 신부집 결혼식에 친정어머니)이나 장소(가령 弟면 처마 밑 울안) 모두 나와 잠시 피하면 된다. 사람에 닿으면 잠시 들어서는 순간만 보지 않는다.

제5절 양택(陽宅)

양택(陽宅)이란 집짓고 수리하는 일 등에 있어 운을 보고 날가리는 것을 말한다.

1. 집짓는 운
①나이로 운을 본다.

8세		9세		1세	
17 〃		18 〃		10 〃	
26 〃	우	27 〃		19 〃	처
34 〃	마	36 〃	길	28 〃	자
43 〃	사	44 〃	함	37 〃	사
53 〃	각	54 〃		46 〃	각
62 〃		63 〃		56 〃	
71 〃		72 〃		64 〃	
80 〃		81 〃		73 〃	
7세		5세		2세	
16 〃		15 〃		11 〃	
24 〃		25 〃		20 〃	
33 〃	길	35 〃	잠	29 〃	길
42 〃	함	45 〃	사	38 〃	함
52 〃		50 〃	각	47 〃	
61 〃		55 〃		57 〃	
70 〃		65 〃		66 〃	
79 〃		75 〃		74 〃	
6세		4세		3세	
14 〃		13 〃		12 〃	
23 〃		22 〃		21 〃	부
32 〃	자	31 〃	길	30 〃	모
41 〃	사	40 〃	함	39 〃	사
51 〃	각	49 〃		48 〃	각
60 〃		59 〃		58 〃	
69 〃		68 〃		67 〃	
78 〃		77 〃		76 〃	

　나이가 길함에 들면 당년에 성조운(成造運-집짓는 운)이 맞는 것이 되지만 만일 중앙의 잠사각(蠶四角) 혹은 간방(艮方)의 자사각(自四角)에 드는 해는 성조에 대흉하다.
　그리고 부모사각(父母四角)에 들면 부모 불리하니 못 짓고 (부모가 안계시면 이 나이도 질 수 있다) 처자사각(妻子四角)에 들면 처자에 불길하므로 짓지 못하며 (처자가 없는 미성년이면 지어도 무방) 우마사각(牛馬四角)에 들면 가축에 불리하니 축사만 못 짓고 다른 건물은 지어도 무방하다.

② 생년으로 운을 본다.
해자생(亥子生)-갑기정임무계(甲己丁壬戊癸)년이 길함
사오생(巳午生)-갑기을경병신(甲己乙庚丙辛)년이 길함
축인생(丑寅生)-병신정임무계(丙辛丁壬戊癸)년이 길함
미신생(未申生)-갑기을경무계(甲己乙庚戊癸)년이 길함
묘진생(卯辰生)-을경병신정임(乙庚丙辛丁壬)년이 길함
유술생(酉戌生)-갑기을경무계(甲己乙庚戊癸)년이 길함

③ 건물의 좌향으로 연운을 맞춘다.
자오묘유임병경갑(子午卯酉壬丙庚甲) 좌향-인신사해(寅申巳亥)년이 길
진술축미을신정계(辰戌丑未乙辛丁癸) 좌향-자오묘유(子午卯酉)년이 길
인신사해(寅申巳亥) 간곤건손좌향-진술축미(辰戌丑未)년이 길

2. 날 가리는 법
① 좋은 날
집을 짓거나 달아내거나 흙·나무 다루고 수리하는데 좋은 일진은 아래와 같다.
갑자(甲子) 을축(乙丑) 병인(丙寅) 기사(己巳) 경오(庚午) 신미(辛未) 계유(癸酉) 갑술(甲戌) 을해(乙亥) 병자(丙子) 정축(丁丑) 계미(癸未) 갑신(甲申) 병술(丙戌) 경인(庚寅) 임진(壬辰) 계사(癸巳) 갑오(甲午) 을미(乙未) 정유(丁酉) 경자(庚子) 임인(壬寅) 계묘

(癸卯) 병오(丙午) 정미(丁未) 계축(癸丑) 갑인(甲寅) 병진(丙辰) 기미일(己未日) 또는 황도, 월공, 천덕, 월덕, 천은, 사상, 생기, 월재, 정, 성 집, 개일

② 꺼리는 날
　천적, 수사, 흑도, 빙소와해, 토온, 토기, 지랑, 전살, 건, 파, 평, 수일, 토왕절
　• 건, 파, 평, 수일은 52~53면 참고하라. 또 토왕절은 책력 참고할 것이며 전살은 다음과 같다. 복단일(44면)도 피하라.
　• 전살(轉殺) : 정이삼월(正二三月)-묘(卯)
　　　　　　　　사오육월(四五六月)-오(午)
　　　　　　　　칠팔구월(七八九月)-유(酉)
　　　　　　　　십십일십이월(十十一十二月)-자(子)

3. 출입문 길흉방

이 법으로 단 출입문(出入門-즉 大門)뿐만 아니라 부엌·별채·창고·장독대 등의 방위가 좋은가 나쁜가를 참고해 본다.

구분 집의 향	동서사택				동사택			서사택	비 고
	남	북	서	서북	동남	동북	서남	동	
생기(生氣)	동남	동	남	북	서	동북	서남	서북	자손과 사업 번창
오귀(五鬼)	동북	서	서북	서남	동	동남	북	남	우환이 자주 생긴다
연년(延年)	남	북	동남	동	서남	서북	서	동북	경사가 많고 부귀한다
육살(六殺)	서북	서남	동북	서	북	남	동	동남	질병, 실패가 많다
화해(禍害)	서	동북	서남	서북	동남	동	남	북	실패 우환 횡액수
천을(天乙)	동	동남	북	남	동북	서	서북	서남	부귀 장수한다
절명(絶命)	서남	서북	서	동북	남	북	동남	동	재물 자손이 쇠약한다
복음(伏吟)	북	남	동	동남	서북	서남	동북	서	득도 없고 해도 없다

건물의 좌(坐)를 이해하기 쉽도록 향(向)으로 표시하였다. 감, 리, 진, 손좌가 동사택인데 북향은 이좌(離坐), 남향은 감좌(坎坐), 서향은 진좌(震坐) 서북향은 손좌(巽坐)가 되고, 건·곤·간·태가 서사택인데 동남향은 건좌(乾坐), 동북향은 곤좌(坤坐), 서남향은 간좌(艮坐), 동향은 태좌(兌坐)가 된다.

가령 건물이 남향(坎坐)으로 앉은 경우 출입문이 동남(생기) 남(연년) 동(천을) 방으로 났다면 길하고 기타는 오귀·육살·화해·절명문 등이 되어 흉하다. 또 남향집인 경우 장독대 별채 등도 동남·남·동방에 있어야 길하다.

※ 동(甲卯乙) 동남-진손사(辰巽巳) 남-병오정(丙午丁) 서남-미곤신(未坤申) 서-경유신(庚酉辛) 서북-술곤해(戌乾亥) 북-임자계(壬子癸) 동북-축간인방(丑艮寅方)

제6절 음택(陰宅)

살아있는 사람의 집을 짓고 수리하는 일 등을 위한 법이 양택(陽宅)이라하고 반대로 죽은 사람의 집 즉 묘자리를 잡고 장사지내고, 사초(莎草)하고 면례(緬禮-이장)하는 일 등을 음택(陰宅)이라고 한다.

1. 초상(初喪)

이장(移葬)을 하는데는 이런 저런 법을 맞춰야 하므로 운에 맞추어 날을 가리자면 까다로운 점이 많지마는 초상은 흉장(凶葬)이라하여 사람이 죽으면 속히 장사지내야 하므로 이장처럼 여유있게 이것저것 따져 오랜 시일을 연기하며 날을 가릴 수가 없다. 그러므로 법(法)에서도 흉장(凶葬)에는 일체불문 하고 장사지내라 하였다. 물론 풍수지리법에 의한 장지(葬地) 선택과 좌법(坐法) 등은 예외로 하고, 택일과 좌(坐)에 있어 중상일(重喪日)과 삼살(三殺) 좌살(坐殺) 세파(歲破) 정도만 피하여 장사하는 것이다.

① 장사 지내는 날

옛날과 달리 국장(國葬) 사회장 등 특수한 경우를 제외하고 일반 민간들의 예를 보면 매우 길어야 오(五) 일장이고 보편적으로 삼(三) 일장 내지 사(四) 일장으로 지내고 있음이 일반화되고 있다. 삼(삼) 일장이 대부분이지만 특별한 사정이 있거나 삼(三) 일장도 역시 중상일이 겹치면 오(五) 일장 까지 미루게 된다.

즉 장일을 정하려면 먼저 중상일, 중복일부터 보아야 한다. 다음과 같다.

정월(正月)-갑경사해일(甲庚巳亥日) 이월(二月)-을신사해일(乙辛巳亥日) 삼월(三月)-무기사해일(戊己巳亥日) 사월(四月)-병임사해일(丙壬巳亥日) 오월(五月)-정계사해일(丁癸巳亥日) 유월(六月)-무기사해일(戊己巳亥日) 칠월(七月)-갑경사해일(甲庚巳亥日) 팔월(八月)-을신사해일(乙辛巳亥日) 구월(九月)-무기사해일(戊己巳亥日) 시월(十月)-병임사해일(丙壬巳亥日) 십일월(十一月)-정계사해일(丁癸巳亥日) 십이월(十二月)-무기사해일(戊己巳亥日)

	正	二	三	四	五	六	七	八	九	十	十一	十二
중상일(重喪日)	甲	乙	己	丙	丁	己	庚	辛	己	壬	癸	己
복 일(復 日)	甲	乙	戊	壬	丁	戊	甲	乙	戊	丙	丁	戊
중 일(重 日)	庚	辛	己	丙	癸	己	庚	辛	己	壬	癸	己
	巳	巳	巳	巳	巳	巳	巳	巳	巳	巳	巳	巳
	亥	亥	亥	亥	亥	亥	亥	亥	亥	亥	亥	亥

가령 정월(正月)은 갑일(甲日)이 중상, 갑경일(甲庚日)이 복일, 사해일(巳亥日)이 중일인데 삼(三) 일장을 하려는 경우 이러한 날에 해당하면 이를 피하여 이(二) 일장, 사(四) 일장 오(五) 일장으로 하게 된다.

② 입관(入棺)에 좋은 시간

염(斂)을 끝마치면 시신을 입관하는 바 다음과 같은 시간에 행하면 길하다.

자일(子日)-갑경시(甲庚時) 축일(丑日)-을신시(乙辛時) 인일(寅日)-을계시(乙癸時) 묘일(卯日)-병임시(丙壬時) 진일(辰日)-정기시(丁己時) 사일(巳日)-을경시(乙庚時) 오일(午日)-정계시(丁癸時) 미일(未日)-을신시(乙辛時) 신일(申日)-갑계시(甲癸時) 유일(酉日)-정임시(丁壬時) 술일(戌日)-경임시(庚壬時) 해일(亥日)-을신시(乙辛時)

③ 정상기방(停喪忌方)

상여 또는 영구차를 놓는데 꺼리는 방위(놓지않는 곳)는 다음과 같다.

사유축년일(巳酉丑年日)-동북방, 신자진년일(申子辰年日)-동남방, 인오술년일(寅午戌年日)-서북방, 해묘미년일(亥卯未年日)-서남방

④ 하관(下棺)에 좋은 시간

자오일(子午日)-오신유시(午申酉時) 축미일(丑未日)-사신시(巳申時) 인신일(寅申日)-진사미시(辰巳未時) 묘유일(卯酉日)-오미시(午未時) 진술일(辰戌日)-진사신시(辰巳申時) 사해일(巳亥日)-진오미시(辰午未時)

이상은 황도시(黃道時) 다.

갑일(甲日)-미(未) 을일(乙日)-신(申) 병일(丙日)-사유(巳酉) 정일(丁日)-오유(午酉) 무일(戊日)-사미(巳未) 기일(己日)-오신(午申) 경일(庚日)-미신(未申) 신일(辛日)-오(午) 임일(壬日)-사(巳) 계일(癸日)-사시(巳時) → 《이상은 귀인·록)

⑤ 하관시에 피하는 법

정충(正冲) = 일간(日干)과 생년간(干)이 같고 일지(日支)와 생년지가 충하는 사람

예 = 갑자일(甲子日)-갑오(甲午)생 갑오일(甲午日)-갑자(甲子)생
　　 을축일(乙丑日)-을미(乙未)생 을미일(乙未日)-을축(乙丑)생

순충(旬冲) = 같은 순중에 일지과 생년이 있어 지지가 상충하는 사람

예 = 갑자일(甲子日)-경오(庚午)생 을축일(乙丑日)-신미(辛未)생 병무(丙戊)일-임진(壬辰)생, 간단한 방법은 일진(日辰)과 천간도 충하고 지지도 충하는 사람

이에 해당하는 사람은 관(棺)이 광중안 땅 바닥에 닿는 순간만 피한다.

⑥ 취토방(取土方)

하관식이 끝나면 다음과 같은 길방(吉方)의 생토(生土)를 몇삽 떠서 광중에 먼저 넣은 뒤에 흙을 모아 봉분을 만든다.

年·月	子	丑	寅	卯	辰	巳	午	未	申	酉	戌	亥
길 방	申	戌	子	巳	卯辰	午申	申	戌	午	未	酉	午

2. 이장(移葬)

초상시의 흉장법(凶葬法)과 달리 이장(무덤을 옮겨쓰는 일)을 하는데는 다음과 같은 몇가지 조건이 맞아야 한다.

첫째, 그 무덤에 손댈 수 있는가를 보아야 한다. -동총법으로

둘째, 새로 옮겨쓰기 위해 마련해 놓은 묘자리의 운을 맞추는바 예정한 좌향이 이장하는 해에 의하여 삼살(三殺) 좌살(坐殺) 및 기타의 꺼리는 흉살에 저촉되지 않아야 한다.

셋째, 새로 쓰는 묘의 좌에 의하여 날을 가려야 한다.

① 동총법(動塚法)

이 법에 맞추어 이미 쓴 묘를 헐어 이장한다. 뿐 아니라 합폄(合窆)하기 위하여 무덤을 헐게 되거나 무덤을 수선(떼 입히고 봉분 고치는 일 등)하는데도 이 법에 의한다. 대리운(大利運) 닿는 해에 이장 및 사초(莎草)할 것이며, 소리운(小利運)은 무해무덕하니 역시 이장·사초·합장·석물 세우는 일 등에 가능하다. 단 중상운(重喪運)이 닿는 해는 절대로 이장, 사초, 합폄을 못한다.

구묘의 좌향	壬子癸丑丙午丁未坐	艮寅甲卯坤申庚酉坐	乙辰巽巳辛戌乾亥坐	비고
대리(大利)	辰戌丑未年	子午卯酉年	寅申巳亥年	길함
소리(小利)	子午卯酉年	寅申巳亥年	辰戌丑未年	평함
중상(重喪)	寅申巳亥年	辰戌丑未年	子午卯酉年	흉함

가령 이장 혹은 하방하려는 묘의 좌(坐)가 자좌오향(子坐午向)이라면 진술축미(辰戌丑未)년이 가장 길하고 자오묘유(子午卯酉)년도 무방하나 오직 인신사해(寅申巳亥)년은 중상운(重喪運)이 되어 흉하므로 아무 일(이장·합장·사초) 못한다.

② 새로 쓰는 묘운

새로 쓰는 묘의 좌향과 당년의 운으로 아래 표에 의하여 흉살을 피한다. 이 표는 천기대요(天機大要)와 택일학전서에도 수록되어 있는 만년도(萬年圖)인바 지면상 다 수록을 아니하고 병인(丙寅)년부터 을해(乙亥)년까지 미래 십(十)년분만을 수록하니 을해년(乙亥年) 이후 병자년(丙子年)부터는 천기대요 또는 택일학전서에서 참고하라.

좌향＼태세	병인	정묘	무진	기사	경오	신미	임신	계유	갑술	을해
해좌사향(亥坐巳向)	삼살	소리	방음 천관	세파	연극 삼살	지관	천관	방음 연극	삼살 연극	대리
임좌병향(壬坐丙向)	좌살	연극 방음	향살	대리	좌살	대리	방음 향살	대리	부천 좌살	소리
자좌오향(子坐午向)	삼살 정음	소리	연극	구퇴	삼살 세파	정음 연극	지관	구퇴	삼살	연극
계좌정향(癸坐丁向)	삼살 방음	대리	연극 향살	대리	좌살	방음 연극	향살	대리	좌살	부천 연극
축좌미향(丑坐未向)	삼살	소리	연극	대리	방음 삼살	세파 연극	소리	지관	삼살	방음 연극
간좌곤향(艮坐坤向)	연극	연극	대리	대리	연극 정음	대리	대리	소리	대리	소리
인좌신향(寅坐申向)	소리	천관 방음	연극	삼살	대리	천관 연극	세파 방음	삼살	지관	천관 연극
갑좌경향(甲坐庚向)	대리	향살	연극	좌살	방음	연극 향살	부천	좌살	대리	방음 향살
묘좌유향(卯坐酉向)	연극	소리	구퇴 정음	삼살 연극			삼살 세파 정음	소리	지관
을좌신향(乙坐辛向)	방음	연극 향살	대리	좌살	대리	방음 향살	대리	좌살 부천	대리	향살
진좌술향(辰坐戌向)	방음	소리	연극	삼살	소리	방음 연극	소리	삼살	세파	연극
손좌건향(巽坐乾向)	대리	대리	연극	정음	대리	연극	소리	대리	소리	연극
사좌해향(巳坐亥向)	천관 연극	대리	삼살	연극	방음 천관	대리	삼살	대리	천관	세파 방음
오좌자향(午坐子向)	지관	연극 구퇴 성음	삼살	소리	대리	구퇴	정음 삼살	소리	소리	구퇴

태세 좌향	병인	정묘	무진	기사	경오	신미	임신	계유	갑술	을해
정좌계향(丁坐癸向)	향살	대리	좌살	대리	방음 연극 향살	대리	좌살	연극	연극 향살	방음
미좌축향(未坐丑向)	소리	지관	연극 삼살 방음	소리	대리	연극	삼살	방음	소리	연극
곤좌간향(坤坐艮向)	정음	대리	연극 부천	대리	대리	정음 연극	대리	소리	대리	연극
신좌인향(辛坐寅向)	세파 방음	삼살	연극 지관	천관	소리	방음 삼살 연극	대리	천관	소리	삼살 연극
경좌갑향(庚坐甲向)	대리	좌살 부천	연극 방음	향살	소리	연극 좌살	대리	방음 향살	대리	좌살 연극
유좌묘향(酉坐卯向)	구퇴	삼살 세파	소리	지관	정음 연극 구퇴	삼살	소리 송지후 불리	연극	구퇴 연극	삼살 정음
신좌을향(辛坐乙向)	부천	좌살	연극	향살 방음	대리	연극 좌살	대리	향살	방음	좌살 연극
술좌진향(戌坐辰向)	대리	방음 삼살	연극 세파	소리	지관	삼살 연극	방음	대리	소리	삼살 연극
건좌손향(乾坐巽向)	대리	대리	대리	부천	정음 연극	소리	소리	연극	연극	정음

음택 양택을 막론하고 대리(大利)·소리(小利) 운을 사용하라. 삼살(三殺) 세파(歲破) 방음부(傍陰符) 연극(年克)이 되는 좌(坐)는 새로 쓰는 묘에 흉하고 향살(向殺) 천관부(天官符) 지관부(地官符) 정음부(正蔭符) 구퇴(灸退)는 양택에 꺼린다. 즉 초상에는 오직 삼살 좌살 세파좌만 놓지말고 이장에는 대리 소리를 위주하되 역시 삼살 좌살 세파와 방음부 연극을 피하라.

③ 날 가리는 법

천기대요에 수록되어 있는 모든 길신과 흉신을 전부 참고하여 택일하자면 여간 복잡한 것이 아니다. 그러므로 여기에서는 가장 간단하고 쉽고 효과적인 것만을 가려 소개하니 다음과 같은 몇가지만 맞추어도 좋은 택일이 될 것이다.

주마육임법(走馬六壬法)-양좌(陽坐)에 양년월일시, 음좌에 음년월일시를 쓴다.

즉
　　양산-壬子艮寅乙辰 丙午坤申辛戌좌-子寅辰午申戌年月日時
　　　　　가 吉
　　음산-癸丑甲卯巽巳 丁未庚酉乾亥坐-丑卯巳未酉亥年月日時
　　　　　가 吉

성마귀인(星馬貴人)-위 주마육임과 맞추면 대길(大吉)하고 이 법만 써도 좋다.

신자진(申子辰) 년월일시(年月日時)-간인병오신술좌길(艮寅丙午辛戌坐吉)

사유축(巳酉丑) 년월일시(年月日時)-건해갑묘정미좌길(乾亥甲卯丁未坐吉)

인오술(寅午戌) 년월일시(年月日時)-곤신임자을진좌길(坤申壬子乙辰坐吉)

해묘미(亥卯未) 년월일시(年月日時)-손사경유계축좌길(巽巳庚酉癸丑坐吉)

좌(坐)에 관계없이 일진만으로 좋은 날은 다음과 같다.

을축(乙丑) 경오(庚午) 신미(辛未) 임신(壬申) 계유(癸酉) 갑술(甲戌) 을해(乙亥) 무인(戊寅) 기묘(己卯) 임오(壬午) 계미(癸未) 갑신(甲申) 을유(乙酉) 임진(壬辰) 계사(癸巳) 갑오(甲午) 을미(乙未) 병신(丙申) 정유(丁酉) 임인(壬寅) 계묘(癸卯) 병오(丙午) 정미(丁未) 무신(戊申) 기유(己酉) 임자(壬子) 경신(庚

申) 신유(辛酉)
 ·· 표는 대공망일(大空亡日)이다. 이장을 하려는데 시일이 급박하여 날자를 가릴 여유가 없거나 망인(亡人)의 생년 또는 이장하려는 묘의 좌향을 모를 경우 이 공망일을 사용하라.
 투수일(偸修日)-대한후 십(十)일, 입춘전 오일(五日)
 세관교승(歲官交承)-대한후 오일(五日) 입춘전 이일(二日)
 한식(寒食)=동지후 백오일(百五日), 청명(淸明)-양력 사월(四月) 사(四)·오(五)일
 우 투수일·세관교승일·한식·청명일은 모든 신(神)들 하늘로 조회하러 올라간다는 날이니 이장(면례)뿐 아니라 사초(莎草-떼 입히고 봉분 고치는 일 등)하고 비석 세우는 일 등에 대길하다.

④ 꺼리는(피하는) 날
 중상일(重喪日)·복일(復日) 중일(重日) 천강(天) 하괴(河魁) 전살(轉殺 : 봄-卯 여름-午 가을-酉 겨울-子)지랑일, 음차, 양착, 방음부

3. 합장(合葬)
 합폄(合窆) 합묘(合墓)라고도 하는데 이 합장을 하는데는 세가지 조건이 맞아야 한다.
 첫째, 동총법(動塚法)을 보아 중상운(重喪運)이 닿지 않아야 이 무덤(먼저 쓴 묘)을 헤치고 광중을 지을 수 있는 것이다.
 둘째, 새로 쓰는 묘가 그 해에 삼살(三殺) 좌살(坐殺) 세파좌(歲破坐)는 놓지 않는 것이니 먼저 쓴 묘가 장사지내는 당년 운으로 보아 삼살, 좌살, 세파좌가 되어 있지 않아야 한다.
 셋째, 먼저쓴 묘의 왼쪽이나 오른쪽에 새로 시신을 안장(安葬)하는바 그 안장하려는 방위에 삼살방(三殺方-당년 태세로 기준) 및 생왕방(生旺方)이 닿지 않아야 한다. (생왕방법 아래에 있음)

넷째, 먼저쓴 묘와 새로 합장하려는 망인(亡人)의 생년으로 살(殺-무후좌 멸문좌 등)이 닿지 말아야 한다.

① 구묘생왕방(舊墓生旺方)
생왕방(生旺方)법이 두가지가 있으므로 이를 모두 수록한다.

①
乾甲丁巽庚癸坐 金-巳(生方), 酉(旺方)
艮丙辛坤壬乙坐 木-亥(生方), 卯(旺方)
亥卯未巳酉丑坐 水-申(生方), 子(旺方)
申子辰寅午戌坐 火-寅(生方), 午(旺方)

제3장 명당잡는 법

제3장 명당잡는 법

　지리(地理)란 여기에서는 풍수학(風水學) 즉 묘자리 잡는 법을 말한다. 지리법에 대서 다 쓰자면 몇권의 책으로도 부족하다. 그러므로 여기에서는 지리에 대한 대략적이 상식과 전문가가 아닐지라도 알아둘 필요가 있는 것만을 간추려 기록한다.

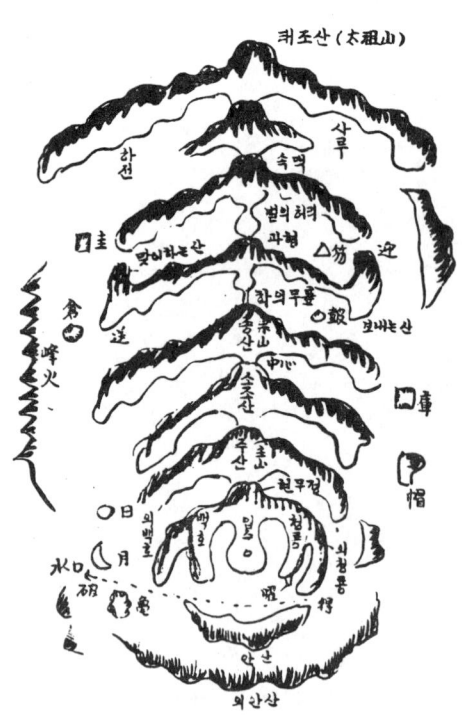

제1절 형체(刑體)
1. 술어(述語) 해석

지리법에 우리가 일상생활에 들어보지도 못하고 사용하지도 않은 술어(述語)가 있으니 예를 들어 무엇을 용(龍)이라하고 무엇을 혈(穴)이라하며 득(得)이니 파(破)이니 하는 말은 무엇을 가르키는 것부터 우선 알아두어야 할 것이다.

① 용(龍)

간단히 말하면 산맥(山脈)이다. 높은 봉우리를 기점(起點)으로 하여 전후좌우 팔방으로 굽이굽이 뻗어가는 산줄기, 그 줄기가 크고 작고 높고 낮은 것을 막론하고 맥(脈)과 가지(枝) 즉 줄기에서 줄기가 나뉘고 그 줄기에서 또 줄기가 나뉘고 가지를 쳐서 나간 모든 능선을 포함하여 용(龍)이라 하는데 그 모양이 마치 용이 꿈틀거리며 이리 저리 변화막칙한 조화와 같다해서 붙여진 이름이다.

② 맥(脈)

맥도 크게 포함해서 용이라 하는데 비유하건데 용이 사람의 팔·다리(뼈와 힘줄과 살을 포함한)라면 맥은 그 속에 피가 통하고 있는 힘줄(혈관)이라 할 수 있다. 즉 용 속에 흐르고 있는 산의 정기(精氣)는 이맥이 이어지므로써 흐르고 있는 것이라 하겠다. 또 큰 줄기는 용, 작은 줄기는 맥이라고도 한다.

③ 태조산(太祖山)

예를 들면 백두산, 한나산, 태백산, 소백산, 지리산, 계룡산 용문산과 같이 한 지방의 우두머리요 또 다른 산에 예속되지 않고 독립된 산으로써 높고 웅장하고 준엄한 산이다. 혈(穴)에서 수십리 또는 수백리를 이어진 산이며 혈의 근원지가 바로 태조산이다.

④ 소조산(少祖山)

태조산에서 혈까지 오는 사이 그 중간에 높고 큰 산이 솟아 있으면 이를 소조(少祖) 혹은 종산(宗山)이라 한다. 태조산과 혈 사이에 높고 큰 산이 여러개 있어 여러개 있으며 태조산 다음으로 큰 산이 종산(宗山)이오, 그 아래 다음으로 큰 산이 소조산이오, 소조와 혈 중간에 큰 산이 주산(主山)이다. 이 산은 기이하고 높고 수려해야 길격이다.

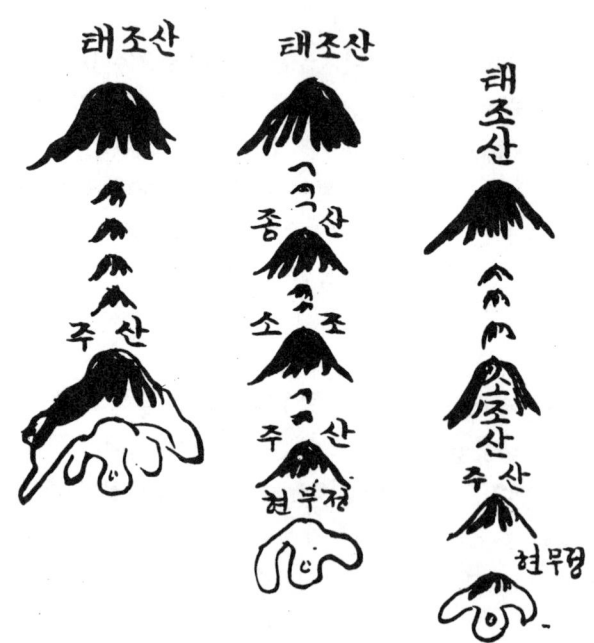

㉠ 주산(主山)

혈(穴)과 가장 가까이 있는 높고 큰 산으로 대개 주산은 한 마을(里)이나 고을(面)의 우두머리가 되는 산이기도 한다. 혈과 직접적인 영향이 있다해서 부모(父母)라고도 한다. 이 주산은 역시 아름답고 수려하며 좌우에 장막은 편 듯 하여야 하고 전후좌우가 분명하며 귀기(鬼氣)를 띠어 음산하지 않아야 길격이다.

⑤ 현무정(玄武頂)
주산(主山)에서 맥(脈)이 이어져 혈(穴)까지 오는 사이, 즉 혈 바로 뒤 솟은 곳이 바로 현무정이다. 실제의 방위와 관계없이 앞은 남방을 상상하여 주작(朱雀), 뒤는 북방을 상징하여 현무(玄武), 좌(左)는 동방을 상징하여 청룡(靑龍), 우(右)는 서방을 상징하여 백호(白虎)라 한다.

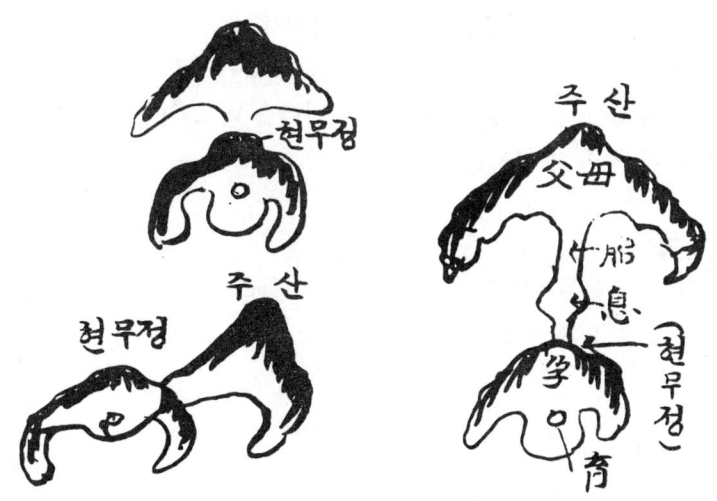

⑥ 부모(父母)·태(胎)·식(息)·잉(孕)·육(育)
주산(主山)을 부모라 하고 부모(主山) 아래 맥이 뻗어 내려온 줄기를 태(胎)라 하고 태 아래 속기(束氣 : 뭉친 듯한 모양)된 곳을 식(息)이라 하고 식 아래 다시 성신(星辰 : 봉우리 또는 도루묵한 것)을 일으켜 솟은 곳이 현무정이오, 이를 잉(孕)이라 하고 잉 아래 혈(穴)이 되는 곳을 육(育)이라 한다.

⑦ 입수(入首)
　혈(穴) 뒤에서 혈까지 뻗어온 맥이 입수(入首)다. 다시 말하여 혈 바로 뒤에서 현무정을 향하여 가까우면 다섯발자욱이오, 길면 이십보 정도 현무정과 이어진 맥이니 이 입수는 맥이 솟아 형태가 분명한 것도 있지만 어떤 경우는 미미하여 잘 보이지 않아 입수된 방위를 알기 어려운 것도 있으니 잘 살피지 않으면 안된다.

⑧ 혈(穴)
　바로 주인공으로서 용맥(龍脈)의 정기(精氣 : 生氣)가 모여 응결되는 곳이니 바로 광중(壙中)이오 시신을 안장(安葬)하는 곳이다. 그러므로 이 혈을 바르게 찾기 이해 모든 법식을 대조 연구하며 주위환경의 좋고 나쁜 것을 참고하는 것이다.

⑨ 명당(明堂)
　명당이란 좋은 묘자리, 좋은 집터자리라는 말도 되비만 그것보다도 명당이란 뜻은 혈이 있는 국내(局內-부근)즉 혈 자리가 될 곳의 넓은 바닥이다.

⑩ 청룡·백호
　좌청룡(左靑龍)·우백호(右白虎)라 하여 혈 왼쪽으로 뻗은 맥이 청룡이오 혈 오른쪽으로 둘러진 산이 백호다. 또 오른쪽에 솟은 봉우리를 백호봉(白虎峰)이라 하고, 혈 왼쪽으로 솟은 봉우리를 청룡봉(靑龍峰)이라 한다. 꼭 좌우에 산(山)이 있어야만 청룡, 또는 백호라 하는 것이 아니고 그냥 왼쪽을 청룡(청룡방)이라 하고 오른 쪽을 백호(백호방)라 한다. 또는 반드시 청룡이니 백호이니 하지만 않고 그냥 용(龍)이니 호(虎)이니 하기도 한다.

⑪ 조·안·대

혈 앞에 있는 산이며 물이며 언덕·바위·나무·건물 등을 조(朝) 또는 안(案) 또는 대(對)라 한다. 그러므로 조안(朝案)이니, 조대(朝對)니 안대(案對)니 하는 말은 같은 뜻이다.

혈 앞에 있는 산을 가리켜 안산(案山) 또는 조산(朝山), 또는 대산(對山) 또는 조배산(朝拜山) 또는 주작봉(朱雀峯)이라 하고, 혈 앞으로 흐르는 물이 고인 물을 가리켜 조수(朝水) 또는 안대수(案對水) 또는 안수(案水) 또는 조안수(朝案水) 또는 조배수(朝拜水) 또는 주작수(朱雀水)라 한다.

⑫ 수(水) 및 득파(得破)

수(水)는 물이니 물이 없는 건수(乾水-비가 올 때만 물이 고이거나 흐르는 물)에서부터 낮은 곳(평지에 비해) 논(개울이 없는 경우), 똘, 개울, 시내(냇물) 강, 바다가 모두 물에 속하며, 평지에서는 일촌(一寸 : 한치)가 높아도 산(山)이오, 한치가 낮아도 물(水)이 된다.

득(得)이란 물이 홀러오는 것이며 파는 물이 홀러나가는 곳인데 득을 입수(入水)·래수(來水)라고도 하고 파(破)를 거수(居殊)라고도 한다.

이 물이 혈(穴)에서 기준하여 어느 방위에서 오고 득수방(得水方) 어느 방위로 빠져 나가는 가를 보아 수법(水法)의 길흉을 판단하는 것이다.

그 판단기준은 혈에서 보아 홀러오는 물이 맨 처음 보이는 곳(見水處)을 득방(得方)으로 삼고, 혈에서 보아 홀러나가는 물이 마지막 보이는 곳(藏水處)을 파방(破方)으로 삼는다. 그리고 이 물이 나가는 곳을 수구(水口)라 한다.

⑬ 사(砂)

사(砂)란 혈(穴)을 중심으로 전후좌우에 있는 모든 환경조건을 말하는 것으로서 즉 산(山)이나 바다, 강, 개울, 호수, 웅덩이, 언덕, 둑, 철도, 도로, 성곽, 건물, 수목, 돌, 바위 등과 그 모든 것들이 어떤 모양을 하고 있으며 혈에 어떤 영향을 미치는가를 판단하는 것이 사격(砂格)이다.

예를 들어 혈 주위에 좋은 사가 있으면 길격이오 보기 흉칙하거나 협오사가 있으면 흉격인 것이다.

다음은 모든 길사(吉砂)의 그림이다.

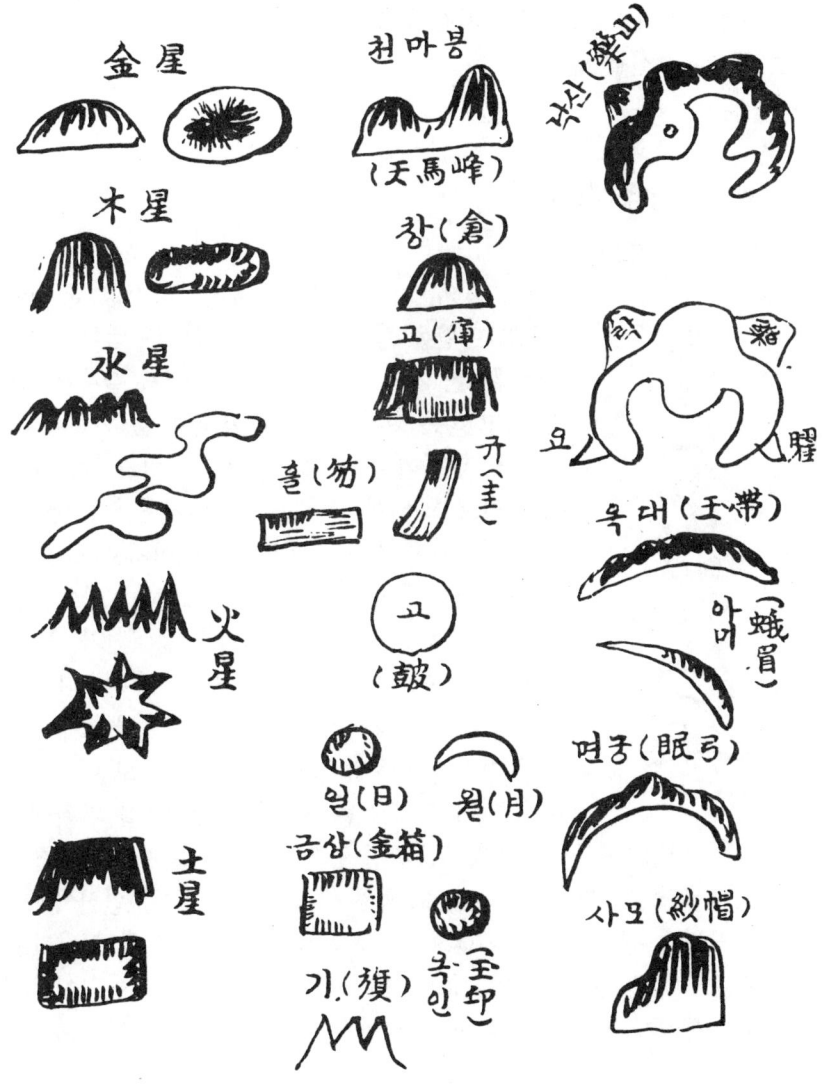

제3장 명당잡는 법 · 83

⑭ 규산(窺山)

규산(窺山)이란 「엿보는 산」이니 혈에서 볼 때 안산이나 백호, 청룡 혹은 현무정뒤에 어떤 산이 있어 마치 담 넘어에서 눈만 나오게 하고 어떤 사람이 안을 엿보는 형상처럼 뾰족이 보일 듯 말게 솟아 혈을 넘겨보는 듯 하는 산을 말한다.

제2절 길흉(吉凶)

1. 길격(吉格)

혈(穴)의 기원인 태조산에서부터 내려온 용맥(龍脈)이혈을 향하여 올 때 마치 큰 뱀이나 용이 꿈틀거리며 기어오듯 좌우로 구불구불 갈지자 모양을 하고 혹은 벌의 허리처럼 잘룩목 졌다가 울대뼈처럼 뭉치고 가늘기도 하고 굵기도 하고 높았다 낮았다 하고 그 맥이 끊어진 듯 이어지면서 중간에 소조(小祖)와 주산(主山)이 솟고 이어져오는 용맥의 좌우에 바람이 접하지 않도록 옹호하는 산이 있으며, 맥이 평평하더라도 미미하게 무엇인가 증거가 있어 맥이 이어진 흔적이 있으며, 내(川)나 강을 건너와도 맥이 끊기지 않고(돌줄기 듬성 듬성한 바위로 이어진 흔적이 있다)평지를 건너도 이어진 흔적이 있어 끊기지 않은채 주산(主山)을 거쳐 현무정에 이어지고 현무정에서 혈(穴)까지 입수(入首)가 분명하고 청룡 백호가 혈을 포옹하고(길·둑·물도 청룡 백호 역활을 한다) 안산이 수려하고 주위에 길사(吉砂)가 많으며, 물은 구비구비 흘러 좁게 나가고, 혈에 바람이 접하지 않으며, 조산(祖山)에서 혈까지 이르는 사이에 병풍을 두른 듯, 새가 날개를 펴고 날아오는 듯, 산마다 주위에 길, 강

것마다 오직 혈을 감싸는 듯 한 것 등이 길격이다.

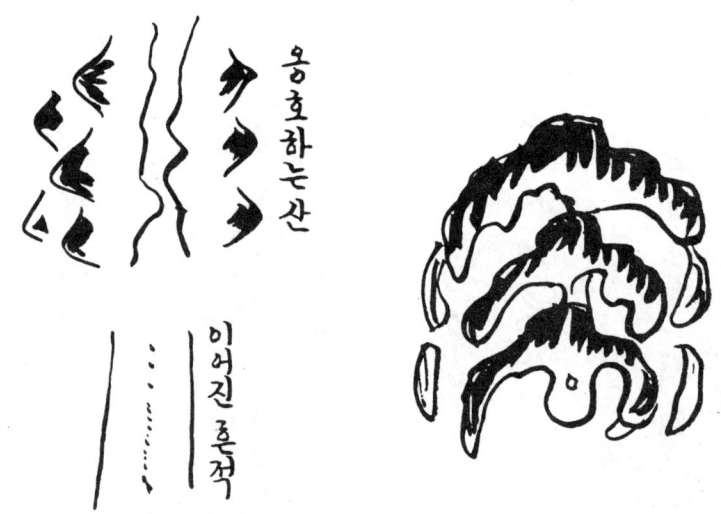

2. 흉격(凶格)

조종산(祖宗山) 혹은 주산(主山)이 약하고 좌우로 뻗은 줄기가 짧고 무력하게 늘어지고, 산이나 용이 함하고 깍이고 이어진 맥이 모호하고 바람이 닿고 물이 접하는 것은 약룡(弱龍)이라 하여 흉격이다.

용맥이 곧고 딱딱하고 거칠고 흉악하고, 좌우로 가지쳐나간 줄기가 없고 잘라놓은 나무토막, 죽은 뱀, 죽은 물고기 같이 생긴 것 등은 사룡(死龍)이라 하여 대흉격이다.

조종산(祖宗山)과 주산(主山)이 기울고 좌우로 뻗은 줄기가 거의 뒤로 거슬리고 용맥이 뭉툭하고 단조로우며 청룡 백호가 무정한 것은 역룡(逆龍)이니 역시 흉격이다.

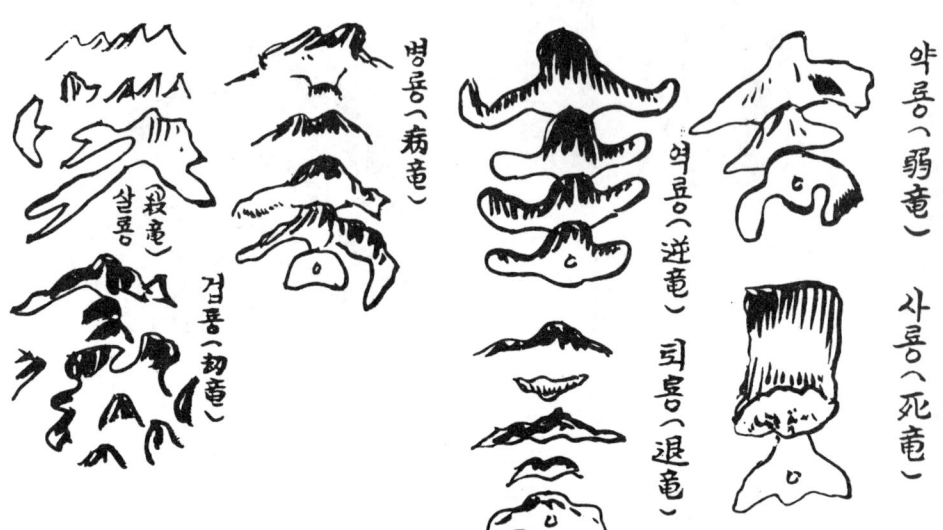

성신(星辰)이 박약하고 줄기며 뻗어온 맥이 종잡을 수 없으며, 맥이 군데 군데 끊어진 듯한 것이니 이를 퇴룡(退龍)이라 한다.

얼핏 보기는 수려하나 자세히 살피면 결점이 많고 좌우로 뻗은 줄기가 고르지 못하고 옹호하는 산이 엉성하며 이곳 저곳 허무러진데가 있는 것은 병룡(病龍)으로 흉격이다.

용신(龍身)이 쪼개어 갈리고 산인지 맥인지 분명치 않으며 산 봉우리가 살을 띠고 주의가 모두 흉칙한 물건의 형상처럼 보이는 것은 살룡(殺龍)이라 하여 흉격이다.

용신(龍身)이 살을 띠고 추악한 형태에 이어진 맥이 뭉툭하며 절벽,

낭떠러지가 많고 바위와 돌로 형성된 악산(惡山)이 겁룡(劫龍)이니 대흉하다.

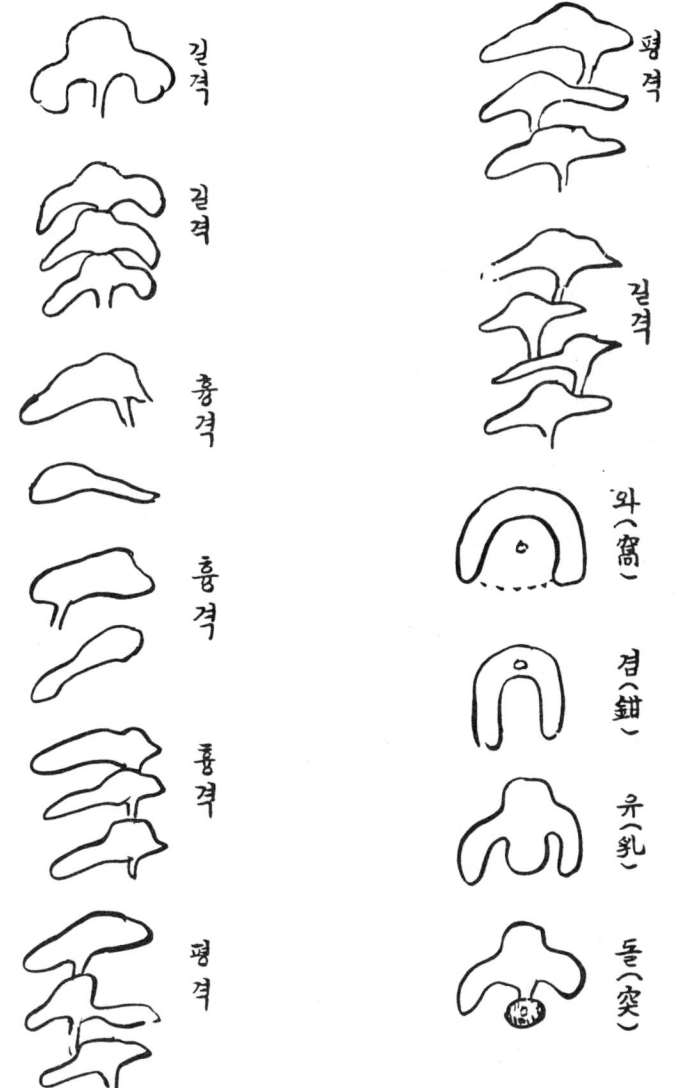

제3장 명당잡는 법 · 87

제4장 혈찾는 법(尋穴法)

제4장 혈찾는 법(尋穴法)

　전편에서는 지리학(地理學)의 개론(槪論)으로서 혈(穴)이 되는 조·종산(祖宗山) 및 龍脈의 형태(形態)와 분류(分類) 또는 그 길흉(吉凶)과 혈(穴)의 구분(區分), 또는 산형(山形)의 오성소속(五星所屬) 등 가장 상식적(常識的)이고 이론적(理論的)인 것만을 들어 지리(地理)란 무엇이며 용(龍), 脈, 혈(穴)이란 무엇이며, 어떠한 용(龍)이 길용(吉龍)이며 어떠한 혈(穴)이 격(格)에 맞는가 하는 대의(大義)를 논한 것으로써 용(龍)의 진가(眞價)와 혈(穴)의 진가(眞價)를 대략 실필 수 있으리라 믿는다. 그러나 요(要)는 진혈(眞穴)을 찾아 정혈(定穴)하는데 지리법(地理法)의 목적(目的)이 있는만큼 비록 길용(吉龍)을 찾고 길혈(吉穴)을 구분할 줄 아는 지식을 습득(習得)하였다 치더라도 무조건 하고 길용하(吉龍下)에 진혈(眞穴)이 용결된다는 관념을 가지고 혈격(穴格 : 窩, 鉗, 乳, 突과 태극(太極), 양의(兩儀), 삼재(三才) 등)에 맞는 곳을 찾으려고 태산준령(太山峻嶺) 및 사방(四方), 팔방(八方)으로 펼쳐나간 龍脈(龍脈)을 찾아 헤매일 수 없는 일이며 설사 혈격(穴格)에 부합된다고 생각되는 곳을 찾았을지라도 막상 점혈(占穴)하려 들면 진혈(眞穴)인지 가혈(假穴)인지 의심이 나서「이곳이 길혈(吉穴)이다」하고 자신 만만한 용기가 나지 않을 것이다.
　그러나 혈(穴)에는 일정(一定)한 법칙이 있는 것이니 그 법칙(法則)에 따라 혈(穴)을 찾아 정혈(定穴)한다면 만무일실(萬無一失)할 것이므로 아래에서는 혈맥(穴脈)을 찾아나가는 요령과 그 법칙(法則)들을 설명한다.

제1절 십오도수 정혈법(十五度數 定穴法)

　이 법(法)은 청조경(青鳥經)에서 나온 십오도수(十五度數) 법(法)으로써 정혈법(定穴法)의 대종(大宗)이다. 그러므로 청조법(青鳥法)을 행(行)한 명사(明師)를 대략 든다면 보조국사(普祖國師), 옥용자(玉龍子), 도선(道詵), 성사겸(成士謙), 무학대사(無學大師), 남사고(南師古), 위거사(成居士), 이순풍(李淳風)과 같은 유명(有名)한 분들과 계군지형(佳君知亨), 해일(敏逸), 일지대사(一指大師), 일이귀대사(一耳大師) 등 지리법(地理法)을 통달(通達)한 분들이 모두 이 법(法)을 사용(使用)하였다.
　그런데 청오경(青奧經)에서 나온 십오도수(十五度數) 법(法)은 무엇을 근원(根源)으로 하여 세운 것인가 하면 앞편에서도 이미 설명(説明)한 바 있는 하도락서(河圖洛書)에 의(依)하여 세운 것인가 하면 하도(河圖)로는 체(體)를 삼고 락서(洛書)로는 용(用)을 삼은바이다.
　락서(洛書)로 문왕(文王)은 후천팔괘(後天八卦)를 그림에 이미 팔괘(八卦)의 방위(方位)가 정(定)해졌다. 고(故)로 건괘(乾卦)는 서북(西北)에 위치하고 손괘(巽卦)는 동남(東南)에 위치하여 건(乾)은 양신(陽身)의 머리(首)가 되고 손(巽)은 양신(陽身)의 꼬리(尾)가 된다. 곤괘(坤卦)는 서남(西南)에 위치하여 음신(陰身)의 머리가 되고 량괘(艮卦)는 동북(東北)에 위치하여 음신(陰身)의 꼬리가 된다. 감(坎)은 선천(先天) 곤괘(坤卦)자리인 정북(正北)에 위치하여 건(乾) 간(艮)을 섬기고, 이(離)는 선천(先天) 건괘(乾卦)자리인 정남(正南)에 위치하여 손(巽)과 곤(坤)을 섬기고, 태(兌)는 선천(先天) 감괘(坎卦)자리인 정서(正西)에 위치하여 건곤(乾坤)을 섬기고 진(辰)은 선천(先天) 이괘(離卦)자리인 정동(正東)에 위치하여 손간(巽艮)을 섬긴다.
　고(故)로 음양(陰陽)이 상교(相交)하고 사정(四正:子午卯酉)이 자연 중매(仲媒)거 되는바 (仲)이란 중(中:陰陽之中에 處한다는 뜻

이 아님)을 뜻함이니 음양(陰陽)의 가운데에서 음(陰)과 양(陽)이 교구(交媾)하도록 권(勸)하는 역할을 하는 자(者)이다.

　무릇 선천지기(先天之氣)는 정(靜)하고 후천지기(後天之氣)는 동(動)하는바 동(動)함에는 법(法)이 있는지라 동(動)에 법(法)이 없으면 이는 난동(亂動)이며 또는 동(動)하는 때에도 자연 머리(首), 꼬리(尾), 어깨(肩), 발(足), 허리(腰)가 있으므로 신용(神龍)의 낙서(洛書)는 일(一)을 밟고(履), 구(九)를 이고(戴), 좌(左)에는 삼(三),

우(右)에는 칠(七)이요. 이(二)와 사(四)가 어깨(肩)요, 육(六)과 팔(八)은 발(足)이 되어 전체(全體)를 형성한 것이다. 그러므로 감수(坎水)가 건간(乾艮)을 이끌면 그 수(數)는 십오(十五:坎一·乾六·艮八)요, 이화(離火)가 곤·손(坤·巽)을 이끌면 그 수(數)가 십오(十五:離九·巽四·坤二)요, 태금(兌金)이 건·곤(乾·坤)을 이끌면 그 수(數)가 십오(十五:兌土·乾六·坤二)요 진목(震木)이 간·손(艮·巽)을 이끌면 그 수(數)가 십오(十五:震三·艮八·巽四)가 된다.

　지리(地理)의 법(法)도 이 낙서(洛書)의 의(義)에서 비롯된 것임은 이미 설명(說明)하였거니와 용맥(龍脈)과 혈(穴)을 찾는 묘법(妙法)은 반드시 십오도수(十五度數:혹은 五度數)를 맞추어야 할지니 자연(自然) 음양(陰陽)이 교구(交媾)되고 용혈(龍穴)이 생합(生合)되어 능히 발복(發福)하게 되는 것이다.

　십오도수(十五度數) 및 오도수(五度數)
　감(坎)·건(乾)·간(艮) = 감(坎)은 일(一)이요, 건(乾)은 육(六)이요, 간(艮)은 팔(八)이니 합(合)이 십오(十五)이다.
　난(難)·곤(坤)·손(巽) = 이(離)는 구(九)요, 곤(坤)은 이(二)요, 손(巽)은 사(四)이니 합(合)이 십오(十五)이다.
　진(震)·간(艮)·손(巽) = 진(震)은 삼(三)이요, 간(艮)은 팔(八)이요, 손(巽)은 사(四)이니 합(合)이 십오(十五)이다.
　태(兌)·건(乾)·곤(坤) = 태(兌)는 칠(七)이요, 곤(坤)은 이(二)요, 건(乾)은 육(六)이니 합(合)이 십오(十五)이다.
　감(坎)·손(巽) = 감(坎)은 일(一)이요, 손(巽)은 사(四)이니 합(合)이 오(五)이다.
　진(震)·곤(坤) = 진(震)은 삼(三)이요, 곤(坤)은 이(二)이니 합(合)이 오(五)이다.
　이(離)·건(乾) = 이(離)는 구(九)요, 건(乾)은 육(六)이니 합

(合)이 오(五)이다.

태(兌)·간(艮) = 태(兌)는 칠(七)이요, 간(艮)은 팔(八)이니 합(合)이 오(五)이다.

1. 산매법(山媒法)

산매(山媒)란 용맥(龍脈)을 음양(陰陽)으로 작배(作配)함과 동시에 십오도수(十五度數)에 맞게 하는 것인 바 순음(純陰)·순양(純陽)은 생성(生成)이 불능(不能)함으로 용맥(龍脈)은 반드시 음양맥(陰陽脈)이 상배(相配)되어야 한다.

 • 감(坎:子)용(龍)에 임맥(壬脈)을 거쳐 건맥(乾脈)이 생기면 간맥(艮脈)을 찾아 건(乾:陽)·간(艮:陰)으로 짝을 삼고 건(乾:六), 감(坎:一), 간(艮:八)으로 삼합(三合)하여 십오도수(十五度數)를 맞춘다.

 • 진(震:卯龍)에 갑맥(甲脈)을 거쳐 간맥(艮脈)이 생기면 손맥(巽脈)을 찾아 간(艮:음)·손(巽:양)으로 진(震:三), 간(艮:八)·손(巽:四)으로 삼합(三合)하여 십오도수(十五度數)를 맞춘다.

 • 이(離:午)용(龍)에 병맥(丙脈)을 거쳐 손맥(巽脈)이 생기면 곤맥(坤脈)을 찾아 손(巽:양)·곤(坤:음)으로 짝을 삼고, 이(離:九)·손(巽:四)·곤(坤:二)으로 삼합(三合)하여 십오도수(十五度數)를 맞춘다.

 • 태(兌:酉)용(龍)에 경맥(庚脈)을 거쳐 곤맥(坤脈)이 생기면 건맥(乾脈)을 찾아 곤(坤:음)·건(乾:양)으로 짝을 삼고, 태(兌:七)·곤(坤:二)·건(乾:六)으로 삼합(三合)하여

십오도수(十五度數)를 맞춘다.

이상(以上)은 모두 우선용(右旋龍)이다.

• 감용(坎龍)에 계맥(癸脈)을 거쳐 간맥(艮脈)이 생기면 건맥(乾脈)을 찾아 간(艮 : 음)·건(乾 : 양)으로 짝을 삼고 감(坎 : 一)·간(艮 : 八)·건(乾 : 六)으로 삼합(三合)하여 십오도수(十五度數)를 맞춘다.

• 진용(震龍)에 을맥(乙脈)을 거쳐 손맥(巽脈)이 생기면 간맥(艮脈)을 찾아 손(巽 : 양)·간(艮 : 음)으로 짝을 삼고, 진(震 : 三)·손(巽 : 四)·간(艮 : 八)이 삼합(三合)하여 십오도수(十五度數)를 맞춘다.

• 이용(離龍)에 정맥(丁脈)을 거쳐 곤맥(坤脈)이 생기면 손맥(巽脈)을 찾아 곤(坤 : 음)·손(巽 · 양)으로 짝을 삼고, 이(離 : 九)·손(巽 : 四)·곤(坤 : 二)으로 삼합(三合)하여 십오도수(十五度數)를 맞춘다.

• 태용(兌龍)에 신맥(辛脈)을 거쳐 건맥(乾脈)이 생기면 곤맥(坤脈)을 찾아 건(乾 : 양)·곤(坤 : 음)으로 짝을 삼고, 태(兌 : 七)·건(乾 : 六)·곤(坤 : 二)으로 삼합(三合)하여 십오도수(十五度數)를 맞춘다.

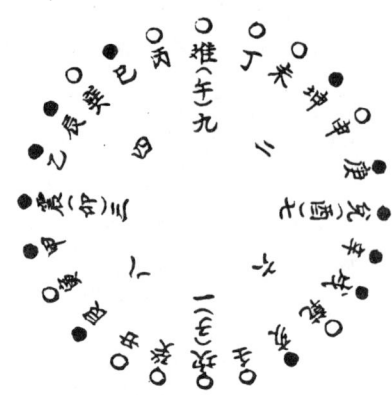

이상(以上)은 모두 좌선용(左旋龍)이다.

그러므로 건곤(乾坤)의 합(合)은 태(兌)가 중매(中媒)하고, 건간(乾艮)의 합(合)은 감(坎)이 중매하고, 간(艮) 손(巽)의 합(合)은 진(震)이 중매하고, 손곤(巽坤)의 합(合)은 이(離)가 중매한다. 중매가 부지런하면 교합(交合)이 빠르고, 중매가 게으르면 교합(交合)이 늦나니 중매가 짧고 절(節)이 속한 용맥(龍脈) 밑에는 모두 진혈(眞穴)이 융결될 것이요 중매가 길고 절이 느린 용맥(龍脈) 밑에는 진혈(眞穴)이 융결되지 아니한다.

① 사정용(四正龍) 혈맥수심법(穴脈尋法)

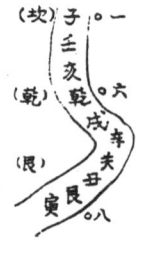

• 자정용(子正龍)에 임맥(壬脈)을 끼고 해건술신용(亥乾戌辛龍)으로 나오면 계축간인맥(癸丑艮寅脈)이 교합(交合)되나니 그 아래에 작혈(作穴)된다. 건(乾)은 양태(陽胎)요, 한(艮)은 음태(陰胎)이니 건간(乾艮)의 교합(交合)은 감

(坎)이 중매한다. 그리고 건육(乾六)·간팔(艮八)·감일(坎一)의 합(合)은 십오(十五)이다.)

• 묘정용(卯正龍)에 갑맥(甲脈)을 끼고 인간축계용(寅艮丑癸龍)으로 나오면 을진손사맥(乙辰巽巳脈)이 교합(交合)되나니 그 아래에서 혈(穴)을 찾아야 한다. (간(艮)은 음태(陰胎)요, 손(巽)은 양태(陽胎)이니 간손(艮巽)의 교합(交合)은 진(震)이 중매한다.

즉 간팔(艮八) 손사(巽四)의 합(合)은 십이(十二)인데 진삼(震三)을 합(合)하여 십오(十五)가 된다.)

• 오정용(午正龍)에 병맥(丙脈)을 끼고 사손진을용(巳巽辰乙龍)으로 나오면 정미곤신맥(丁未坤申脈)이 교합(交合)되나니 그 아래에서 혈(穴)을 찾아야 한다. (손(巽)은 양태(陽胎)요, 곤(坤)은 음태(陰胎)이니 손곤(巽坤)의 교합(交合)은 진(震)이 중매한다.

즉 손사(巽四) 곤이(坤二)의 합(合)은 육(六)인데 이구(離九)가 합(合)하여 십오(十五)가 된다.)

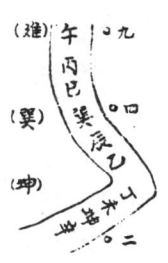

• 유정용(酉正龍)에 경맥(庚脈)을 끼고 신곤미정(申坤未丁)으로 나오면 신술건해맥(辛戌乾亥脈)이 교합(交合)되나니 그 밑에서 혈(穴)을 찾아야 한다. (곤(坤)은 음태(陰胎)요, 건(乾)은 양태(陽胎)이니 건곤(乾坤)의 교합(交合)은 태(兌)가 중매한다.

즉 곤이건육(坤二乾六)의 합(合)은 팔(八)인데 태칠(兌七)을 합(合)하여 십오(十五)가 된

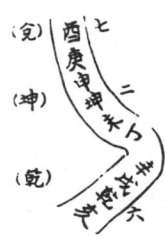

제4장 혈찾는 법·97

다.) 우(右)는 모두 사정(四正 : 子午卯酉)의 우선용(右旋龍)이다.

• 자정용(子正龍)에 계맥(癸脈)을 끼고 축간인갑용(丑艮寅甲龍)으로 나오면 신술건해맥(辛戌乾亥脈)이 교합(交合)되나니 그 밑에서 혈(穴)을 찾아야 한다. (간(艮)은 음태(陰胎)요 건(乾)은 양태(陽胎)이니 간건(艮乾)의 교합(交合)하여 감(坎)이 중매(仲媒)한다. 즉 간팔건육(艮八乾六)의 합(合)은 십사(十四)인데 감일(坎一)을 합(合)하여 십오(十五)가 된다.)

• 묘정용(卯正龍)에 을맥(乙脈)을 끼고 진손사병용(辰巽巳丙龍)으로 나오면 계축간인맥(癸丑艮寅脈)이라야 교합(交合)되나니 그 밑에서 혈(穴)을 찾아야 한다. (손(巽)은 양(陽)이요, 간(艮)은 음(陰)이니 손간(巽艮)의 교합(交合)은 진(震)이 중매한다.)

• 오정용(午正龍)에 정맥(正脈)을 끼고 미곤신술용(未坤申戌龍)으로 나오면 을진손사맥(乙辰巽巳脈)이라야 교합(交合)되나니 그 밑에서 혈(穴)을 찾아야 한다. (곤(坤)은 음태(陰胎)요, 손(巽)은 양태(陽胎)이니 곤손(坤巽)의 교합(交合)은 이(離)가 중매한다.)

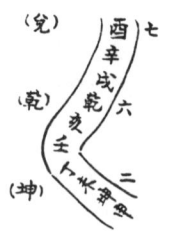

• 유정용(酉正龍)에 신맥(辛脈)을 끼고 술건해임용(戌乾亥壬龍)으로 나오면 정미곤신맥(丁未坤申脈)이라야 교합(交合)되나니 그 밑에서 혈(穴)을 찾아야 한다. (건(乾)은 양태(陽胎)요, 곤(坤)은 음태(陰胎)이니 건곤(乾坤)의 교합(交合)은 태(兌)가 중매한다.) 이상(以上)은 모두 사정(四正 : 子午卯酉)의 재선용(在旋龍)이다.

• 자정용(子正龍)이 건맥(乾脈)으로도 뻗고 간맥(艮脈)으로도 나오는 경우 손각(巽脚)을 찾아 혈(穴)을 정(定)한다. (이는 감(坎)·건(乾)·간(艮)의 삼합(三合 : 十五)과 천덕(天德)을 아울러 취함이다.)

• 묘정용(卯正龍)이 간맥(艮脈)과 손맥(巽脈) 사이에서 노닐거든 곤각(坤脚)을 찾아 혈(穴)을 정한다.

• 오정용(午正龍)이 곤맥(坤脈)과 손맥(巽脈) 사이에서 노닐거든 건각(乾脚)을 찾아 혈(穴)을 정한다.

• 유정용(酉正龍)이 건맥(乾脈)과 곤맥(坤脈) 상이에서 노닐거든 간각(艮脚)을 찾아 혈(穴)을 정한다. 이상은 모두 십오도수법(十五度數法)에 천덕(天德)을 병용(並龍)하여 정혈(定穴)하는 요령이다.

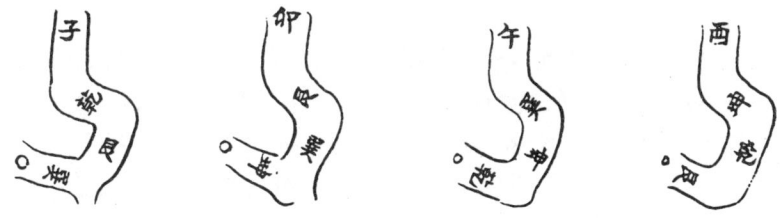

2. 반배정혈정(反配定穴法)

이상(以上)에서 말한 산매법(山媒法)에 의한 사정용심혈법(四正龍尋穴法)은 반드시 음양(陰陽)이 교구(交媾) 중매(仲媒)되고 십오도수(十五度數)가 맞아야 정법(正法)이다. 그러나 비록 길용(吉龍)이라 해서 용(龍)마다 이 법(法)에 맞는 것(즉 감건간(坎乾艮)·진간손(震艮巽)·이손곤(離巽坤)·태곤건(兌坤乾)이 구비(具備)한 용(龍)이 아니고 그 하나가 없는 경우가 많은데(예를 들어 임자용(壬子龍)에 건맥(乾脈)은 있으나 간맥(艮脈)이 없는 것 등) 십오도수(十五度數) 또는 음양(陰陽)의 교구(交媾)가 아니 되었다해서 무조건 불합격(不合格)으로 다루지 말고 다음과 같은 경우에는 능히 길혈(吉穴)을 맺는 것이니 자세히 살펴 보아야 한다.

• 임자용(壬子龍)에 건맥(乾脈)만 있고 간맥(艮脈)이 없으면 감건간(坎乾艮)의 성격(性格)이 안되나 만일 건맥(乾脈)간(間)에서 신맥(辛脈)이 있으면 신(辛)을 취(取)하여 혈(穴)을 정(定)한다. (그 義는 신임(辛壬)이 합(合)이요, 또는 음중(暗中)에 간병신(艮丙辛) 삼합(三合)의 의(義)가 있어 신(辛)이 간(艮)을 인출(引出)시킴이다.)

• 자계용(子癸龍)에 간맥(艮脈)만 있고 건맥(乾脈)이 없으면 역 감간건(坎艮乾)의 성격(成格)이 불능(不能)인데 만일 간맥(艮脈)간(間)에서 갑맥(甲脈)이 있으면 갑(甲)을 취(取)하여 정혈(定穴)한다. (이는 계갑(癸甲)이 합(合)이요, 또는 암중(暗中)에 건갑정(乾甲丁)으로 삼합(三合)되는 까닭에 갑(甲)이 건(乾)을 인출(引出)함으로서 이다.)

• 갑묘용(甲卯龍)에 간맥(艮脈)만 있고, 손맥(巽脈)이 없으면 진간손(震艮巽)의 성격(成格)이 못 되는데 만일 간맥간(艮脈間)에서 계자용(癸子龍)이 있으면 계(癸)를 취(取)하여 정혈(定穴)한다. (그 의(義)는 계갑(癸甲)이 합(合)이요 또는 암중(暗中)에 손경계(巽庚癸)로 삼합(三合)이니 계(癸)가 손(巽)을 인출(引出)해 쓰는 까닭이다.)

• 묘을용(卯乙龍)에 손맥(巽脈)만 있고, 간맥(艮脈)이 없으면 역시 진간손(震艮巽) 성격(成格)이 안되나 만일 손용간(巽龍間) 병오용(丙午龍)이 있으면 병(丙)을 취(取)하여 정혈(定穴)한다. 그 의(義)는 을병(乙丙)이 합(合)이요 또는 암중(暗中)에 간병신(艮丙辛)이 삼합(三合)이니 병(丙)이 간(艮)을 인출(引出)해 쓰는 까닭이다.)

• 병오용(丙午龍)에 손맥(巽脈)만 있고 곤맥(坤脈)이 없으면 이손곤(離巽坤)의 성격(成格)이 안되는데, 만일 손맥중(巽脈中)에서 을묘용(乙卯龍)이 있으면 을(乙)을 취(取)하여 혈(穴)을 정(定)한다. (그 의(義)는 을병(乙丙)이 합(合)이요 또는 암중(暗中)에 곤임을(坤壬乙)이 합(合)이니 을(乙)이 곤(坤)을 인출(引出)하여 쓰는 까닭이다.)

• 오정용(午丁龍)에 곤맥(坤脈)만 있고, 손맥(巽脈)이 없으면 이손곤(離巽坤)의 성격(成格)을 못하는데, 만일 곤맥간(坤脈間)에서 경유용(庚酉龍)이 있으면 경(庚)을 취(取)하여 정혈(定穴)한다. (그 의(義)는 정경(丁庚)이 합(合)이요 또는 암중(暗中)에 손경계(巽庚癸)가 삼합(三合)이니 경(庚)이 손(巽)을 인출(引出)하여 쓰는 까닭이다.)

• 경유용(庚酉龍)에 곤맥(坤脈)만 있고, 건맥(乾脈)이 없으면 태건곤(兌乾坤)으로 성격(成格)을 못하는데, 만일 곤맥간(坤脈間)에서 정오용(丁午龍)이 있으면 정(丁)을 취(取)하여 정혈(定穴)한다. (그 의(義)는 정경(丁庚)이 합(合)이요 또는 암중(暗中)에 건갑정(乾甲丁)이 삼합(三合)이니 정(丁)이 건(乾)을 인출(引出)하여 쓰는 까닭이다.)

• 신유용(辛酉龍)에 건맥(乾脈)만 있고, 곤맥(坤脈)이 없으면 역시 태건곤(兌乾坤)으로 성격(成格)을 못하는데, 만일 건맥간(乾脈間)에서 임자용(壬子龍)이 있으면 임(壬)을 취(取)하여, 정혈(定穴)한다. (그 의(義)는 신임(辛壬)이 합(合)이요, 또는 암중(暗中)에 곤임을(坤壬乙)이 삼합(三合)이니 임(壬)이 곤(坤)을 인출(引出)하는 까닭이다.)

癸甲合
乙丙合
丁庚合
辛壬合

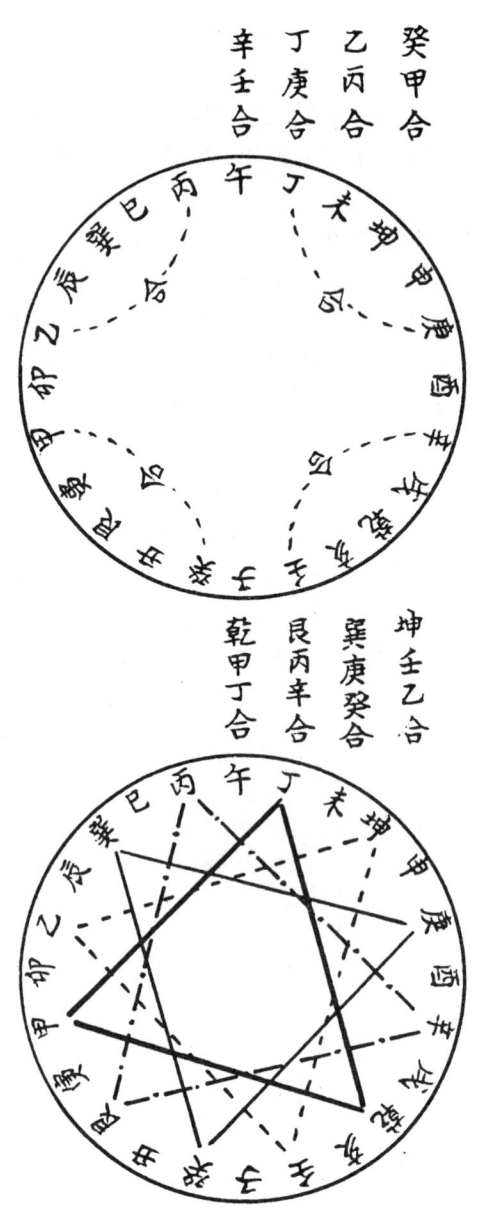

坤壬乙合
巽庚癸合
艮丙辛合
乾甲丁合

3. 반배각법(反配角法)

• 임자용(壬子龍)에 간맥(艮脈)이 없고 건맥(乾脈)만 있을 경우 건맥(乾脈) 뒤에 손사각(巽巳角 : 脚)이 있거든 그곳에 신좌(辛坐)를 놓는다. (이는 간(艮)이 신(辛)을 사모하여 인출(引出)되게 하기 위함이다.)

• 계자용(癸子龍)에 건맥(乾脈)이 없고 간맥(艮脈)만 있거든 간맥(艮脈) 뒤에서 곤미각(坤未角)을 찾아 갑좌(甲坐)를 놓는다. (이는 없는 건(乾)이 갑(甲)을 사모하여 인출(引出)되게 하기 위함이다.)

• 을묘용(乙卯龍)에 간맥(艮脈)이 없고 손맥(巽脈)만 있거든 손맥(巽脈) 뒤에서 건술각(乾戌角)이 있으리니 그곳에 병좌(丙坐)를 놓는다(이는 없는 간(艮)이 병(丙)을 사모하여 인출(引出)하도록 하려는 까닭이다.)

• 병오용(丙午龍)에 곤맥(坤脈)이 없고 손맥(巽脈)만 있을 경우 손맥(巽脈) 뒤에 건해각(乾亥角)이 있는가를 살펴 있거든 그곳에 을좌(乙坐)를 놓는다(이는 없는 곤(坤)이 을(乙)을 사모하여 인출(引出)시키려는 까닭이다.)

• 오정용(午丁龍)에 손맥(巽脈)이 없고 곤맥(坤脈)만 있을 경우 곤맥(坤脈) 뒤에 간축각(艮丑角)이 있는가를 살펴 있거든 그곳에 경좌(庚坐)를 놓는다(이는 없는 손맥(巽脈)이 경(庚)을 사모하여 인출되도록 하려는 까닭이다.)

• 경유용(庚酉龍)이 건맥(乾脈)이 없고 곤맥(坤脈)만 있을 경우 건맥(乾脈) 뒤에 간축각(艮丑角)을 찾아 경좌(庚坐)를 놓는다. (이는 없는 건(乾)이 경(庚)을 사모하여 인출(引出)하도록 하기 위함이다.)

• 신유용(辛酉龍)이 곤맥(坤脈)이 없고 건맥(乾脈)만 있을 경우 건맥(乾脈) 뒤에 손진각(巽辰角)이 있는가를 살펴 있거든 그곳에 임좌(壬坐)를 놓는다. (이는 없는 곤(坤)이 임(壬)을 사모하여 인출(引出)되도록 하려는 까닭이다.)

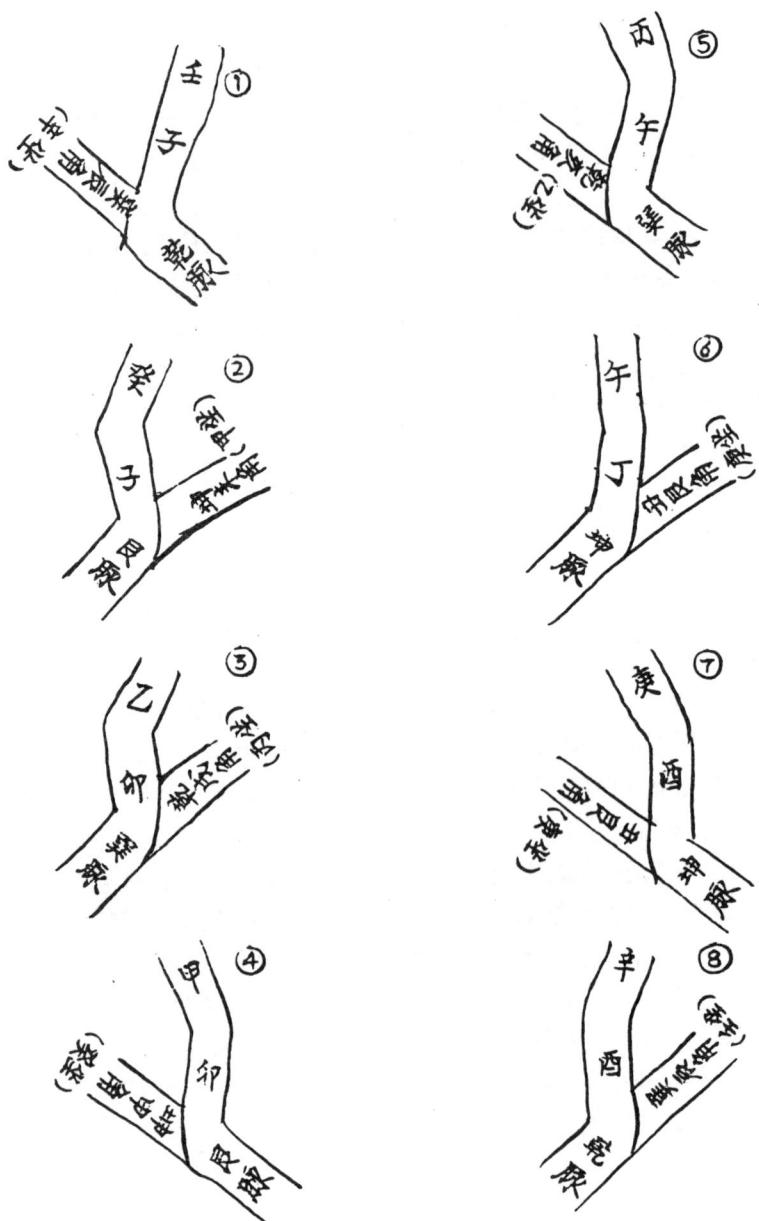

• 임자용(壬子龍)이 (간맥(艮脈)이 없고) 건맥(乾脈)으로 나오면, 건맥(乾脈) 뒤에 손진각(巽辰角)이 있거든 그곳에 혈(穴)을 정하라.
• 계자용(癸子龍)에 (건맥(乾脈)이 없고) 간맥(艮脈)으로 나올 경우, 간맥(艮脈) 뒤에 곤신각(坤申角)이 있거든 그것에 혈(穴)을 정하라.
• 갑묘용(甲卯龍)에 (손맥(巽脈)이 없고) 간맥(艮脈)만 있을 경우, 간맥(艮脈) 뒤에 곤미각(坤未角)이 있거든 그곳에 혈(穴)을 정하라.
• 을묘용(乙卯龍)에 (간맥(艮脈)이 없고) 손맥(巽脈)만 있을 경우, 손맥(巽脈) 뒤에 건해각(乾亥角)이 있거든 그곳에 혈(穴)을 정하라.
• 병오용(丙午龍)에 (곤맥(坤脈)이 없고) 손맥(巽脈)으로 바뀔 경우, 손맥(巽脈) 뒤에 건술각(乾戌角)이 있거든 그곳에 혈(穴)을 정한다.
• 정오용(丁午龍)이 (손맥(巽脈)이 없고) 곤맥(坤脈)으로 나올 경우, 곤맥(坤脈) 뒤에 간인각(艮寅角)이 있거든 그곳에 혈(穴)을 정하라.
• 경유용(庚酉龍)이 (건맥(乾脈)이 없고) 곤맥(坤脈)으로 나올 경우, 곤맥(坤脈) 뒤에 간축각(艮丑角)이 있거든 그곳에 혈(穴)을 정하라.
• 신유용(辛酉龍)이 (곤맥(坤脈)이 없고) 건맥(乾脈)으로 나올 경우, 건맥(乾脈) 뒤에 손사각(巽巳角)이 있거든 그곳에 혈(穴)을 정하라.

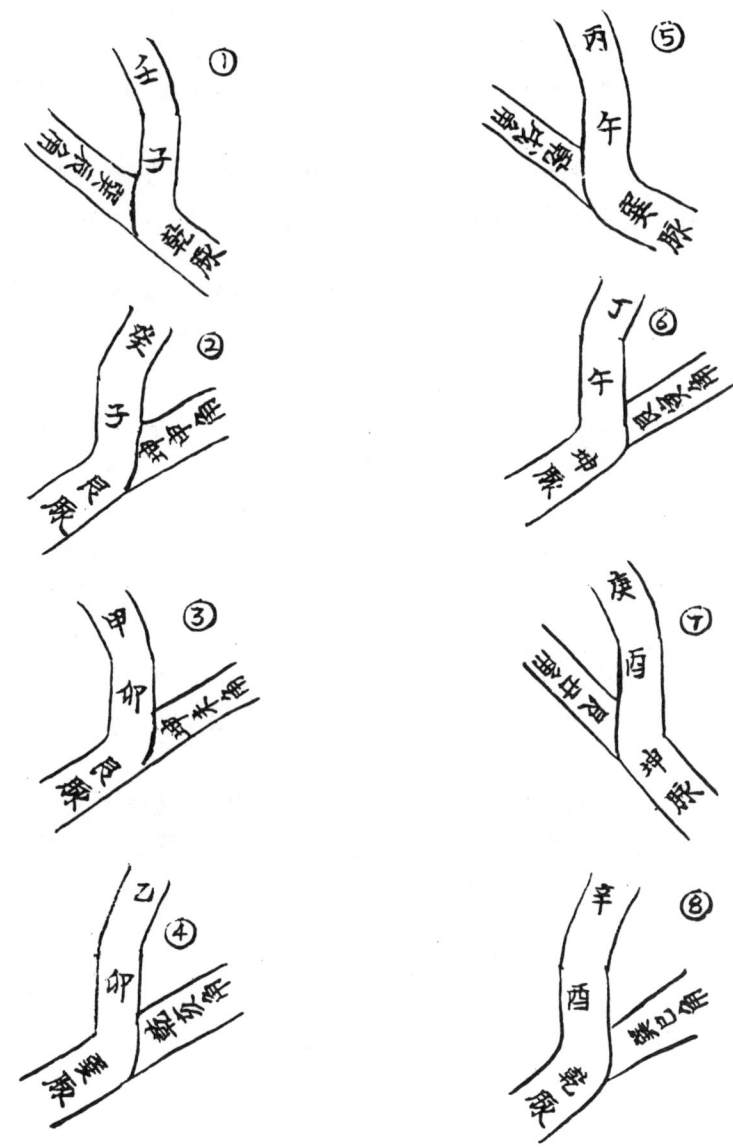

• 자정용(子正龍)에 계축각(癸丑角)이 있으면 신술좌(辛戌坐)를 놓고 신술각(辛戌角)이 있으면 계축좌(癸丑坐)를 놓는다.
• 묘정용(卯正龍)에 을진각(乙辰角)이 있으면 계축좌(癸丑坐)를 놓고 계축각(癸丑角)이 있으면 을진좌(乙辰坐)를 놓는다.
• 오정용(午正龍)에 미정각(未丁角)이면 을진좌(乙辰坐)를 놓고 을진각(乙辰角)이면 정미좌(丁未坐)를 놓는다.
• 유정용(酉正龍)에 신술각(辛戌角)이 있으면 그곳에 정미좌(丁未坐)를 놓고, 정미각(丁未角)이 있으면 신술좌(辛戌坐)를 놓는다.

4. 천덕용법(天德龍法)

천덕(天德)이란 이기(理氣)의 조화(造化)이니 즉 사정(四正 : 子午卯酉)이 사태(四胎 : 건곤간손(乾坤艮巽)를 좇아 십오도수(十五度數) 및 오도수(五度數)를 이루는 것이요, 또는 팔간(八干 : 甲乙丙丁庚辛壬癸)이 팔지(八支 : 寅申巳亥・辰戌丑未)의 포장(胞藏 : 寅申巳亥가 胞요 辰戌丑未가 藏이다)을 좇아 금목수화(金木水火)의 납고(納庫 : 辰戌丑未)에 숨으니 그 이(理)가 심원(深遠)하고 그 덕(德)이 광대(廣大)하다. 그러므로 지리(地理)를 구(求)하는 자(者)가 이 천덕용법(天德龍法)을 취용(取用)하면 복덕(福德)이 민속(敏速)하게 된다.

오도수(五度數) 및 십오도수(十五度數)는 다음과 같다.
• 감(坎)・손(巽) = 감(坎)은 일(一)이요, 손(巽)은 사(四)이니 그 합(合)은 오(五)가 된다.
• 진(震)・곤(坤) = 진(震)은 삼(三)이요, 곤(坤)은 이(二)이니 그 합(合)은 오(五)가 된다.
• 이(離)・건(乾) = 이(離)는 구(九)요, 건(乾)은 육(六)이니 그 합(合)은 십오(十五)가 된다.
• 태(兌)・간(艮) = 태(兌)는 칠(七)이요, 간(艮)은 팔(八)이니 그 합(合)은 십오(十五)가 된다.

그러므로 천덕용(千德龍)은 다음과 같다.

자용(子龍)에 손(巽)·손용(巽龍)에 자(子), 묘용(卯龍)에 곤(坤)·곤용(坤龍)에 묘(卯)

임용(壬龍)에 진(辰)·진용(辰龍)에 임(壬), 갑용(甲龍)에 미(未)·미용(未龍)에 갑(甲)

해용(亥龍)에 을(乙)·을용(乙龍)에 해(亥), 인용(寅龍)에 정(丁)·정용(丁龍)에 인(寅)

사용(巳龍)에 신(辛)·신용(申龍)에 사(巳), 신용(申龍)에 계(癸)·계용(癸龍)에 신(申)

병용(丙龍)에 술(戌)·술용(戌龍)에 병(丙), 경용(庚龍)에 축(丑)·축용(丑龍)에 경(庚)

오용(午龍)에 건(乾)·건용(乾龍)에 오(午), 서용(酉龍)에 간(艮)·축용(丑龍)에 유(酉)

※해임자 일(亥壬子 一). 계축간 팔(癸丑艮 八), 인갑묘 삼(寅甲卯 三), 을진손 사(乙辰巽 四)

사병오 구(巳丙午 九). 정매곤 이(丁未坤 二), 신경유 칠(申庚酉 七), 신술건 육(辛戌乾 六)

5. 권지법(權枝法)

• 임자용(壬子龍)이 건해(乾亥) 혹은 건술맥(乾戌脈)으로 나가고 그 아래 계축지(癸丑枝)가 있으면 이를 권지(權枝)라 하는데 계좌(癸坐)나 축좌(丑坐)를 놓는다.

• 자계용(子癸龍)이 간인(艮寅) 혹은 축간(丑艮)으로 나간 아래에 해지(亥枝)가 있으면 이를 권지(權枝)라 하는데 해좌(亥坐)를 놓는다.

• 갑묘용(甲卯龍)이 인간(寅艮)으로 나간 아래에 을진지(乙辰枝)가 있으면 이를 권지(權枝)라 하는바 을좌(乙坐)나 진좌(辰坐)를 놓는다.

• 묘을용(卯乙龍)이 진손맥(辰巽脈)으로 나간 아래에 인지(寅枝)가 있으면 권지(權枝)라 하니 인좌(寅坐)를 놓는다.

• 병오용(丙午龍)이 손사진맥(巽巳辰脈)으로 나간 아래에 정미지(丁未枝)가 있으면 이를 권지(權枝)라 하는바 정좌(丁坐)나 미좌(未坐)를 놓는다.

• 오정용(午丁龍)에 미곤맥(未坤脈)으로 나오고 그 밑에 사지(巳枝)가 있으면 이를 권지(權枝)라 하니 사좌(巳坐)를 놓는다.

• 경유용(庚酉龍)이 곤미맥(坤未脈)으로 나간 아래에 신술지(辛戌枝)가 있으면 이를 권지(權枝)라 하니 신좌(辛坐)나 술좌(戌坐)를 놓는다.

• 신유용(辛酉龍)이 건술맥(乾戌脈)으로 나간 아래에 신지(申枝)가 있으면 이를 권지(權枝)라 하니 신좌(申坐)라 한다.

이상의 권지(權枝)는 모두 명혈(名穴)이니 포항(抱項)의 맥(脈)을 기다리지 않는 자(者)로서 정권(正權)이 오로지 포장(胞藏)의 지(枝)로 귀(歸)하게 되는 까닭이다.

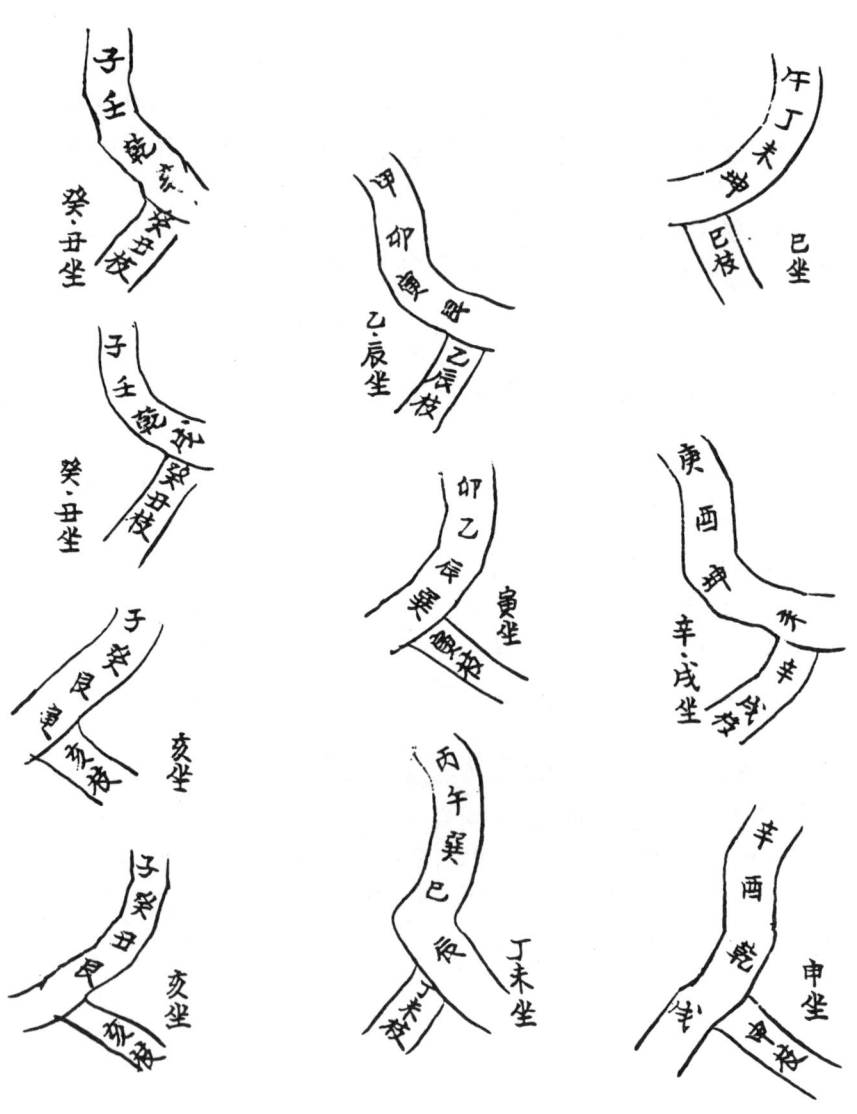

① 부설(附設)
㉠ 교구론(交媾論)
　교구(交媾)의 이치는 오직 일음일양(一陰一陽)이다.
　건임자계축인(乾壬子癸丑寅)은 하족(下族)의 육양(六陽)이요, 손병오정미신(巽丙午丁未申)은 하선(下旋)의 육양(六陽)이며, 간갑묘을진사(艮甲卯乙辰巳)는 좌족(左族)의 육음(六陰)이요, 곤경유신술해(坤庚酉辛戌亥)는 우선(右旋)의 육음(六陰)이다.
　고(故)로 상하좌우(上下左右) 음양(陰陽)이 상합(上合), 하합(下合) 또는 좌합(左合) 우합(右合)하여 교구(交媾)를 성(成)한다.
　사정(四正)이란 자오묘유(子午卯酉)이니 자오(子午)는 양매(陽媒)요, 묘유(卯酉)는 음매(陰媒)이다.
　자정(子正)은 좌우(左右)의 임계(壬癸)가 속(屬)한바, 임(壬)은 양중(陽中)의 양(陽)이므로 항시 건(乾)을 붙드는 의(義)가 있고 계(癸)는 양중(陽中)의 음(陰)이므로 항시 간(艮)을 향(向)하는 마음이 있다.
　오정(午正)은 좌우(左右)의 병정(丙丁)이 속(屬)한바, 병(丙)은 양중(陽中)의 양(陽)이므로 항시 손(巽)으로 귀착(歸着)하는 뜻이 있고, 정(丁)은 양중(陽中)의 음(陰)이므로 항시 곤(坤)에 향(向)하려는 태도가 있다.
　묘정(卯正)은 좌우(左右)의 갑을(甲乙)이 속(屬)하니, 갑(甲)은 음중(陰中)의 음(陰)이므로 항시 간(艮)에 향(向)하려는 마음이 있고, 을(乙)은 음중(陰中)의 양(陽)이므로 항시 손(巽)을 생각하는 버릇이 있다.
　유정(酉正)은 좌우(左右)의 경신(庚辛)이 속하는바, 경(庚)은 음중(陰中)의 음(陰)이므로 항시 곤(坤)을 사모하는 마음이 있고, 신(辛)은 음중(陰中)의 양(陽)임으로 본시 건(乾)을 추종(追從)하는 도리(道理)가 있다.

속양(屬陽) =   임자(壬子)・간인(艮寅)・을진(乙辰)・병오(丙午)・곤신(坤申)・신술(辛戌)

속음(屬陰) =   계축(癸丑)・갑묘(甲卯)・손사(巽巳)・정미(丁未)・경유(庚酉)・건해(乾亥)

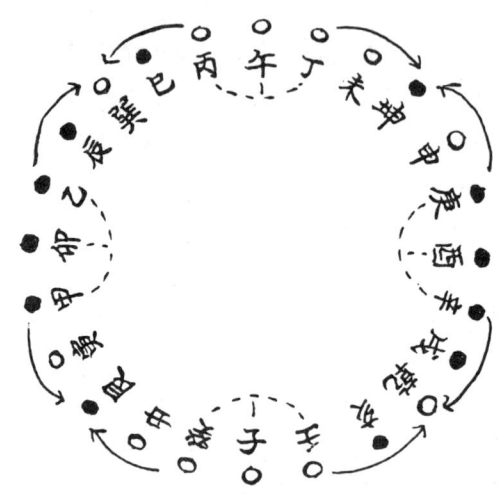

※쌍산음양(쌍산음양)으로 양중음양(陽中陰陽) 음중음양(陰中陰陽)은 이를 근거함. 또는 임해(壬亥)가 교(交)요, 갑인(甲寅)이 교(交)요, 계축(癸丑)이 교(交)요, 을진(乙辰)이 교(交)요, 정미(丁未)가 교(交)요 경신(庚辛)이 교(交)요, 신술(辛戌)이 교(交)가 된다.

그러므로 가령 용맥(龍脈)이 자임해건(子壬亥乾)으로 출(出)하였다면 임해(壬亥)가 교(交)이니 서로 즐기는 상이지만 만일 임자축간(壬

子丑艮)으로 되었다면 축(丑)은 임(壬)의 교(交)가 아니므로 이 중매(仲媒)는 올바르지 못한 것이 되어 성을 바꾸는 변고가 발생한다. (그러나 龍이 吉하면 名利에는 無害하다)

기타의 용맥(龍脈)도 모두 이러한 방법으로 길흉(吉凶)을 추지(推知)하는 것이다.

6. 진수정법(唇守正法)

진수(唇守)란 자임(子壬)·자계(子癸)·묘갑(卯甲)·묘을(卯乙)·오병(午丙)·오정(午丁)·유경(酉庚)·유신(酉辛)의 좌우선팔정용(左右旋八正龍)이 좌(左) 또는 우(右)로 전(轉)하다가 다시 본용(本龍)으로 돌아오는 것으로 이 역시 혈법(穴法)의 대자(大者)이다.

• 자정용(子正龍)이 임(壬)을 거쳐 건해술맥(乾亥戌脈)으로 나가다가 좌(左)로 계축간인맥(癸丑艮寅脈)으로 전하고 다시 임자맥(壬子脈)으로 나오면 임자좌(壬子坐)를 놓는다.

• 자정용(子正龍)이 계축간인맥(癸丑艮寅脈)으로 좌선(左旋)하다가 건해신술(乾亥辛戌)로 우전(右轉)하고 다시 자계맥(子癸脈)으로 나오면 그 아래에 자계좌(子癸坐)를 놓는다.

• 묘갑용(卯甲龍)이 인간축맥(寅艮丑脈)으로 우선(右旋)하다가 진손사맥(辰巽巳脈)으로 좌전(左轉)한 뒤 다시 묘갑맥(卯甲脈)으로 나오면 그 아래에 정혈(定穴)하고 묘갑좌(卯甲坐)를 놓는다.

• 묘정용(卯正龍)이 진손사맥(辰巽巳脈)으로 좌선(左旋)하다가 인간축(寅艮丑)으로 우전(右轉)하고 다시 묘을맥(卯乙脈)으로 나오면 그 아래에 혈(穴)을 정(定)하고 묘을좌(卯乙坐)를 놓는다.

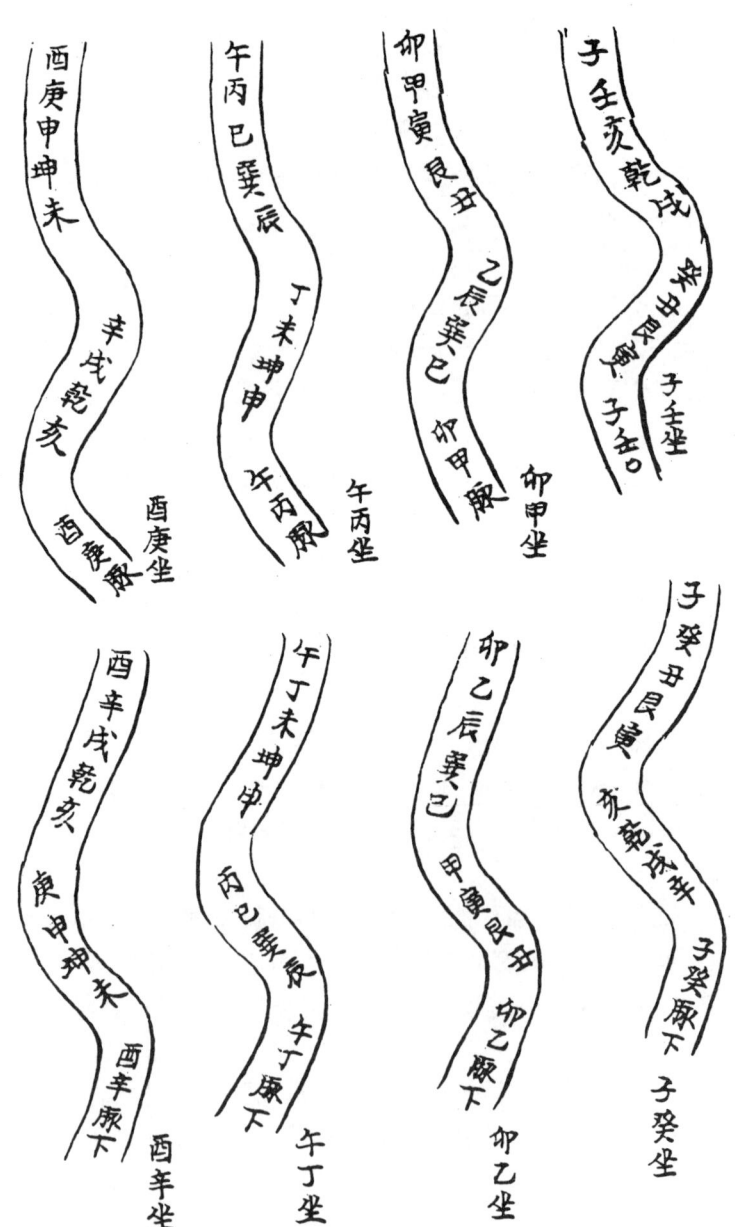

• 오병용(午丙龍)이 사손진을(巳巽辰乙)로 좌선(左旋)하다가 미곤신(未坤申)으로 우전(右轉)한 뒤 다시 오병맥(午丙脈)으로 나오면 그 아래에 혈(穴)을 정(定)하고 병정좌(午丙坐)를 놓는다.

• 유경용(酉庚龍)이 갑곤미(甲坤未)로 우선(右旋)하다가 술건해(戌乾亥)로 좌전(左轉)한 뒤 다시 유경맥(酉庚脈)으로 나오면 그 아래에 혈(穴)을 정(定)하고 유경좌(酉庚坐)를 놓는다.

• 유신용(酉辛龍)이 술건해(戌乾亥)로 좌선(左旋)하다가 신곤미맥(申坤未脈)으로 우전(右轉)한 뒤 다시 유신맥(酉辛脈)으로 나오면 그 아래에 혈(穴)을 정(定)하고 유신좌(酉辛坐)를 놓는다.

• 오정용(午丁龍)이 미곤신(未坤申)으로 좌선(左旋)하다가 사손진(巳巽辰)으로 우전(右轉)한 뒤 다시 오정맥(午丁脈)으로 나오면 그 아래 혈을 정(定)하고 오병좌(午丙坐)를 놓는다.

7. 사태용 정혈법(四胎龍 定穴法)

사태(四胎)란 건손간곤(乾巽艮坤)을 말한다.

건용(乾龍)이 간맥(艮脈)을 만나지 못하거나 간용(艮龍)이 건맥(乾脈)을 만나지 못하면 사용(死龍)이니 좌선룡(左旋龍)에 건간(乾艮)이 합(合)하고 인(寅)이 입수(入首)되거나 우선용(右旋龍)에 간건(艮乾)이 합(合)하고 술(戌)이 입수(入首)되어야 생용(生龍)이라 한다.

손용(巽龍)이 간맥(艮脈)을 만나지 못하거나 우선(右旋), 간맥(艮脈)이 손맥(巽脈)을 만나지 못하면 사용(死龍)이요, 우선(右旋) 손용(巽龍) 간맥(艮脈)과 합(合)하고 축(丑)이 입수(入首)되거나 좌선(左旋) 간용(艮龍)이 손맥(巽脈)과 합(合)하고 축(丑)이 입수(入首)되면 생용(生龍)이다.

우선(右旋) 곤용(坤龍)이 손맥(巽脈)을 만나지 못하거나 좌선(左旋) 손용(巽龍)이 곤맥(坤脈)을 만나지 못하면 사용(死龍)이요 우선(右旋) 곤맥(坤脈)이 손맥(巽脈)과 합하고 진(辰)이 입수(入首) 되거나 좌선(左旋) 손용(巽龍)이 곤맥(坤脈)과 합(合)하고 신(申)이 입수(入首)되면 생용(生龍)이다.

우선(右旋) 건용(乾龍)이 곤맥(坤脈)을 만나지 못하거나, 좌선(左旋) 곤용(坤龍)이 건맥(乾脈)을 만나지 못하면 사용(死龍)이요, 우선(右旋) 건용(乾龍)이 곤맥(坤脈)과 합(合)하고 미(未)가 입수(入首)되거나, 좌족(左族) 곤용(坤龍)이 건맥(乾脈)과 합(合)하고 해(亥)가 입수(入首)되면 생용(生龍)이다.

가령 건용(乾龍)이 좌선(左旋)으로 해임자계축맥(亥壬子癸丑脈)만 있고, 간맥(艮脈)을 만나지 못하면 이는 독양(獨陽)이니 사용(死龍)이요, 간용(艮龍)이 우선(右旋)으로 축계자임해맥(丑癸子壬亥脈)만 있고 건맥(乾脈)을 만나지 못하면 이는 독음(獨陰)이니 사용(死龍)이다. 사용(死龍)은 비록 청용(靑龍) 백호(白虎)와 조응(朝應) 및 득수 득파(得水得破)가 아름답다 할지라도 자손(子孫)이 패망(敗亡)한다.

• 건용(乾龍)이 우선(右旋)하여 경신맥(庚申脈)까지 이르고 그 아래에 곤(坤)이 없고 미맥(未脈)이 있으면 신미(申未)가 능히 곤항(坤項)을 포(抱)한 상이 되어 길(吉)하다. 그러나 미맥(未脈)이 없으면 곤신맥(坤申脈)이 쌍행(雙行)이 되나니 그 아래에 다시 미맥(未脈)이 생기면 쌍행(雙行)이 그치는 바 그곳에 점혈(占穴)하라.

• 곤용(坤龍)이 우선(右旋)하여 사병맥(巳丙脈)을 만나고 그 아래에 손(巽)만 있고 진금(辰金)이 없으면 손사(巽巳)가 쌍행(雙行)으로 나가다가 진(辰)을 만날 경우 쌍행(雙行)이 그치리니 그 아래에 혈(穴)을 정하라.

• 손용(巽龍)이 우선(右旋)하여 갑인맥(甲寅脈)까지 이르고 간(艮)이 없이 축맥(丑脈)이 있으면 인축(寅丑)이 간항(艮項)을 포(抱)하게 된다. 축(丑)이 없으면 간인(艮寅)이 쌍행(雙行)하나니 그 아래

에서 축맥(丑脈)을 찾아 점혈(占穴)하라.

• 간용(艮龍)이 우선(右旋)하여 임해건(壬亥乾)을 만나고 술(戌)이 없으면 건해(乾亥)가 쌍행(雙行)으로 나가다가 술(戌)을 만나거든 그 아래에 점혈(占穴)하라.

• 건용(乾龍)이 좌선(左旋)하여 축간맥(丑艮脈)까지 나가고 인(寅)이 없으면 축간(丑艮)이 쌍행(雙行)이 될지니 그 아래에 인(寅)을 만난 뒤라야 정혈(定穴)할 수 있다.

• 곤용(坤龍)이 좌선(左旋)하여 술건맥(戌乾脈)까지 나가고 해(亥)가 없을 경우 술건(戌乾)이 쌍행(雙行)으로 나가리니 쌍행(雙行) 아래에 해맥(亥脈)을 만나야만 그곳에 정혈(定穴)할 수 있다.

• 간용(艮龍)이 좌족(左族)하여 진손맥(辰巽脈)까지 나가고 사(巳)가 없으면 진손맥(辰巽脈)이 쌍행(雙行)으로 나가리니 쌍행(雙行) 아래에 사맥(巳脈)을 찾아 정혈(定穴)하라.

• 손용(巽龍)이 좌족(左族)하여 미곤맥(未坤脈)까지 나가고 신맥(申脈)이 없으면 미곤맥(未坤脈)이 쌍행(雙行)으로 나가리니 그 아래에 신맥(申脈)을 찾아 정혈(定穴)하라.

제2절 기타 정혈법(其他 定穴法)

1. 사정용 정법(四正龍 正法)

자(子)와 오(午)는 양정용(陽正龍)이요, 묘(卯)와 유(酉)는 음정용(陰正龍)이다. 자오묘유(子午卯酉)는 각각 주장(主張)하는 권(權)이 있는 고(故)로 상봉(相逢)하면 권세(權勢)가 투쟁(鬪爭)하여 상절(相絕)한다. 그러므로 양정합교(陽正合交)의 용운(龍運)이 음정(陰正)을 만나면 절(絕)하고, 음정합교(陰正合交)의 용운(龍運)이 양정(陽正)을 만나면 절(絕)한다.

다음은 자오묘유(子午卯酉) 사정용(四正龍)의 음양상절(陰陽相絕)이 되는 보기의 그림이다.

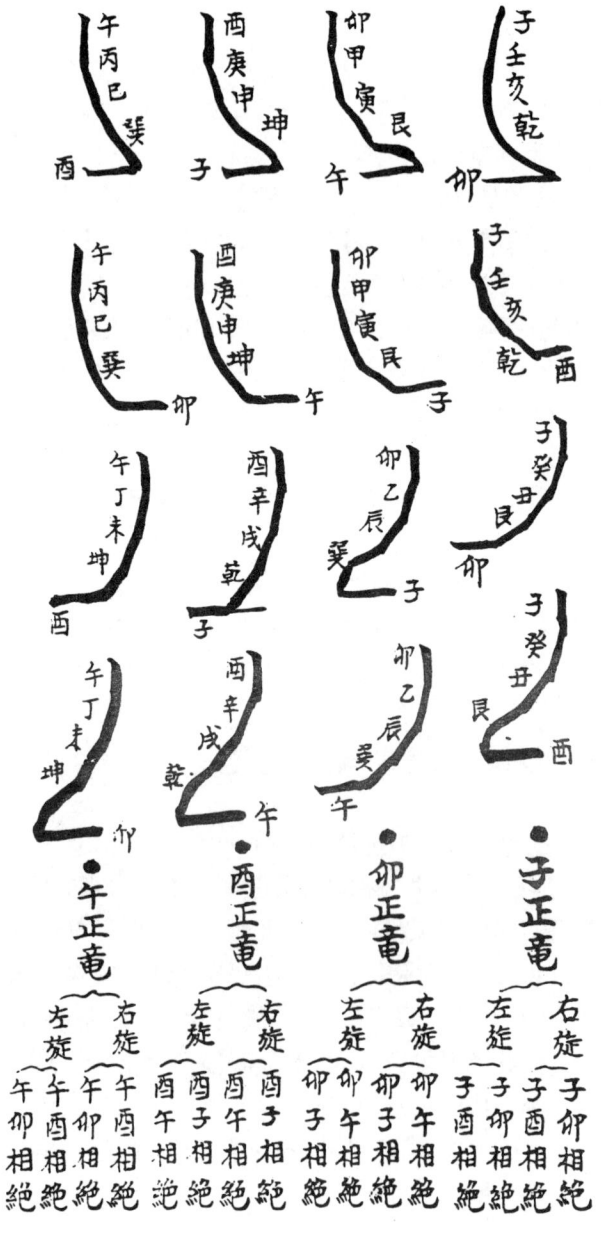

이상(以上)과 같이 자(子)-묘(卯), 자(子)-유(酉), 묘(卯)-오(午), 묘(卯)-자(子), 유(酉)-자(子), 유(酉)-오(午), 오유(午酉), 오(午)-묘(卯) 등 양정용(陽正龍)이 음정맥(陰正脈)을 만나거나, 음정용(陰正龍)이 양정맥(陽正脈)을 만나면 절용(絶龍)이 되어 불길(不吉)하다.

그러나 아래와 같은 경우에는 도리어 대길(大吉)하다.

자정용(子正龍)이 좌선(左旋)으로 묘정(卯正)을 얻고 다시 오정맥(午正脈)을 얻은 것, 자정행용(子正行龍)이 우선(右旋)으로 유정(酉正)을 얻고 다시 오정맥(午正脈)으로 전(轉)한 것, 묘정행용(卯正行龍)이 좌선(左旋)으로 오정(午正)을 얻고 다시 유정맥(酉正脈)으로 전(轉)한 것, 묘정행용(卯正行龍)이 우선(右旋)하여 자정(子正)을 얻고 다시 유정맥(酉正脈)으로 전(轉)한 것, 유정행용(酉正行龍)이 좌선(左旋)으로 자정(子正)을 얻고 다시 묘정(卯正)으로 전(轉)한 것, 유정행용(酉正行龍)이 우선(右旋)으로 오정(午正)을 얻고 다시 묘정맥(卯正脈)으로 전(轉)한 것, 오정행용(午正行龍)이 좌선(左旋)으로 유정(酉正)을 얻고 다시 자정맥(子正脈)으로 전(轉)한 것, 오정

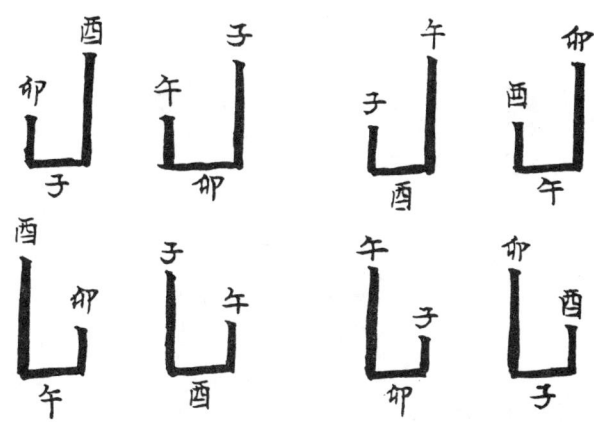

행용(午正行龍)이 우선(右旋)으로 묘정(卯正)을 얻고 다시 자맥(子脈)으로 전(轉)한 것 등은 그 아래가 마디마디(節節) 생용(生龍)이요 편편(片片)이 명혈(名穴)이라 한다.

2. 천심십도혈(天心十道穴)

천심십도(天心十道)란 혈(穴)을 중심(中心)으로 하여 전후좌우(前後左右)에 응(應)하는 산(山)이 십자(十字) 모양으로 된 것을 말한다. 즉 개산(蓋山:穴 뒷 山)이 뒤에 있고, 앞에는 조산(照山)이 있고, 좌우(左右) 양변(兩辺)에 양 귀를 껴 있는 산(山:夾耳山)이 있어 이른바 사응(四應)이니 개산(蓋山:後)·조산(照山:前)·협산(夾山:左右)으로 증거하여 십자(十字)로 그어진 중앙(中央)에 혈장(穴場)이 있으면 그곳에 작혈(作穴)하게 된다. 그런데 재혈(裁穴)할 무렵에 십도(十道)이 분명한가를 잘 살펴 혈(穴)을 점(占)하되 사방(四方)의 산(山)이 중심(中心)을 벗어나지 않도록 해야한다.

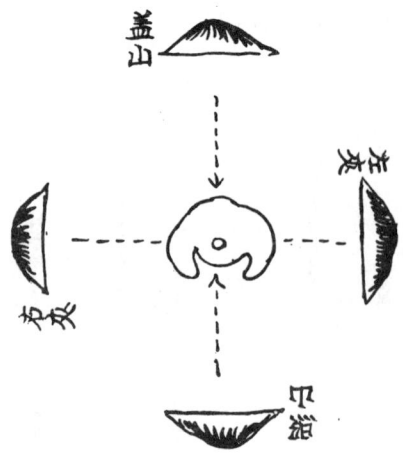

위 그림은 천심십도혈(天心十道穴)이다. 입혈(立穴)할때 십도선

(十道線)을 벗어나지 않도록 해야 가(可)하다.
　아래 그림은 중국(中國)의 순창현(順昌縣)에 있는 옛날 요부헌공(寥副憲公)의 조산(祖山)이다. 용(龍)이 개장천심(開帳穿心)하여 나오면서 장차 혈장(穴場)이 될 즈음에 평평한 밭으로 떨어져서 밭 가운데서 다시 돌혈(突穴)을 일으키고 전후좌우(前後左右)에 사산(四山)이 조응(照應)하여 십도법(十道法)에 맞는 동시에 그 형(形)이 아름다우니 참으로 길지(吉地)라 아니할 수 없다. 그러므로 이곳에 장사(葬事)한 뒤에 부헌공(副憲公)이 나왔고 또는 장원급제(壯元及弟)하는 인물(人物)이 계속 나왔다고 한다.

3. 분수(分水)와 합수(合水)
　용맥(龍脈)을 살펴보면 혹 대팔자(大八字) 또는 소팔자(小八字) 모양으로 분수(分水 : 물 길이 갈라진 것)되었다가 그 아래에 다시 합수(合水 : 물 길이 모아진 것)된 곳이 있는데 이는 음양(陰陽)의 도수(度數)를 사귀는 곳이므로 생기(生氣)가 모여 진혈(眞穴)이 융결된다. 그러나 위에서 분수(分水)되기만 하고 아래에 합수(合水)되지 않으면 음

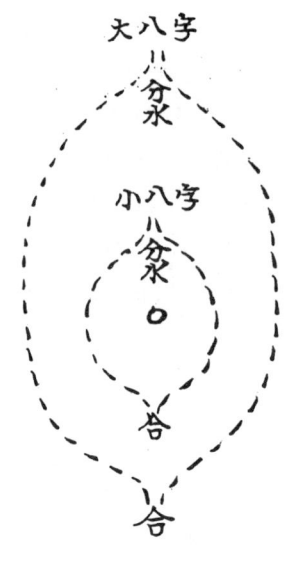

양이 도수를 사귀지 못한 것이니 진혈(眞穴)을 맺지 못한다.

분수(分水)와 합수(合水) 되는 것에 세 가지가 있으니 첫째는 구첨(球簷: 穴場 둥근곳의 下段)의 물이 양변(兩边)으로 나뉘고 아래에서 합(合)한 것이요, 둘째는 소팔자(小八字) 물이 나누고 합(合)하는 것이요, 셋째는 대팔자(大八字) 물이 나누고 합(合)한 것이다.

만일 나누기만(分水)하고 합친 것이 없거나 합치기만(合水)하고 나눈 것이 없으면 모두 참된 혈(穴)이 아니다.

4. 조산(朝山)

가용(假龍)은 혈(穴)이 융결되지 않으므로 혈(穴)을 찾을 필요가 없다. 그러나 진용(眞龍)이라고 판단되었더라도 길용하(吉龍下) 전후좌우(前後左右) 어느곳이 당혈처(當穴處)인지 알기가 어려우니 이런때는 혈처(穴處)라고 짐작되는 곳에서 조산(朝山)의 위치를 살펴서 혈(穴)을 정(定)하는 요령이 있다.

조산(朝山)이란 조산(照山) 또는 안산(案山) 또는 주작(朱雀)이라고도 하는바 조산(朝山)이 높으면 혈(穴)도 높은 곳에 있고, 조산(朝山)이 낮으면 혈(穴)도 낮은 곳에 있으며, 조산(朝山)이 좌(左)에 있으면 혈(穴)도 좌(左)편에 있고 조산(朝山)이 우(右)에 있으면 혈(穴)도 우(右)편에 있다. 그리고 또 조산(朝山)이 가깝고 높아 눌루는 듯 하면 혈(穴)은 반드시 천혈(天穴: 높은 곳)을 찾고 조산(朝山)이 멀어 기운(氣運)이 흩어지기 쉬우며 혈(穴)을 앝은 곳에 찾는다. 그런데 조응(朝應)하는 산(山)은 반드시 수려하고 아름다와야만 조산(朝山)을 따라 혈(穴)을 찾는 것이지 조산(朝山)이 있더라도 추악하거나, 조산(朝山)이 수려하더라도 너무 멀면 불가(不可)하다 요(要)는 면전(面前) 가까운 곳에서 조응(朝應)하는 산(山)이 가장 중요한 것이니 가까운 안산(案山) 및 수려한 사성(砂星)의 위치에 따라 혈(穴)을 정(定)해야 한다. 그러므로 변씨(卞氏)는 말하기를 『먼 외산(外山)의 천중산(千重山)의 아름다움이 일개(一個) 가까운 안산(案山)의 수려함만 못하다.』하였다.

5. 수세(水勢)

수세(水勢)를 살펴 혈(穴)을 정(定)하는 방법도 있다. 혈(穴)이 숨어 있으면 기가 어려운데 대개 진혈(眞穴)은 모든 물이 모이거나 혹은 멀리서 물이 혈(穴)을 포옹(抱擁 : 둘러 안음)하거나, 물이 혈(穴)에 조입(朝入 : 향하여 들어옴)하게 되므로 물의 추창(追脹)하는 곳을 살피면 혈(穴)의 소재(所在)를 알 수 있다. 고(故)로 산(山)에 올라 혈(穴)을 찾을때 만일 물이 명당(明堂) 좌(左)편에 모이거나 혹은 수성(水城)이 좌(左)편을 활처럼 포위하면 혈(穴)이 좌(左)에 있을 것이요, 수세(水勢)가 명당(明堂) 우(右)편으로 모여 돌아가거나 혹은 우(右)편으로 활처럼 포위하면 혈(穴)도 우(右)편에 있다. 또는 만일 명

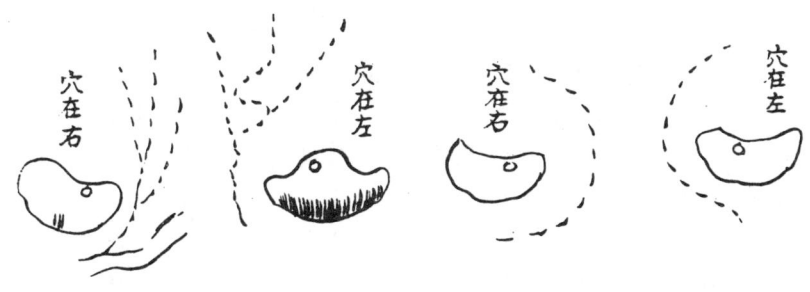

당(明堂)한 복판으로 향(向)하여 물이 들어오거나 혹은 정중(正中)으로 물이 흘러들어와 쏠처 멈추거나(溶注) 수성(水城)이 둥글게 안으면 혈(穴)이 정중(正中)에 있다.

물이 만일 멀리서 오면 명당(明堂)이 너그러운데 혈(穴)은 높은 곳에 있으며, 혹 원진수(元辰水-本龍을 따라온 물)가 길고 국세(局勢)가 순(順)하면 혈(穴)이 낮은 곳에 있으리니 이는 수세(水勢)에 의하여 정혈(定穴)하는 대법(大法)이다.

6. 낙산(樂山)

낙산(樂山)을 기준하여 정혈(定穴)하는 방법도 있다.

낙산(樂山)이란 혈(穴)을 뒤에 솟아 있는 산(山 : 그림 참고-현무정(玄武頂)이 아님)으로 멀고 가까운 것을 막론하고 혈상(穴上) 또는 명당(明堂) 가운데서 뒷 부분으로 솟아 바라보이는 산(山)을 말한다. 낙산(樂山)은 본(本) 용신(龍身)에 붙었거나, 객산(客山) 혹은 호종산(護從山)을 포함해서 그 모양이 어떠하던 간에 혈상(穴上)에서 보이는 것이 상(上)이요, 명당(明堂)에서 보이는 것이 다음이다. 특히 횡용하(橫龍下)에 정혈(定穴)하는데는 반드시 낙산(樂山)으로 벼개삼아야 하는바 낙(樂)이 없으면 진혈(眞穴)이 아닐 가능성이 많다.

낙산(樂山)이 좌(左)에 있으면 혈(穴)이 좌(左)편에 있고, 낙산(樂山)이 우측(右側)에 있으면 혈(穴)이 우(右)편에 있고, 낙산(樂山)이 가운데 있으면 혈(穴)도 가운데 있고, 낙산(樂山)이 좌우(左右)에 쌍(雙)으로 있으면 좌우(左右) 쌍혈(雙穴)을 맺거나 혹은 중앙(中央)에 일혈(一穴)을 맺게 된다. 또는 낙산(樂山)이 가까운 것과 먼 것이 아울러 있으면 가까운 산(山)으로 의지하고, 하나는 길고 하나는 짧으면 긴 낙산을 취하고, 적고 많은 낙산(樂山)이 있으며 많은 곳으로 의지하여 혈(穴)을 정해야 한다.

그런데 낙산(樂山)이 있으면 비록 좋으나 너무 고대(高大)하거나 웅장(雄壯)·참암하면 혈(穴)을 억압하므로 불길(不吉)하니 이러한 낙

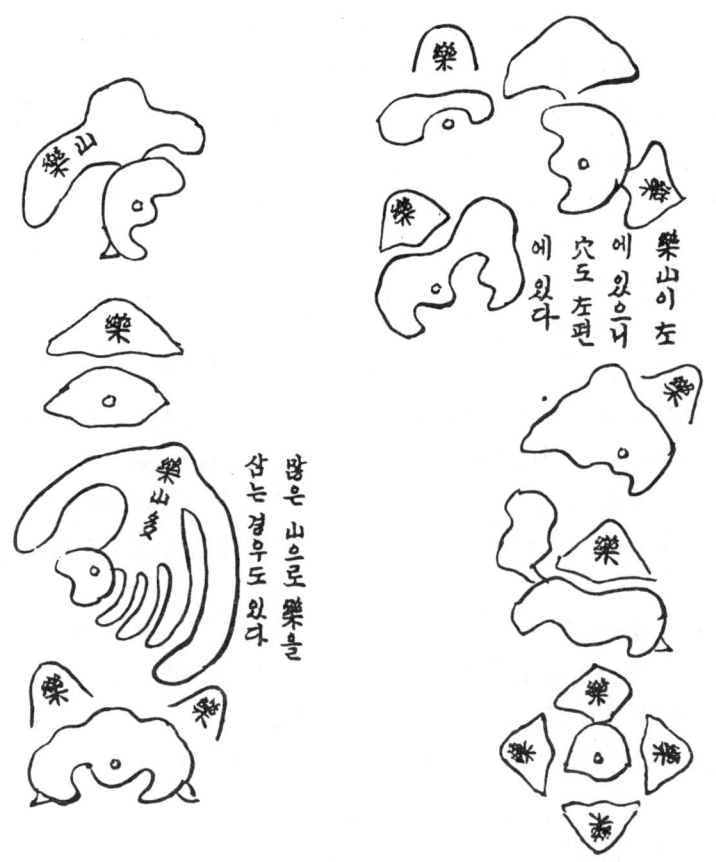

산(樂山)은 도리어 피하여야 한다. 즉 좌(左)편 낙산(樂山)이 고대(高大)하여 혈(穴)을 누르면 우(右)편으로 입혈(立穴)하고, 우(右)편 산(山)이 혈(穴)을 누르면 좌(左)편으로 정혈(定穴)하고, 뒷 산(山)이 혈(穴)을 누르면 앞으로 빼어 입혈(立穴)한다.

7. 용호(龍虎)

용(龍)은 청용(靑龍)이요, 호(虎)는 백호(白虎)인데 청용(靑龍)

백호(白虎)의 형태를 살펴 정혈(定穴)한다. 즉 용산(龍山)이 유력(有力)하면 좌(左)편에 혈(穴)을 정(定)하고 호산(虎山)이 유격(有力)하면 우(右)편에 혈(穴)을 정(定)한다. 다시 말하여 용(龍)이 강(强)하거나 유정(有情)하면 혈(穴)도 청용(靑龍)을 좇고, 호산(虎山)이 강(强)하거나 유정(有情)하면 혈(穴)도 백호(白虎)를 좇아 정(定)해야 한다. 그리고 용(龍)·호산(虎山)이 다 높으면 혈(穴)을 높은 곳에 정(定)하고, 용호산(龍虎山)이 다 얕으면 혈(穴)을 낮은 곳에 정(定)하며, 용(龍)·호산(虎山)이 높지도 않고 얕지도 않으면 혈(穴)을 중앙(中央)에 정해야 한다.

그러나 만일 용산(龍山)이 너무 높고 웅장하여 혈(穴)을 압박하거든 용(龍)을 피하여 호(虎)를 의지하고, 호산(虎山)이 너무 높고 웅장하여 혈(穴)을 압박하거든 호(虎)를 피하여 용(龍)을 의지하며, 용산(龍山)이 먼저 이르면 용(龍)을 거두고, 호산(虎山)이 먼저 이르면 호(虎)를 거두어 용(龍)·호법(虎法)에 의한 정혈(定穴)을 하지 말아야 한다.

혹은 용산(龍山)이 있으나 호산(虎山)이 없고, 호산(虎山)은 있으나 용산(龍山)이 없는 경우도 있다. 용산(龍山)이 없고 호산(虎山)만 있으면 물이 좌궁(左宮)을 두루는 것이 좋고, 호산(虎山)이 없고 용산(龍山)만 있으면 물이 우변(右辺)을 두루는 것이 좋다.

8. 향배(向配)

향(向)하고 등진 것을 살펴 혈(穴)을 정한다.

향(向)하고 등진 것(背)이란 산천(山川)의 유정무정(有情無情)이다. 대개 지리(地理)의 의(義)는 인사(人事)와 비슷한 것으로 나에게 향(向)하는 자(者)는 서로 유정(有情)하게 사귀는 뜻이 있고, 나를 등지는 자(者)는 반드시 싫어하고 버리어 무정(無情)하게 돌아보지 않는 것과 같이 혈(穴)도 마찬가지인 것이다.

혈(穴)을 살피는 법(法)은 주객(主客)이 유정(有情)하게 상태되고,

용호(龍虎)가 포위(抱圍)하여 다른곳을 돌아다 보지 않으며 수성(水城)이 몸을 안고 빗겨 달아나지 않으면 당기(堂氣)가 응결된다. 비록 산(山)과 물과 용호(龍虎), 명당(明堂), 안산(案山)을 같이 한 것이 다만 지척사이라 할지라도 위의 모든 것이 혹 높고 얕고 혹 좌(左)로 치우치고 우(右)로 기울어지게 되는 부분은 정혈(正穴)이 아니다. 고(故)로 상세히 살피되 옳은 것 같아도 실상은 그른 것, 즉 사이비(似而非)한 것을 잘 판단하여야 한다.

9. 요감(饒減)

 요감(饒減)이란 부족(不足)한 자(者)를 요(饒 : 보탬)하고 과(過)한 자(者)를 감(減)하여 정혈(定穴)하는 법(法)으로써 그 의(義)는 음양(陰陽)의 정(精)을 소식(消息)하여 좌우(左右)의 사수(砂水)를 거두어 혈(穴)을 돌아보게 하는데 있다. 그러므로 용산(龍山)이 먼저 이르면 청용(靑龍)을 감(減)하고 백호(白虎)를 넉넉하게 요(饒)하여 그 혈(穴)을 좌(左)편으로 당겨 세우고, 호산(虎山)이 먼저 이르면 백호(白虎)를 감(減)하고 청용(靑龍) 넉넉하게 하여 혈(穴)을 우(右)편으로 세울지니 이렇게 하여 좌(左)편이 혈(穴)이 되면 좌(左)편 산(山)을 취하여 관(関 : 포옥 감아 싸는 것)을 삼아 우(右)편에 물이 궁(宮 : 穴을 향해 나가는 곳)을 지나 쇄단(鎖斷 : 잠겨지는 것)됨을 요(要)하고 혈(穴)이 우(右)편에 있으면 우(右)편 산(山)을 거두어 관(関)을 삼아서 좌(左)편 물이 궁(宮)을 지나 쇄단(鎖斷)됨을 요(要)하는 바 위로 부터 내리는 것이 요(饒)가 되고 아래로부터 올라가는 것이 감(減)이 된다.

 그리고 요감(饒減)하는 법(法)은 역(逆)으로 내맥(來脈)을 받는 것이니 만일 용맥(龍脈)이 순(順)한 경우에 요감법을 쓰면 용(龍)을 상(傷)하고 내맥(來脈)이 없이 허(虛)한 곳에 혈(穴)을 세우고 요감을 지나치게 하면 맥(脈)을 접(接)하지 못하여 혈(穴)을 상함으로 흉(凶)하다.

또는 좌(左)편 산(山)에 역수(逆水)가 굴러 들어오면 청용(靑龍)을 감(減)하고 백호(白虎)를 요(饒)하며, 우(右)편 산(山)에 역수(逆水)가 굴러 들어오면 백호(白虎)를 감(減)하고 청용(靑龍)을 요(饒)해야 할지니, 이는 모두 본신(本身)의 맥(脈)으로 순역(順逆)을 살펴서 이 법(法)을 용(用)해야 되는 것이다.

위는 청용(靑龍)을 요(饒)하고 백호(白虎)를 감(減)한 보기의 그림이다. 우(右)편 산(山)이 먼저 이르러 백호(白虎)가 청용(靑龍)을 안은 것으로 혈(穴)이 우(右)편을 향(向)하여 좌(左)편을 벼개삼아야 한다. 즉 청용(靑龍)을 요(饒)하고 백호(白虎)를 감(減)한 것인데 물이 좌(左)편으로부터 우(右)편으로 좇아가는 것을 요(要)한다.

위는 백호(白虎)를 요(饒)하고 청용(靑龍)을 감(減)한 보기의 그림이다. 좌(左)편 산(山)이 먼저 이르러 청룡(靑龍)이 백호(白虎)를 안았으니 혈(穴)은 당연히 좌(左)를 향(向)하여 우(右)편을 벼개삼도록 해야 한다. 즉 백호(白虎)를 요(饒)하고 청용(靑龍)을 감(減)하는 것인데 물이 우(右)편에서 좌(左)로 좇아 역수(逆水)됨을 요(要)한다.

제3절 괴혈론(怪穴論)

괴혈(怪穴)이란 기괴(奇怪)하고 이상한 곳에 맺는 혈(穴)을 말한다.

 괴혈(怪穴)은 천지조화(天地造化)의 은거(隱居)된 것이므로 쉽게 찾거나 쉽게 얻을 수 없고, 오직 도안(道眼)과 법안(法案) 또는 신안(神眼)이라야 분별할 수 있는 것이며 유덕(有德)한 사람만이 얻을 수 있는 것이다. 만일 잘못 알고 괴혈(怪穴)이라 해서 망녕되어 점혈(占穴) 한다면 그 흉화(凶禍)가 백출(百出)하는 바 혹 용사(庸師:地理에 밝지 못한 地師)의 꾀임에 속아 포(包)을 자초(自招)하는 우려가 있으므로 그 대략을 논(論)할 뿐이지 실상은 괴혈(怪穴)에 대해서는 논(論)치 않아야만 될 문제다.

 괴혈(怪穴)은 천지(天地)가 보호하고 신(神)이 지켜 덕(德)이 많은 사람에게 주기 위한 것임으로 이러한 대지(大地)는 천복(淺福)하고 박덕(薄德)한 사람의 수용(收用)할 바가 되지 못한다. 고(故)로 명사중(明師中)에도 유덕(有德)한 명사(明師)라야 식별(識別)할 수 있고 인덕(仁德) 적선(積善)하는 자(者)만이 길지(吉地:怪穴)를 얻을 수 있다. 만일 덕(德)의 유무(有無)를 가리지 않고 함부로 가르쳐 준다면 천지(天地)의 신(神)이 노(怒)하여 지사(地師)가 도리어 화(禍)를 받는다는 것이다.

 다음은 괴혈(怪穴)의 여러가지 형태를 약설(略説)하니 이러한 혈(穴)도 있다는 정도의 상식(常識)만 갖기 바란다.

・혈(穴)이 깊은 산(山) 속 매우 낮은 곳에 있는 수가 있으니 이 혈(穴)을 몰니혈(没泥穴)이라 한다. 이 혈(穴)은 땅이 평(平)하고 와(窩)한 곳에 있는데 용맥(龍脉) 끝으로 보일 듯 말듯한 석골(石骨)로 된 脊(등마루)이 언덕과 무덕이로 되어 나오다가 결혈(結穴)되는 것으로 그 용신(龍身)이 출현(出現)되지 않은

것이니 자세히 살펴보아야 용사(龍蛇)의 감춘 곳을 짐작할 수 있다.

• 혈(穴)이 팔풍(八風)이 닿는 곳에 외롭게 노출된 곳에 있는 것을 천풍혈(天風穴)이라한다. 팔풍(八風)이 닿는 것을 크게 끄리는데, 이 혈(穴)은 멀리서 바라보며 노출되어 외롭고 춥게 보이지만 막상 혈처(穴處)에 올라가 보면 바람이 감춰지고 폭 쌓여 아늑하고 따뜻한 곳이니 즉 괴혈명당(怪穴明堂)인 것이다.

• 혈(穴)이 물 가운데 맺는 경우도 있다. 여기에서 물 가운데라 함은 연못 또는 호수 가운데 육지(陸地 : 조그만한)가 있어 그 곳에 혈(穴)이 맺는 것을 말하는데 당연이 용맥(龍脉)이 물 아래 깊은 땅으로 이어져 맥기(脉氣)가 통(通)함을 요(要)하나 맥기(脉氣)의 상통(相通) 여부나 혈(穴)의 길흉(吉凶)은 도안(道眼)이 아니고서는 식별하지 못한다.

• 혈(穴)이 단단한 돌(頑石) 가운데 맺는 경우도 있다. 석산(石山)이나 돌 무더기를 어떻게 뚫고 안장(安葬)하랴, 하겠지만 사면(四面)이 돌과 반석(磐石)이 깔린 가운데 괴이하게도 광중을 지을만한 틈이 있으니 역시 명사(明師)가 아니면 점혈(占穴)하지 못 한다.

• 혹은 혈(穴)이 우물 가운데 있어 우물 속에 안장(安葬)하는 경우도 있다고 한다. 그 우물은 물 맛이 좋고 식수(食水)로 사용할 수 있어야 하고, 춘하추동(春夏秋冬) 사시(四時)를 막론하고 가뭄에도 마르지 않아야지 만일 물 맛이 나쁘고 독(獨)하거나 마르는 때가 있으면 안장 하지 못한다. 그리고 이 혈(穴)에 안장(安葬)하면 대개는 우물물이 마르게 되지만 안장후 물이 마르지 않아도 관계 없다고 한다.

• 혹은 혈(穴)이 수변(水辺) 가까운 곳에 있더라도 그곳에 안장(安葬)하면 수량(水量)이 없어지거나 물길이 옮겨지는 경우도 있다고 한다. 진용(眞龍) 진혈(眞穴)이 공교롭게 수변(水辺)에 가깝게 있어 알기 어려우니 이느 천지조화(天地造化)가 그 주인(主人)을 기다리는 상으로 그 주인(主人)이 점유(占有)하면 장후(葬後) 물이 옮겨진다.

• 혹은 혈(穴)이 토피(土皮) 위에 있어 배상장(培上葬)하는 경우도

있다.

　배상장(培上葬)이란 광중을 파지 않고 땅 위에다 호신(戶身)을 안치(安置)한 뒤 객토(客土)를 모아 봉분(封墳)하는 것을 말하는데 용맥(龍脉)의 기(氣)가 땅 위로 응결된 까닭이다.

• 혹은 용맥(龍脉)이 수중(水中)을 지나 결혈(結穴)되는 경우도 있다. 대개 용맥(龍脉)은 바람을 타면 흩어지고 물이 경계(境界)하면 그친다(止) 하였는데 이 혈(穴)의 경우 물이 막혔어도 맥(脉)이 그치지 않은 증거는 반드시 석양(石梁 : 돌이 드문 드문 깔려서 등성이 비슷하게 이어져 나간 것)으로 된 맥(脉)이 수변(水辺)을 뚫고 나가 결혈(結穴)된다. 물은 상맥(上脉)에 한해서는 경계를 맺으나 석맥(石脉)만은 끊지 못하는 것이므로 해중(海中)에 있는 섬은 모두 석맥(石脉)으로 뻗어나간 것이다.

• 혹은 용호(龍虎)가 없는 곳에 혈(穴)을 맺는 경우도 있다.

　용호(龍虎)가 없으면 누가 쳐다나 보랴, 보통 사람의 안목(眼目)은 오직 청용(靑龍)·백호(白虎)가 활동 같이 포옹됨을 요구할 뿐이요 용호(龍虎)가 있는 곳에서만 혈(穴)이 맺는 것이 아니라 용호(龍虎)가 없더라도 진혈(眞穴)을 맺는 경우가 얼마든지 있으며 비록 용호(龍虎)하 있더라도 용혈(龍穴)이 진(眞)이 아니면 가혈(假穴)에 불과한 것이다.

• 대개 형체가 거칠고 완만하고 추한 곳을 싫어하고 버리나, 만일 혈장(穴場)에 태극(太極) 혹은 와(窩)·돌(突)의 형상과 새우수염과 게눈이 있고 계수(界水)의 나누고 합(合)한 것이 분명하면 귀혈(貴穴)이 된다.

• 혹은 뇌두(腦頭)가 기울어진 곳에 혈(穴)을 맺는 경우도 있다. 진용(眞龍)의 뛰는 자취는 변태(變態)가 불일(不一)한 것인데 시속지사(時俗地師)는 다만 단정한 혈(穴)만 가릴줄 알 뿐이니 어찌 비밀을 감춘 용혈(龍穴)이 흔히 편측(偏側 : 기울어진 것)한 곳에서 융결될 줄을 알으랴, 다만 편파한 혈(穴)은 혈(穴) 뒤에 귀산(鬼山)과 낙산(樂山)

이 있어야만 진결(眞結)이니 만일 낙산(樂山)이나 귀산(鬼山)이 없으면 망녕되어 점혈(占穴)하지 말아야 한다.

• 또는 일비(一臂 : 한쪽 팔)가 없는 혈(穴)도 있다.

보통의 경우는 좌우(左右)가 다 고른 것을 요(要)하여 한 편에 결함이 있으면 취하지 않으나 진용대지(眞龍大地)는 흔히 괴이(怪異)한 혈(穴)을 작(作)하되 혹 용(龍)이 있고 호(虎)가 없거나, 호(虎)가 있고 용(龍)이 없어 양변(兩辺)이 고르지 못하지만 밖의 산(山)이 연접(連接)하여 응(應)함이 분명하면 혈(穴)이 맺는 것이다.

복씨(卜氏)가 말하기를 「혹 용(龍)이 있고 호(虎)만 있고 용(龍)이 없이 없는 것이 있다. 만일 청용(靑龍)이 없으면 물이 좌변(左辺)을 둘러야 가(可)하고 백호(白虎)가 없으면 물이 우반(右畔)을 둘러야 가(可)하다」하였으며, 원월봉(苑越鳳)은 말하기를 「물이 좌(左)편을 쫓아 오면 좌(左)가 없어도 가(可)하고, 물이 우(右)편에서 쫓아오면 우반(右畔)이 없어도 가(可)하다」고 하였다.

• 또한 괴혈(怪穴)이 있으니 안산(案山)이 없고, 모든 물이 그 사이에 모인 것이다. 양공(楊公)이 말하기를 「만일 조산(朝山)이 없거든 다만 모든 물이 그 사이에 모이는 것을 볼 것이니 왕양(汪洋)한 물이 명당(明堂) 내외국(內外局)을 주밀히 환포(環抱)하면 길(吉)하니라」하였다.

대개 기형괴혈(奇形怪穴)은 용신(龍身)을 자세히 살펴야 한다. 용(龍)이 진(眞)이면 혈(穴)도 진(眞)인바 용(龍)과 혈(穴)은 떠날 수 없는 관계를 맺고 있는 것이 원칙이다. 그러므로 용(龍)이 진적(眞跡)이면 혈(穴)이 비록 기괴(奇怪)할지라도 두려울 바가 없다.

가용(假龍)에는 혈(穴)이 없는 것이니 괴혈(怪穴) 비슷할지라도 괴혈(怪穴)로 보지 말라, 만일 괴혈을 빙자하여 안장(安葬)하면 세상 사람을 그르치게 된다.

제5장 좌법(坐法)

제5장 좌법(坐法)

1. 좌정법(坐正法)

 이상(以上) 제일장(第一章)에서는 혈(穴)을 찾아 정(定)하는 법(法)을 설명(說明)하였다. 진용하(眞龍下)의 진혈(眞穴)은 생기(生氣)가 융취(融聚)되므로 대발(大發)하는 땅이지만 반드시 좌법(坐法)에 맞추어 안장(安葬)해야 더욱 길(吉)하다. 그러므로 비록 길혈(吉穴)을 얻었을지라도 좌법(坐法)이 맞지 않으면 효력(効力)이 크게 감소(減少)되는 것이다. 고(故)로 용(龍)이 길(吉)하고 좌향(坐向)이 길(吉)해야만 비로소 안장(安葬)할 수 있다.
 다음은 좌(坐)를 정(定)하는 여러가지 법식(法式)이다.

 ① 천덕용 좌법(天德龍 坐法)
 자용(子龍)에 손좌(巽坐), 손용(巽龍)에 자좌(子坐), 계용(癸龍)에 신좌(申坐), 신용(申龍)에 계좌(癸坐)
 축용(丑龍)에 경좌(庚坐), 경용(庚龍)에 축좌(丑坐), 간용(艮龍)에 유용(酉龍)에 간좌(艮坐)
 인용(寅龍)에 정좌(丁坐), 정용(丁龍)에 인좌(寅坐), 갑용(甲龍)에 미좌(未坐), 미용(未龍)에 갑좌(甲坐)
 묘용(卯龍)에 곤좌(坤坐), 곤용(坤龍)에 묘좌(卯坐), 을용(乙龍)에 해좌(亥坐), 해용(亥龍)에 을좌(乙坐)
 진용(辰龍)에 임좌(壬坐), 임용(壬龍)에 진좌(辰坐), 사용(巳龍)에 신좌(辛坐), 신용(辛龍)에 사좌(巳坐)
 병용(丙龍)에 술좌(戌坐) 술용(戌龍)에 병좌(丙坐), 오용(午龍)에

건좌(乾坐), 건용(乾龍)에 오좌(午坐)

　이상은 모두 천덕용(天德龍) 좌(坐)로서 타법(他法)의 길국(吉局)만 맞추면 대길(大吉)한 좌(坐)이다.

2. 입수좌법(入首坐法)

　입수(入首)란 혈처(穴處) 바로 뒤에 있는 용맥(龍脉)을 말하는데 대개 혈좌(穴坐)를 놓는 요령은 입수(入首)를 기준하여 아래와 같이 좌(坐)를 정(定)하는 것이 통례(通例)이다.

　임입수(壬入首) — 해좌(亥坐 : 혹은 子艮辛坐)
　계입수(癸入首) — 자좌(子坐 : 혹은 艮坐)
　간입수(艮入首) — 축좌(丑坐 : 혹은 癸壬申寅卯乾坐)
　갑입수(甲入首) — 인좌(寅坐 : 혹은 艮巽坐)
　을입수(乙入首) — 묘좌(卯坐 : 혹은 艮坐)
　손입수(巽入首) — 진좌(辰坐 : 乙巳坤坐)
　병입수(丙入首) — 사좌(巳坐 : 혹은 甲乙坤坐)
　정입수(丁入首) — 오좌(午坐 : 혹은 巳坤坐)
　곤입수(坤入首) — 미좌(未坐 : 혹은 丁丑)
　경입수(庚入首) — 갑좌(甲坐 : 혹은 坤酉坐)
　신입수(辛入首) — 유좌(酉坐 : 혹은 乾坤坐)
　건입수(乾入首) — 술좌(戌坐 : 혹은 辛坐)
　자입수(子入首) — 임좌(壬坐 : 혹은 艮坐)
　축입수(丑入首) — 계좌(癸坐 : 혹은 壬坐)
　인입수(寅入首) — 간좌(艮坐 : 혹은 甲坐)
　묘입수(卯入首) — 신좌(申坐 : 혹은 乙癸坐)
　진입수(辰入首) — 을좌(乙坐 : 혹은 艮巽坐)
　사입수(巳入首) — 손좌(巽坐 : 혹은 巳坐)
　오입수(午入首) — 병좌(丙坐 : 혹은 丁坐)
　미입수(未入首) — 정좌(丁坐 : 혹은 坤坐)

신입수(申入首) — 곤좌(坤坐 : 혹은 丁癸坐)
유입수(酉入首) — 경좌(庚坐 : 혹은 坤亥坐)
술입수(戌入首) — 신자(辛坐)
해입수(亥入首) — 건좌(乾坐 : 혹은 壬癸丑酉坐)

3. 천월덕 입수 좌법(天月德 入首 坐法)

갑묘후용(甲卯後龍) 곤미입수(坤未入首) — 곤좌(坤坐) 혹은 정좌(丁坐)

경유후용(庚酉後龍) 축간입수(丑艮入首) — 간좌(艮坐) 혹은 계좌(癸坐)

병오후용(丙午後龍) 건술입수(乾戌入首) — 건좌(乾坐) 혹은 신좌(辛坐)

임자후용(壬子後龍) 손진입수(巽辰入首) — 손좌(巽坐) 혹은 을좌(乙坐)

① 분금법(分金法)

임(壬)·자향(子向) = 병오(丙午) 경오(庚午)·병자(丙子) 경자(庚子) 분금(分金)

계(癸)·축향(丑向) = 정미(丁未) 신미(辛未)·정축(丁丑) 신축(辛丑) 분금(分金)

간(艮)·인향(寅向) = 병갑(丙甲) 경갑(庚甲)·병인(丙寅) 경인(庚寅) 분금(分金)

갑(甲)·묘향(卯向) = 정유(丁酉) 신유(辛酉)·정묘(丁卯) 신묘(辛卯) 분금(分金)

을(乙)·진향(辰向) = 병술(丙戌) 경술(庚戌)·병진(丙辰) 경진(庚辰) 분금(分金)

손(巽)·사향(巳向) = 정해(丁亥) 신해(辛亥)·정사(丁巳) 신사(辛巳) 분금(分金)

병(丙)·오향(午向) = 병자(丙子) 경자(庚子)·병오(丙午) 경오(庚午) 분금(分金)
　정(丁)·미향(未向) = 정축(丁丑) 신축(辛丑)·정미(丁未) 신미(辛未) 분금(分金)
　곤(坤)·신향(申向) = 병인(丙寅) 경인(庚寅)·병갑(丙甲) 경갑(庚甲) 분금(分金)
　경(庚)·유향(酉向) = 정묘(丁卯) 신묘(辛卯)·정유(丁酉) 신유(辛酉) 분금(分金)
　신(辛)·술향(戌向) = 병진(丙辰) 경진(庚辰)·병술(丙戌) 경술(庚戌) 분금(分金)
　건(乾)·해향(亥向) = 정사(丁巳) 신사(辛巳)·정해(丁亥) 신해(辛亥) 분금(分金)

제6장 역사인물의 운명과 명당

제6장 역사인물의 운명과 명당

태조(太祖) 이성계(李成桂)

```
                편관격(偏官格)              三 癸未
                                        一三 壬午
    年 乙亥                               二三 辛巳
    月 癸未    태원(胎元) 甲戌              三三 庚辰
    日 己未    명궁(命宮) 丙戌              四三 己卯
    時 甲子                               五三 戊寅
                                        六三 丁丑
                                        七三 丙子
```

　기(己)일생이 미(未)월에 출생하여 득령(得令)하고 갑기(甲己)로 화토(化土)가 되어서 신왕(身旺)한 사주이다. 고로 연상(年上)의 을(乙)목으로 용신(用神)을 정하니 을목(乙木) 용신이 허약하나 연지(年支)와 월상(月上)의 계해수(癸亥水)가 용신 을목(乙木)을 생하여 주니 재자약살격(財滋弱殺格)이 되어서 더욱 아름답다.
　이 사주가 묘한 것은 관살혼잡격(官殺混雜格)이라 하나 다행이 정관(正官) 갑(甲)목이 갑기(甲己)로 합하여 토(土)를 이루어 거류서배(去留舒配)된 점이니 귀귀(貴奇)한 팔자라고 판단된다.
　그리고 을(乙) 목용신이 해미목(亥未木) 국을 형성하여서 신왕(身旺) 관왕격(官旺格)이 되나 용신에 비하여 일주(日主)가 강한데 다행으로 대운의 흐름이 38세부터 인묘진(寅卯辰) 동반 목(木)운으로 흘러 용신

(用神) 을(乙) 목을 보강하여 주매 고목봉춘격(枯木逢春格) 으로 대부대귀(大富大貴) 할 팔자라.

 편관용신(偏官用神) 을 놓은 사람은 군인, 경찰, 검찰 등 형권(刑權) 을 잡는 사람 중에서 많이 볼 수가 있는데 편관격(偏官格) 성격이 특이한 점은 기회 포착에 능하고 자객적(刺客的) 인 모험을 즐겨한다. 따라서 투쟁심이 강하고 진취적인 성격의 소유자이다.

 연지(年支) 해(亥) 수는 천문성(天文星) 이라 하여 활인지업(活人之業) 을 많이 하는 팔자인데 해(亥) 자는 수기(水氣) 에 속하므로 현하(懸河) 라 하고 천하(天河) 의 수기(水氣) 는 분류(奔流) 치 아니하고 회로(回路) 함으로 군왕이 될 팔자가 분명하다.

 기(己) 일생이 미(未) 자를 놓으면 암록(暗祿) 이 되고 미(未) 월의 갑(甲) 목은 천덕귀인(天德貴人) 과 월덕귀인(月德貴人) 이 되니 위난에 처했을 때 귀인의 도움을 받는 길신이 된다. 그리고 해(亥) 자가 천관(天關) 이 되고 미(未) 자가 지축(地軸) 으로 천관지축(天關地軸) 을 놓은 중에 태원(胎元) 과 명궁(命宮) 이 일주(日柱) 와 용신(用神) 을 보강하여 준 점이 더욱 귀명(貴命) 으로 빛나게 한다.

 그러나 가정적으로는 불길한 점을 암시하고 있는데 월천간(月天干) 계(癸) 수 편재(偏財) 가 부친(父親 : 李子春) 이 되며 시지(時支) 자(子) 자가 록(祿) 이 되니 그 부친대에는 명문대가(名門大家) 임을 알 수가 있다.

 그리고 첩과 배다른 자식을 둘 운명인데 이는 일주(日主) 기미(己未) 가 간여지동(干與支同) 이 되고 처궁(妻宮) 에 자미(子未) 원진(怨嗔) 과 육해(六害) 를 놓아서 본처와는 자연 불화하게 되어 소실(小室) 을 두게 된 것이다.

 옛글에 보면 간여지동은 손처패재(損妻敗財) 란 말이 적중된 것이다.

 또 두 미(未) 자 속에 을(乙) 목 자손이 암장(暗藏) 되고 있으며 해(亥) 자 속에도 갑(甲) 목 자손이 숨어 있는 형상이 되어서 배다른 자손을 두게 된 것으로 본다.

태조 이성계는 차남으로 출생하였으니 또한 자손도 선친의 피를 속일 수가 없음인지 한씨(韓氏)가 낳은 진안대군(鎭安大君)과 방우(芳雨), 방과(芳果), 방예(芳毅), 방간(芳幹), 방원(芳遠), 방연(芳衍), 방번(芳蕃), 방석(芳碩) 등으로 아들을 낳았는데 네 아들이 흉사(凶死)하였으니 바로 이것이 골육상쟁(骨肉相爭)의 원인이라고 볼 수가 있다. 이와같이 태조 이성계는 자식도 많았지만 잃어버린 자식의 비극도 많았다.

이렇게 자손이 많이 흉사한 원인은 기(己)토 일생의 자식은 목(木)이 되는데 월지(月支) 일지(日支) 미(未)토가 목(木)의 고(庫)가 되니 즉 자식이 죽는다는 것을 암시하고 있다.

옛글에 보면 관성입묘(官星入墓) 하면 기자귀림(其子歸林)이라고 하였다. 다시말하면 자식되는 글자인 관성(官星)이 묘(墓)에 들어가면 그 아들이 숲 속으로 들어 간다는 뜻은 아들이 죽는다는 말이 된다.

또한 갑(甲)목 자손이 기(己)토와 갑기(甲己)로 합하여 토(土)가 되었으니 이것 또한 자손이 죽는다는 것을 뜻하게 된다. 동서고금을 막론하고 명예와 재산과 권력 다툼으로 형제간에 골육상쟁을 거듭하고 있음은 역사가 실증하는 바다.

태조 이성계 조모(祖母) 묘터에 얽힌 사연

옛말에 영웅호걸도 때를 만나야만 된다고 하였다. 왕후장상(王侯將相)도 선조들의 시신이 명당자리에 누워있어야만 그 자손들도 부귀영화를 누리게 된다는 것은 다 알고 있는 사실이다.

이성계 태조는 바로 그의 할머니를 명당길지(明堂吉地)에 장사를 지내고 발복한 것으로 본다.

이름 없는 가문의 자손들이 왕(王)이 된다는 것은 개천에서 용이 나는 것과 같이 생각도 할 수가 없는 일이다. 풍수지리에 조예가 없는 사람들도 왕후장상의 묘터를 가보면 그 풍경이 수려함에 자연 머리를 수그리게 된다.

이성계의 부친 이자춘(李子春)은 그 옛날 전북 정주에 살면서 범죄를 저지르고 체포령이 내리자 그의 노모를 등에 업고 무작정 북쪽으로 도피하다가 지금의 강원도 삼척 미로에 도착하여 큰 부자집에 머슴으로 들어갔다.

그날도 다른 때와 마찬가지로 산에 월동용 나무를 하러 갔는데 깊은 이 산중에 사람 목소리가 나서 동정을 살펴보니 노승이 젊은 스님과 다투고 있는 것이 아닌가. 그 내용을 숨어서 들어 본즉 이 자리가 명당이니 저 자리가 명당이니 하고 서로가 의견이 다르다.

이자춘은 그 스님들의 오고가는 말이 가슴에 와 닿는다. 사연인즉 이자춘의 모친이 중병으로 사경을 헤매이는데 모친상을 치를 돈도 없을 뿐만 아니라 자기 가산(家山)이 없으니 객지에서 모친상을 당하면 어찌할까 고심하던 차라 명당 이야기에 귀가 번쩍할 수밖에 없다.

하늘이 자신에게 주신 기회라고 생각한 나머지 도끼를 번쩍들고 두 스님 앞으로 나가서 하는 말이 명당이 어느 곳인지 대지 않으면 당장 죽이겠다고 으름장을 친다. 원래가 이자춘은 팔척장신(八尺長身)에 기골이 장대하여 그 힘이 황우장사이다.

두 스님은 이사람의 큰 소리 한 마디에 당황하여 어찌할 바를 모른다. 노승이 말하기를 이 터의 주인은 따로 있으니 그런 생각을 거두라고 한다.

그러나 이자춘은 엎드려 큰 절을 노승에게 올리고 자기가 현재 처해있는 사실을 아뢰고 모친의 상(喪)이 임박하였으니 길지를 알려달라고 애걸복걸하매 스님이

「이 산은 명산이고 또 이곳에 묘를 쓸려면 황소 백 마리를 잡아서 산에 산신 기도를 올려야만 명당의 효력이 발생하는데 어찌 가난한 네가 이 일을 감당하겠느냐.」
는 동정어린 말씀을 하시니

「걱정마시고 명당자리만 알려 주십시요.」
하고 또다시 애원하매 노승은 대길지(大吉地)에 표시를 하여 준다. 이

자춘은 감격에 넘쳐서 노스님에게 큰 절을 올리고 일어서니 두 스님들은 보이지 않는다.

　산을 내려와서 며칠 동안을 곰곰이 생각하여 보아도 황소 백 마리를 잡아서 정성을 드리기는 애당초에 틀린 일이다. 드디어 모친상을 당했다. 때마침 머리에 떠오르는 것이 주인집에 흰 황소가 있으니 바로 이것이 백우(白牛)가 아니냐. '내일은 주인 몰래 소를 산으로 끌고 올라가서 산치성을 올려야지' 생각하고 날이 밝자 새벽에 어머니 시신을 먼저 그곳에 옮기고 주인에게는 시신을 지게에 지고 가서 산에 장사를 지냈다고 말하고 평소와 다름없이 소를 앞세우고 나무하러 간다고 주인집을 나서서 그곳 산속에 들어가 소를 잡아 산치성을 올리는데

　「산신(山神)님, 제가 가난하여 가진 것이 없으니 소 백 마리를 살 도리가 없습니다. 이 소가 흰 소(白牛)이니 소 백 마리(百牛)로 생각하시고 소례(小禮)를 대례(大禮)로 받아 주십시오.」
하고 애원어린 기도를 올리고 나서 그자리에 어머니의 시신을 묻어 장사를 지내고 바로 북쪽으로 향하여 도망을 쳐서 3일 후에 겨우 강원도 양양을 지나가는데 소낙비가 쏟아지는 것이 아닌가.

　갈곳을 몰라 헤매이던 차에 길 옆 바위 밑을 보니 사람들이 피하고 있는 것이 아닌가. 자기도 그곳에 들어가서 비를 피하려고 하는 찰나에 밖을 내다보니 어떤 백발 노인이 자기를 나오라고 손짓을 하는 바람에 무의식적으로 밖으로 뛰어 나가는 순간 그 바위가 무너지면서 그곳에서 비를 피하던 많은 사람들은 다 죽고 말았다.

　그러자 두렵고 무서움에 떨면서 그 할아버지를 바라보니 간곳이 없고 바로 그 자리에 젊은 처녀가 서 있는 것이 아닌가. 누구인지 물어보니 이 처녀도 역시 갈곳이 없어서 이리 저리 정처없이 헤매이는 처지이다. 바로 이것이 천생연분인가 생각하고 부부가 되기를 간청하자 바로 응하여 준다.

　이날부터 부부가 되어서 북쪽으로 발 닿는 대로 더 올라가다가 지금의 함경도 회령부 영흥땅에서 새 살림을 차렸다. 생각하면 이 모든 것이

늙은 어머니를 객지에서 장사를 지내고 금시발복(今時發福)하게 된 것으로 생각한다.

이성계가 태어나게 된 꿈이야기

이성계의 아버지인 이자춘이 어느날 낮잠을 자다가 꿈을 꾸었는데 머리에 높은 관을 쓰고 넓은 도복을 입은 노인이 나타나서 하는 말이
『나는 백두산의 신령인데 장차 그대의 문중에 길운(吉運)이 있을 것이매 특별히 와서 전갈하는 것이니 내말을 소홀하게 듣지 말고 산천기도를 정성껏 드리게 하라. 그러면 필경 귀동자(貴童子)를 얻게 되리라.』고 하는 것이었다. 깨고보니 일장춘몽(一場春夢)이 아닌가.

이자춘은 바로 부인에게 꿈 얘기를 하고 나서 부부가 함께 목욕재계한 다음 백두산에 올라가서 정성껏 백일기도를 드렸다.

백일되던 날 밤 자춘이가 또 꿈을 꾸었는데 그 내용인즉 한 선관(仙官)이 오색(五色) 구름을 타고 하늘에게 내려 오더니 이자춘을 향하여 공손하게 읍하고 나서 옷소매 속으로부터 황금으로 만든 자(尺) 하나를 꺼내어 주며

『이 물건은 옥황상제(玉皇上帝)께서 그대의 집으로 보내시는 것이니 부디 잘 보관하였다가 장차 동국지방(東國地方)을 측량(測量)토록 하시요.』
하고는 다시 하늘로 올라 가는 것이었다.

그런데 그날부터 최씨 부인에게 태기(胎氣)가 있어서 꼭 열석 달 만에 옥동자(玉童子)를 낳으니 이름은 성계(成桂) 별호(別號)는 송헌(松軒)이라고 하였다.

그 아내 최씨는 두 아들을 낳게 되고 이자춘은 큰 부자가 되었으며 원(元)나라 근처에 살면서 조선에 협조하게 되니 국경수비(國境守備)의 책임과 벼슬도 받게 되고 한편으로 여진족(女眞族)을 화친(和親)하면서 때에 따라서는 외적(外敵)을 물리치는 등 나라에 큰 공(功)을 세우고 그의 아들 이성계도 장성하면서 군인으로서 승승장구 용맹(勇猛)을

떨치다가 급기야는 위화도회군(威化島回軍)으로 등극(登極)의 길을 걸어가는 대세(大勢)를 잡게 되었으니 이 모두가 부친(父親) 이자춘의 공으로 명당자리를 얻은 결과가 손자(孫子) 대에서 대발(大發)한 것으로 생각된다.

제왕지지(帝王之地)

공민왕 10년 이성계가 26세 되던 해 봄 이성계의 신임을 받는 종이 심부름 가던 차에 산중에 두 스님이 하는 이야기를 훔쳐들으니 노승(老僧)이

『저 산에 흥왕지지(興王之地)가 있는 것을 너는 아느냐?』
고 젊은 중에게 물으니

『저 바로 큰 뫼뿌리가 동(東)으로 뻗은 세 갈래 줄기 가운데로 뻗은 짧은 등성이가 정혈(定穴)인가 생각합니다.』
라고 대답을 하니 노승은 빙그레 웃으면서 머리를 좌우로 흔들었다. 틀렸다는 뜻이다.

『그럼 어느 곳이 정혈(定穴)입니까?』
하고 물으니 노승이 말하되

『사람으로 말하면 두손을 놀리매 바른손이 가장 긴요한 것이니 바로 오른쪽 등성이가 진혈(眞穴)이다.』
라고 하였다. 이 소리를 들은 종은 바로 이성계에게 달려와 그 이야기를 하였다.

그당시에 이성계의 아버지 자춘은 47세로 병사하였는데 묘지를 구하기 위하여 사람을 백방으로 풀어 놓고 있을 때이다.

그래 그 분들이 어느쪽으로 가시더냐고 향방을 물은 연후에 준마를 달려 두 스님을 찾아가던 중 산고개에서 두 스님을 만나보고 공손하게 읍하고 난 다음 길지(吉地)를 알려 달라고 간청하니

『막비 인연인즉 할 수 없군.』
하면서 길지를 가르쳐 준다.

바로 그 자리에 이성계의 부친 이자춘을 장례하였는데 바로 이자리가 천하에 대길지 이조 500년을 통치할 제일 첫째임금 이태조(李太祖)를 등극(登極)케 하는 원인이 되었다.
두 스님 중에 늙은 스님은 나옹 혜근선사이며 젊은 스님은 무학 자초 선사라고 기록되어 있다.

태조(太祖) 이성계(李成桂)의 만년유택(萬年幽宅), 건원릉(健元陵)의 전경(全景)

태조(太祖) 이성계(李成桂)의 계후(繼后) 신덕왕후 능의 전경

세종대왕(世宗大王)

```
    식신제살격(食神除殺格)           一 甲辰
                                  一一 癸卯
 年 丁丑                           二一 壬寅
 月 乙巳   태원(胎元) 丙申          三一 辛丑
 日 壬辰   명궁(命宮) 戊申          四一 庚子
 時 甲辰                           五一 己亥
                                  六一 戊戌
```

　임일(壬日)생이 사(巳)월 화왕당절(火旺當節)에 출생하여 절지(絶地)가 되고 화토(火土)가 태왕(太旺)하나 다행이 두 진(辰) 중 계수(癸水)가 장축되어 있으니 수(水)의 근원인 수(水)의 고장(庫藏)을 깔고 앉아 종격(從格)으로 구성되지 않고 갑목(甲木)으로 용신하여 식신제살(食神除殺)코저 하는데 평생대운이 목수(木水) 동북으로 흐르매 극부극귀(極富極貴)할 운명이로다.

　임진(壬辰) 일생 자체가 괴강격(魁罡格)으로 많은 사람을 지휘통솔(指揮統率)하며 부귀영화를 누리거나 아주 높은 지위에 오를 수 있는 사람 또는 극히 가난(家難)하며 매우 난폭(亂暴)하여 살상(殺傷)을 저지르는 사람 등 극에서 극을 달리는 격이나 사람됨이 엄격하고 총명함이 특징이기도 하다.

　임진(壬辰) 일주에다 진(辰)시에 출생하면 임기용배격(壬騎龍背格)

이라하여 특별히 귀격(貴格)으로 관살을 두려워하나 진(辰)자를 많이 놓을수록 귀격으로 추리하게 되고 인(寅)자가 많은데 진(辰)자가 적으면 돈은 많이 있으나 명예(名譽)는 없는 것으로 본다.

임일(壬日)주가 사월(巳月)에 천을귀인(天乙貴人)이 되고 축(丑)자가 금여록(金與祿)이 되며 4월생에 진(辰)이 천희신(天喜神) 사(巳)자가 황은대사(皇恩大赦)가 되어 여러 가지 귀인을 놓았으니 어떠한 위난(危難)에 처했을 때 주위에서 도와주는 귀인(貴人)들이 진(陳)을 치고 있는 격이니 금상첨화격(錦上添花格)이라.

임일(壬日)생이 사(巳)월에 출생하면 신약사주(身弱四柱)이나 태원(胎元)과 명궁(命宮)에 신(申) 장생을 놓아서 신진(申辰) 수국을 이루어 일주를 도와주니 대부대귀(大富大貴) 할 팔자이다.

1419년 기해(己亥)년 32세에 왕위(王位)에 등극(登極)하였는데 사해(巳亥)충이 된다고는 하나 임일(壬日)생에 해수(亥水)가 녹지(祿地)가 되고 갑목(甲木) 식신에 장생지(長生地)가 되어서이다.

옛글을 보면 식신(食神)이 기운이 있으면 재관보다 월등하게 좋다고 하였다(食神이 有氣하면 勝於財官).

이 사주팔자에 귀한 점을 지적한다면 천간에서 서로 충극(沖赳)이 없고 상생(相生)되어 있으며 지지(地支)도 상극됨이 없고 사축금(巳丑金) 국이 일주를 생하여 줌이 더욱 아름다우며 천간지지(天干地支)로서도 서로 상생을 이룬 점이고 임진(壬辰)일주가 오행(五行) 상으로는 토(土)극 수(水)가 되어 있으나 진토(辰土)는 수(水)의 고(庫)로써 계수(癸水)가 암장(暗葬)에 장축(藏蓄)되어 습토(濕土)가 되니 수기(水氣)가 잘 살 수 있는 곳이 되고 갑목(甲木)이 사월(巳月)에 타버릴 것 같으나 진토(辰土)에 앉아있으니 대목지토(帶木之土)가 되어서 갑목(甲木)의 뿌리가 든든하여 갑목(甲木) 식신이 생기가 넘친다.

관살이 투출(透出)되지 않고 암장에 장축되어 있음이 더욱 좋다. 즉 이것을 살장관로(殺藏官露)라고 한다. 사주원국(四柱原局)에 서로 충함이 없으니 사람됨이 모난 데가 없으며 항상 원만하고 온화하며 매사에 합리적(合理的)이고 순리에 따라 덕을 행하는 인격의 소유자이니 팔방미인격이며 주위에 나를 해치는 적(敵)이 없음이 길하다.

세종대왕 영릉(世宗大王 英陵)

영릉(英陵)은 경기도 여주군 여주읍에서 서북쪽으로 약 2키로미터 지점에 있는 북성산(北城山) 낙맥(落脈)에 자리잡고 있다.

여주는 동으로 강원도 원주문막(原州文幕)에 이르고, 동남쪽으로는 충주(忠州) 땅이며, 북으로는 지평과 양근·용문(龍門) 땅에 이르고, 서쪽으로는 이천(利川) 땅에 닿는다. 건치연혁으로 살펴보면 본래 고구려의 골내근현(骨乃斤縣)이다.

신라 경덕왕 때에 황려(黃驪)로 고쳐 기천군의 속현으로 삼았다가, 고려 초에 황려현(黃驪縣)이라 고치고, 고종 때 다시 영의(永義)로 부르더니, 충렬왕 31년에 순경왕후 김(金)씨의 고향이라 여흥군(驪興郡)으로 승격시켰다. 예종 원년(元年)에 영능(英陵)을 북성산(北城山)에 옮기고 지금 이름 여주(驪州)로 고쳐 부르게 된 것이다.

산천은 동북쪽으로 용문산(龍門山)이 있고, 동으로는 원주 치악산, 서북쪽에는 이천(利川) 설봉산(雪峰山)과 원적산(圓寂山)이 높이 솟아 있다. 북성산이 진산(鎭山)이 되고, 남으로는 오압산과 강금산이 있고, 북으로는 장연산과 혜목산이 솟아 있다.

동쪽에 우두산(牛頭山)과 봉미산(鳳尾山)이 봉우리를 이룬다. 수로(水路)는 강물이 충추의 월악(月岳)으로부터 시작하여 몇 백리를 흘러서 여주에 이르니, 여주강의 맑고 푸른 경치는 한 마디 필설(筆舌)로 다하지 못한다.

고산(高山) 평야(平野)들이 넓고 기름지면 큰 인물이 나오게 되며, 산고수청(山高水淸)하면 그 고장이 윤택하며, 산천이 맑고 수려하면 사람이 태어나되 용모까지 아름다운 법이다.

산이 수려하매 남아의 기상이요, 물이 맑으매 여걸의 재색(才色)이다. 이 고장의 산수가 이와 같으니 어찌 장상봉군(將相封君)과 제왕귀

비(帝王貴妣)가 아니 나랴.

북성산(北城山 : 일명 꾀꼬리봉) 낙맥(落脈)이 뚝 떨어진 용세(龍勢)는 북으로 굽이쳐 달리다가 한 줄기가 다시 솟으면서, 남쪽으로 머리를 돌리어 주산(主山)인 북성산을 바라보며 달리다가 뚝 끊기어 그치었다.

이 줄기를 중심으로 좌우로 여러 산줄기가 마치 꽃잎 모양으로 둘러 이 자리를 감싸 주고 있으니 소국(小局)으로 보면 모란꽃이 반쯤 피어난 형상이요(牧丹半開形), 대국적(大局的)으로 보면 회용안조형(回龍顏祖形)으로 산이 다시 조산(祖山), 즉 주산(主山)을 돌아보는 형국이다.

뒤에 솟은 현용(玄龍)의 세(勢)는 겹겹이 산머리를 돌아 꿈틀꿈틀 나는 듯 감돌아 혈(穴)을 감싸주고, 백호(白虎)의 세(勢) 역시 겹겹이 산머리를 가지런히 모아 혈(穴)을 감싸주었다.

안산(案山)을 바라보면 북성산 작은 낙맥이 마치 사람 모양으로 생기어 신하가 무릎을 꿇고 군왕에게 조례를 드리는 형상으로 군신조회격(君臣朝會格)으로 되어 있다.

주위에 둘러 있는 산 봉우리들은 천상만태(天象萬態)의 형상으로 빼어나 혹은 문필봉(文筆峯)으로, 혹은 기치창검(旗幟槍劍)으로, 혹은 어대형(魚袋形)으로 각색의 귀봉(貴峯)이 정기를 뿜으며 혈(穴)을 비쳐주고 있다. 그 사이로 물은 서쪽 신방(申方)에서 흘러내려 서출동류(西出東流)로 여러 물이 합금(合襟)이 되어 동쪽 진방(辰方)으로 빠져나가 강물과 합수된다.

수구(水口)를 살펴보면 양편이 금수성으로 나열되고, 기자(己字)와 똑같은 모양으로 물이 빙글빙글 되돌아 빠져나가니 쇄빌함이 이 땅에서는 다시 짝이 없으리라.

용절(龍節)은 경태용(庚兌龍)이 박환하여 임자우시용(壬子右施龍)으로 계입수(癸入首) 자좌오향(子坐午向)이다.

이 자리가 처음에는 광주(廣州) 이씨(李氏) 삼세조(三世租)인 이인

손(李仁孫)의 묘지이다. 태종 때에 문과에 급제하여 좌의정에 이르고 그의 부친은 청백리로 유명한 이지직(李之直)이요, 그의 조부(租父)는 고려 말 절의(節義)와 문장(文章)으로 명성을 떨쳤던 둔촌(遁村) 이집(李集)이다. 이인손(李仁孫)이 슬하에 다섯 아들을 두고 별세했다. 명지관(名地官)을 초빙하여 이 자리에 안장(安葬)했다.

이 때 지관이 묘 자리를 가리켜 하는 말이,

『앞으로 이분 아들들은 금시발복(今時發福)으로 멀지 않아 고관대작(高官大爵)들이 될 것이나 아예 이 곳에 재실도 짓지 말 것이며 이 근처에 있는 개울에다 다리도 놓지 말라.』고 당부를 하였다.

그후 과연 얼마 안가서 아들 5형제가 차례로 대과(大科)에 급제하여 큰아들 이극배(李克培)는 각도 관찰사(觀察使)와 절도사(節度使)를 거쳐 영의정(領議政)을 지내고 광능부원군(廣陵府院君)에 훈봉(勳封)을 받았으며, 둘째 이극감(李克堪)은 형조판서(刑曹判書) 광성군(廣城君)을 봉하고, 셋째 이극증(李克增)은 대사성판중구부사(大司成判中樞府事), 넷째 이극돈(李克墩)은 의정부좌찬성(議政府左贊成) 광원군(廣原君)을 봉하고, 막내 이극균(李克均)은 우의정(右議政) 광남군(廣南君)을 봉했다.

이분 5형제 외에 사촌형제 세 사람도 등용이 되었으니 이극규(李克圭)는 병조참의(兵曹參議)요, 이 극기(李克基)는 지성균관사(知成均館事)요, 이극견(李克堅)은 이조참의(吏曹參議)에 증직되었다.

『아들을 낳으려거든 마땅히 광주 이씨와 같은 아들을 낳을 것이요(生子當如廣李子, 滿庭追如許人)』

라고 한 이 말은 성종대왕(成宗大王)이 그 당시 인물들의 출처를 말한 유명한 말이다.

세종대왕께서는 홍무(洪武) 30년 정축(丁丑) 4월 10일 탄생하시고, 영락(永樂) 16년 무술(戊戌)에 수선(受禪)하시고, 경태원년(景泰元年) 경오(庚午) 2월에 승하하시어 그 해 6월에 광주 헌릉(廣州 獻陵) 서쪽에 장사(葬事)하니 왕께서는 재위 32년에 춘추 54세로 일기를 마치었다.
　세종이 돌아가신 지 얼마 후 세조대왕(世祖大王)이 꿈에 세종대왕을 뵙고 친근히 말씀을 받들어 즐거움이 생시와 같았다. 세조께서 추모하는 정이 더욱 간절하여 세종대왕과 소헌왕후(昭憲王后)를 위하여 헌릉 옆에다 절을 세워 명복을 비는 장소로 하고자 하였다.
　이에 유사(有司)에 명하여 나무를 찍어 떼를 만들어 띄워서 강 언덕에 쌓았는데 하루 저녁에 큰 비가 내리어 다 떠내려 가고 말았다. 그 이듬해 세조께서 돌아가시고, 국가에 크고 작은 사고가 많아 능 옆에 절을 경영할 겨를이 없었다.
　때마침 지관이 이장(移葬)할 것을 아뢰었다.
『헌릉 좌국(坐局)의 풍수(風水)가 옛법에 맞지 아니함이 있으니 마땅히 다시 세워서 큰 복을 받으소서.』
　예종(睿宗)이 여러 신하에게 그 논의를 내렸더니 신하들이 모두 이같이 아뢴다.
『이장(移葬)하는 법이 예로부터 있습니다. 장사(葬事)할 때 빠진 것이 있어도 개장(改葬)하옵는데, 하물며 이제 풍수(風水)를 맡은 관원의 말이 있음은 반드시 상고한 것이 있을 것이니 지관(地官)의 말을 따르지 아니 할 수 없나이다.』
　이에 예종(睿宗)께서 재신(宰臣)을 나누어 여러 곳으로 파견하여 능자리를 선택하게 하였더니 한 패는 광주(廣州) 이천(利川) 땅을 거쳐 여흥 땅을 답산(踏山)하게 되었다.
　산천이 수려하고 강물이 맑은 이 곳 북성산(北城山)에 대신들과 지관이 올라 사면을 바라보니 한 곳 산 기슭에 정기(精氣)가 어리어 있어 그 곳을 따라 산을 내려와 찾으니 한 아름 둘레의 울창한 나무들은 하늘이 덮여 있어 어디가 어딘지 분간키가 어려워 길마저 잃고 헤매는데, 마침 개울 저편에 돌다리가 보이는 지라 요행히 길을 찾아 들어가는데 난데없이 천둥 번개가 요란하면서 폭우가 쏟아져 내리었다.
　일행은 당황하여 폭우를 피하려고 사방을 둘러보니 멀지 않은 곳에 조그마한 묘막 비각이 보였다. 그리로 가서 폭우를 피하고 있으려니 한참 후 비는 멈추고 날이 도로 청명하게 개었다. 일행들은 이모(李某)의 산소라는 것을 알고 이왕 온 김에 구경삼아 찾아 올라 갔다. 산소를 찾아 지세를 살펴본 지관과 대신들은 뛰어난 명당 자리에 저절로 탄성이 터져나왔다.

이 자리야 기필코 군왕의 자리이지 일개 정승으로 묻힐 자리로는 과분하며 왕기(王氣)를 범한 자리라 아니 할 수 없는 명당(明堂)이었다. 그러나 이미 다른 사람이 묻혀 있으니 어찌할 바 못되므로 일행은 다른 곳을 살펴 본 후 서울로 돌아와 예종께 복명을 하기에 이르렀다.

「경들이 답사한 결과 명당이라고 생각되는 곳이 과연 있던고?」

「예-이, 두루 살펴본 결과 몇 군데 능산지(陵山地)가 될만한 곳은 있었으나 천하 명당으로 꼽힐 자리는 딱 한 자리 뿐이었습니다. 여흥(麗興)의 북쪽에 한 큰 골짜기가 있는데 산의 형세를 벌여서 주(主)와 대(對)가 분명한데 풍수법(風水法)에 이르기를 산이 멈추고 물이 구부러져서 백자천손(百子千孫)이 나며 만세에 승업이 계승할 자리라고 사료되며, 신들이 본 바로서는 왕릉(王陵)을 모실 곳으로 이보다 더 나은 곳은 없을 듯합니다. 그러하온데…」

「그래서 어떻게 되었다는 말인고?」

「명당이라고 이른 자리에는 황공하옵게도 다른 사람이 묻혀 있는 것으로 아뢰오.」

「그래 그렇다면 누구의 산소가 그토록 좋은 자리라 하는고?」

「예, 전날 좌상(左相)을 지낸 바 있는 이인손(李仁孫)의 묘인줄 아뢰옵니다.」

「음… 그래?」

일행들의 말을 들은 예종은 천천히 고개를 끄덕이다가 눈을 지긋이 감고는 한동안 무슨 생각에 골똘히 잠기는 것이었다.

얼마후 예종은 눈을 다시 뜨고는,

「알겠소, 그 동안 수고들 많이 하였소.」

하고는 일행에게 하사주를 내리었다.

　예종대왕은 그후로 여러 날을 고심한 끝에 한 가지 방법을 생각해 내었다. 그 방법이란 당시 평안도 관찰사(觀察使)로 있던 이인손(李仁孫)의 맏아들인 이극배(李克培)를 조정(朝廷)으로 불러들여 직접 그 자리를 비워달라는 말은 차마 못하고 애원 비슷하게 은근히 예종 심중에 있는 뜻을 비쳤다.

　이리 하기 몇 차례 이극배(李克培)는 하는 수 없이 아우들과 상의한 끝에 그 자리를 내놓았다.

　명당 자리를 양도받은 상감의 기쁨은 말할 수도 없거니와 조정(朝廷)에 전지를 내리어 길일(吉日)을 택하여 산역(山役)을 시작하게 되었다. 산소를 헤치고 유해를 들어내니 그 밑에서 비기(秘記)를 새겨넣은 글 한 귀가 나왔다.

『이 자리에서 연을 날리어 하늘 높이 떠오르거든 연줄을 끊어라. 그리고 바람에 나부끼어 연이 떨어지는 곳에 이 묘를 옮기어 모셔라.』

　여러 사람들이 신기하게 여기어 그대로 하였더니 과연 연은 바람에 날리어 서쪽으로 약 십 리 밖에 가 떨어졌다. 이로 인하여 그곳 동네 이름이 연줄리라 불리어졌고, 그 자리에 이장을 한 후에도 대명당은 못 되더라도 아늑한 자리로서 자손이 번창하며, 수 백 년이 지난 오늘날까지도 후손들의 제향을 받는다.

　광주(廣州) 이씨가 산소를 파내어 가니 역군들은 본격적으로 산일을 착수하였다. 때는 성화(成化) 7년 무자(戊子) 겨울에 시작하여 이듬해 기축(己丑) 3월 6일에 광주 헌릉(廣州 憲陵)에서 이 자리로 이장(移葬)하여 소헌왕후(昭憲王后) 심(沈)씨와 합폄을 하였다.

　이름을 영릉(英陵)이라 하고, 부(府)를 승격시켜 주(州)로 하고, 목사와 통판을 두고 또한 지역이 좁으므로 천령현을 합하여 넓히니 인물의 번화함이 비로서 다른 고을과 견줄만하게 되었다.

　이 능(陵) 자리로 인하여 이씨왕조(李氏王朝)가 100년을 더하였다는 지리학적 설화가 지금도 전해진다.

세종과 소헌왕후의 능인 영릉 근경

영릉에는 상석 두 개를 놓아 합장릉임을 표시하고 있다.

문종왕(文宗王)

	상관용인격(傷官用印格)		
年 甲午			六 丙子
月 乙亥	태원(胎元) 丙寅		一六 丁丑
日 癸酉	명궁(命宮) 戊辰		二六 戊寅
時 甲寅			三六 己卯
			四六 庚辰
			五六 辛巳
			六六 壬午

 계유(癸酉)일생이 해월(亥月)에 출생하여 갑목(甲木)이 연시상(年時上)에 투출(透出) 하였으니 갑목(甲木) 상관이 해(亥)에 장생이 되매 상관용인격(傷官用印格)이 분명하다.
 다음은 일주의 강약을 따져서 용신(用神)을 정하여야 되는데 이사주는 용신을 잡기 쉬우면서도 어렵다.
 계일생(癸日生)이 해월(亥月)에 득령(得令)하고 제왕(帝旺)지가 되나 다섯목(木)에 설기태심하니 진상관격(眞傷官格)을 이루어 강화위약(强化爲弱)으로 신약사주(身弱四柱)가 되었으니 반드시 큰 질환이 있음을 암시하고 있는데 비위가 허약하고 신장계통과 심장계통의 질환이 염려된다.
 상관태왕(傷官太旺)으로 도기(盜氣)가 심하면 반드시 인수(印綬) 용신을 정하는 것이 원칙인데 대운의 흐름이 동남 목화(木火)로 역세운

(逆勢運)이 되고 태원(胎元)과 명궁(命宮)도 목화토(木火土)가 되어서 용신(用神)을 보강하지 못하니 불길한 팔자로 추리(推理)된다.

　남자의 사주는 신왕(身旺)해야만 배짱이 있고 판단력과 용기가 있으며 추진력이 강하고 일도양단(一刀兩斷)의 기질을 가지게 되는데 이 사주는 신약(身弱)한 중에 계수(癸水) 일생이 되어서 사람이 지혜(知慧)가 있으나 상관태왕(傷官太旺)에 위타진력격(爲他盡力格)이니 항상 인정이 많아 남에게 베풀기를 좋아하며 남의 일이라면 발벗고 돌보아주는 성격이니 손해를 보면서 살아간다. 그러나 인수용신(印綬用神)은 학구열이 많아서 학문에 능할 뿐만아니라 연구심이 뛰어나고 창의력이 비범함이 특징이 되기도 한다.

　특히 상식(傷食)이 태왕(太旺)하면 사람이 명랑하고 재주가 특출하여 문예(文藝)방면에 능하니 팔방미인이라는 소리를 듣게 된다. 그러나 신약사주(身弱四柱)가 되면 병약하며 추진력과 결단력이 부족하고 자식을 많이 두지 못할 팔자이기도 하다.

　1421년 신축(辛丑)년 10월 27일 8세(세종 3년)에 왕세자로 책봉되고 1450년 신미(辛未)년 2월 22일 37세 때 왕위에 등극하였으니 이는 인수년(印綬年)으로 신약사주의 일주(日主)를 보강한 원리이다.

　그러나 1452년 기묘(己卯)대운 임신(壬申)년 39세에 사망하였으니 불과 2년 4개월간의 영광을 누렸을 뿐이다.

　기묘(己卯)대운 임신년(壬申年)은 용신유(酉)금이 강한 듯 하나 인신(寅申)상충과 묘유(卯酉)로 상충을 이루니 좌충우돌되는 형상이요, 특히 유(酉)금용신을 충발(沖發)하는 동시에 유(酉)금이 묘(卯)대운에 절지(絕地)가 되었으니 어찌 살기를 바라리요.

　이렇게 되면 부귀영화를 누리는 권세가나 빈천한 자를 막론하고 하늘의 영기(靈氣)를 거역할 수가 없는 것이다.

　바로 이 영기라고 하는 것은 기후의 변화(春夏秋冬)에 따라 생하고 소멸하면서 만상을 지배하고 균형을 이루게 되며 세상을 조화시키고 있다.

무자식 팔자가 된 것은 상관태왕에다가 시상상관(時上傷官)을 놓았으니 어찌 자손을 두겠는가.

옛글에 보면 「관귀가 중중패망극이면 여무서출에 필명령(官貴重重敗 妄却이면 如無序出에 必螟蛉)이라고 하였다. 즉 이뜻은 아들되는 글자가 이중 삼중으로 극제(克制) 당하면 자식이 없는 팔자이니 반드시 남의 자식을 키우게 된다고 하였다.

고로 이 사주는 해자수(亥子水) 운에 부모의 덕으로 근 20여년간 호강하였으며 정축(丁丑) 대운부터 병세가 악화되어 죽는 날까지 한시도 편안한 날이 없이 투병생활에 여념이 없었을 것이니 이것은 대운이 역세운으로 흐른 연고로 본다.

현릉(顯陵)

문종과 현덕왕후의 능을 자세히 살펴보면 다음과 같다.

동구릉 널찍한 길을 따라 들어가다 보면 건원릉 동쪽으로 보이는 것이 현릉이다.

조선 제5대 문종(文宗)과 현덕왕후(縣德王后)의 능이라고 씌어 있는 안내문을 읽으며 홍살문을 넘어섰다. 왕이 제사를 지내러 올 때 연(輦 : 임금이 타는 가마의 하나)에서 내려 혼자 걸어들어갔다는 문이다. 여기서부터는 문종과 현덕왕후가 차지하는 저승의 공간이라는 의미일 게다. 연에서 내린 임금은 홍살문 바로 오른쪽에 있는 돌바닥, 판위(板位)에 올라가 절을 하고 능에 들어섰다고 전한다.

정자각 뒤로 나란히 서 있는 두 개의 언덕, 그 언덕 위에 왕과 왕비가 각각 단릉(單陵)처럼 모셔져 있다.

이렇게 홍살문부터 정자각, 비각 등 부속 시설은 하나만 만들고 정자각 뒤 좌우 언덕에 왕과 왕비의 봉분을 조성한 것을 동원이강(同原異岡) 형식이라 한다. 현릉 이외에도 경릉·광릉·창릉·선릉·목릉이 이 방법을 취하고 있다.

먼저 문종의 능을 살펴보자.

세종의 장자인 문종은 1414년(태종 14년) 10월 3일 한양의 사저에서 태어났다. 어머니는 소헌왕후(昭憲王后)이며 이름은 향(珦), 자는 휘지(輝之)이다.

문종은 1421년(세종 3년) 10월 27일 왕세자로 책봉되었고, 1450년 2월 22일 37세로 왕위에 올랐다.

그러나 몸이 허약했던 문종은 재위 2년 4개월 만인 1452년 5월 14일 보령 39세로 경복궁 정침(正寢)에서 승하하고 나이어린 세자 단종이 즉위함으로써 계유정란(癸酉靖難), 세조의 찬위(簒位), 사육신 사건 등 정치적으로 불안한 사건을 초래하는 계기가 되었다.

문종의 시호는 공순(恭順)이다. 부왕에 대한 효성이 지극했던 문종은 생시는 물론 사후에도 부왕을 가까이 모시고자 영릉 오른쪽 언덕을 장지로 정했으나 광(壙)을 파보니 물이 나고 바위가 있어 취소하고, 이곳 건원릉 동쪽에 모셨다 한다. 수양대군과 황보인(皇甫仁)·김종서(金宗瑞) 등이 현지를 답사하고 정한 장소이다.

능의 형식은《국조오례의(國朝五禮儀)》의 표본인 구(舊) 영릉 제도를 따랐으므로 병풍석의 방울, 방패 무늬가 사라졌고 고석도 네 개로 줄었다.

또 건원릉, 헌릉에 있던 소전대(燒錢臺) 대신 구 영릉의 제도에 따라 '예감'을 만들어 놓았다. 정자각 뒤쪽에 위치한 사각 돌구덩이인 예감은 제례 후 지방 등을 태워서 묻었던 곳이다.

제일 아랫단에 장검을 빼어 두 손으로 짚고 서 있는 무인석은 만약의 경우에 언제든지 신속하게 왕을 보호하겠다는 무인들의 마음가짐을 표시한다는데, 현릉의 무인석은 머리 부분이 지나치게 크고 주먹만한 눈이나 코가 어딘지 장난스런 느낌이다.

양손으로 홀을 잡고 왕명을 기다리는 문인석도 툭 튀어나온 눈이며 양쪽으로 깊이 새겨진 콧수염이 이국적이다.

문인석이나 무인석 모두 빙긋이 미소를 짓고 있는 것이 아랫사람에게 온화하게 대했다는 문종시대의 정치 분위기를 의미하는 듯하다.

구 영릉이 조영 후 얼마 안 되어 옮겨졌으므로 현릉은 《국조오례의》 양식을 따르고 있는 가장 오래된 능이다.

이제 현덕왕후의 능을 살펴보자.

현덕왕후가 이곳 문종의 옆으로 오기까지는 참으로 오랜 세월과 우여곡절을 겪어야 했다. 생전보다 더 기구한 세월을 사후에 보내야 했던 현덕왕후는 1418년(태종 18년) 3월 12일 안동 권씨(安東權氏) 집안인 화산부원군(花山府院君) 전(專)의 딸로 충청도 홍주(洪州)에서 출생했다. 1431년(세종 13년) 세자궁에 들어와 승휘(承徽)가 되었다가, 1437년 순빈(純嬪)이 부덕하여 폐빈된 뒤 세자빈이 되었다. 왕후의 자리에 오르기 전인 1441년 원손(단종)을 출산하고 산후병으로 승하, 경기도 안산군에 예장되었다가 1450년 문종의 즉위와 함께 현덕왕후로 추숭되면서 능호는 소릉(昭陵)이라 명명되었다.

1452년(단종 즉위년)에는 문종과 합장되면서 현릉으로 개호되었으며, 같은 해 문종의 신주와 함께 종묘에 봉안되었다. 그러나 1457년(세조 3년) 현덕왕후의 어머니 아지(阿只)와 동생 자신(自愼)이 단종의 복위를 도모하다가 발각되는 사건이 일어났다. 이 일로 현덕왕후는 추폐(追廢)되어 종묘에서 신주가 철거되고 능은 파헤쳐져 물가로 옮겨지는 수난을 당했다.

그후 성종·연산군·중종 때 몇 차례 현덕왕후의 추복에 관한 건의가 있었으나 실현되지 못하다가, 1513년(중종 8년) 종묘의 문종 신위만이 홀로 제사를 받는 것이 민망하다는 명분 아래 복위되어 현릉 동쪽 언덕에 천장되고 신주가 종묘에 봉안되었다.

천장 후 정자각을 양릉 중간에 옮겨 놓아 동원이강 형식을 이루게 했다.

정숙한 덕과 온순한 용모로 동궁에 뽑혀 들어와 승휘가 되었다가 진봉되어 세자빈의 자리에 오르고, 단아한 성품과 효행으로 세종과 소헌왕후의 총애를 받았으나 단명했던 비운의 왕비 현덕왕후의 소생으로는 단종과 경혜공주(敬惠公主)가 있다.

또한 현덕왕후의 친가도 1699년(숙종 25년)에 단종이 부묘되면서 신원되었다.

문종대왕릉 전경

단종왕(端宗王)

편재용겁격(偏財用劫格)				五	乙未
年 辛酉				一五	甲午
月 丙申	태원(胎元)	丁亥		二五	癸巳
日 丁巳	명궁(命宮)	辛卯		三五	壬辰
時 丙午				四五	辛卯
				五五	庚寅
				六五	己丑

    정사(丁巳)일생이 신월(申月)에 출생하여 무기력한 중에 신유(申酉)·사유(巳酉)로 금국(金局)을 놓고 신금(辛金)이 연상(年上)에 투출(透出)하였으니 재다신약(財多身弱) 사주라. 원래 재가 많아서 신약하면 타가기식(他家奇食), 조년극친(早年尅親), 외화내곤(外華內困), 부옥빈인(富屋貧人), 공처가(恐妻家) 또는 인색하다고 사주를 추리하게 되니 단종대왕 역시 조실부모할 팔자이다.

    재(財)가 많아서 신약한 사주는 비견·비겁(比肩·比劫)으로 용신하여야 하는 법칙으로서 세상의 병화(丙火)로 용신하니 목화(木火) 운이 길하다. 시의 오(午)자가 록(祿)이 되어 귀록격(歸祿格)을 이루고 대운의 흐름은 목화(木火) 동남으로 흐르니 겉으로 보기는 길한 운명으로 보이나 사주원국(四柱原局)에 식신상관(食神傷官)인 토(土)가 없으니 화토금(火土金)으로 사주의 수기(秀氣)가 통관(通關)을 이루지 못하고 신약사주에 목(木)인 인수(印綬)가 없어 일주를 보강하여 주지 못하여 화금(火金)이 서로 상극이 되어서 극과 극을 달리는 사주이다.

육친 관계를 살펴보면 아버지 글자가 되는 편재(偏財) 신금(辛金)은 (丙辛)으로 합하여 수기(水氣)로 화하니 일찍 부친을 여의게 될 팔자이며 어머니인 인수(印綬)는 사주에서 찾아 볼 길이 없으니 어머니는 단종을 낳고 사흘만에 세상을 떠났으며 어머니의 얼굴조차 찾아 볼 수가 없는 팔자이다.

형제되는 글자 병화(丙火)는 병신(丙辛)으로 합하여 수(水)로 가버리고 사(巳)화 역시 사신(巳申)으로 합하여 수(水)가 되었으니 홀홀단신 고독한 형상이며 처되는 글자(申金) 정재(正財, 妻)는 사신(巳申)으로 삼형살(三刑殺)과 육파(六破)를 이루고 사신(巳申) 합수(合水)로 합거하였으니 부부간에 일찍 이별할 팔자다.

이와 같이 사주팔자가 정해지면 항상 그대로 있는 것이 아니라 대운과 세운에 따라서 변화한다는 사실이다. 아무리 사주원국이 좋아도 대세운(大歲運)의 흐름이 불길하면 허화무실격(虛花無實格)에 불과하다. 즉 기후(춘, 하, 추, 동)의 변화에 따라서 생태계 역시 변화하는 것과 같은 이치이다.

단종대왕의 사주를 보더라도 사주가 한치의 어긋남이 없음을 본다면 정말로 명리학(命理學) 앞에서는 두려움을 느끼지 않을 수가 없다는 사실이다.

만약 이 사주원국에 목(木)과 토(土)가 있었더라면 오행상생(五行相生)과 주류무체(周流無滯)를 이루어서 부귀영화와 극부극귀(極富極貴)를 누리는 운명으로 바뀌어졌을 것이라고 생각할 때 애석한 일이 아닐 수가 없다.

을미(乙未) 대운(1453년) 계유년 13세에 왕위에 올랐으니 세운 계유(癸酉)는 불길하나 미(未) 대운은 사오미(巳午未)로 화국을 이루어서 약한 일주를 보강한 원인이 된다.

그러나 1456년 갑(甲) 대운 병자년 17세에 숙부 수양대군에게 밀려 강원도 영월땅으로 유배되었으니 이것은 정화일주(丁火日主)가 시지오화(時支午火)인 귀록(歸祿)에 의지하여 있던 중 병자년에 자오(子午)로 록(祿) 오화(午火)가 충을 당한 연고이다.

혹자 갑(甲)대운에 갑목(甲木)이 일주를 생하니 길한 운이라고 반문할 수도 있겠으나 갑목(甲木)은 오화(午火)에 다 타버리는 형상이 되어서 일주 정화(丁火)를 생하여 줄 능력이 없으니 견이불식은 화중지병격(見而不食, 畵中之餠格 : 보고도 못먹는 떡이라는 뜻)으로 일주에 도움을 줄 수가 없는 대운이 되어서 이와같은 화(禍)를 당하게 된 것이다.

1457년 10월 24일 사망하였으니 이 해가 18세 정축년으로 사주원국과 사유축금(巳酉丑金)국으로 병화(丙火) 용신이 축토(丑土)에 회기무광(晦氣無光)이 되고 해월(亥月)에 해(亥)가 사해(巳亥)충을 이룬 동시에 용신 병화(丙火)가 절지(絶地)에 임한 까닭이다.

단종을 생각하며 지은 시

왕 방 연

千里遠遠道	천만리 머나먼 길에
美人別離秋	어여쁜 임 이별하고
此心未到着	이마음 둘데 없어
下馬臨川流	냇가에 앉았더니
川流亦如我	저 물도 내맘과 같아서
嗚咽去不休	울어서 밤길을 가더다

왕방연은 의금부 도사(都師)로서 단종을 영월로 호송하고 돌아오면서 소양강가에서 슬픈 심정을 읊은 것이다.

왕명을 받들고 내려온 금부도사 왕방연(王邦衍)은 사약을 가지고 관풍헌에 당도했으나 차마 입이 떨어지지 않았다고 한다. 이때 공생(貢

生) 복득(福得)이란 자가 단종의 뒤에서 활시위로 목을 졸라 비참한 최후를 맞게 하니 1457년 10월 24일의 일이었다.

　단종이 숨을 거두자 시신은 동강(東江)에 버려졌다 한다. 그러나 후환이 두려워 아무도 손을 대는 사람이 없었는데, 평소부터 충성심이 강했던 영월 호장(寧月戶長) 엄흥도(嚴興道)가 단종의 시신을 거두어 동을지산 기슭에 암매장했다. 그뒤 59년이 지난 1516년(중종 11년)에 노산묘(魯山墓)를 찾으라는 왕명이 내렸으나 엄흥도 일가족이 자취를 감춘 후라 묘를 찾을 길이 막연했다. 이때 신임 군수 박충원(朴忠元)의 현몽과 고로(故老) 호장인 엄주(嚴籌)·신귀손(申貴孫)·엄속(嚴續)과 양인 지무작(智無作), 관노 이말산(李末山) 등의 증언에 의해 묘를 찾아 봉분을 갖추게 되었으니 이때가 중종 11년 12월 15일이었다.

　그뒤 1580년(선조 13년)에 강원감사 정철(鄭澈)의 장계로 묘역을 수축하고 상석과 표석·장명등·망주석을 세웠으며, 1681년(숙종 7년) 7월 21일에는 노산대군으로 추봉했고 다시 1698년(숙종 24년)에는 추복(追復)하여 묘호(廟號)를 '단종'이라 하여 종묘에 부묘하고 능호(陵號)를 '장릉'이라 했다.

　봉릉함에 있어 상설(象設)은 추봉된 정릉(貞陵)과 경릉(敬陵)의 예에 따라 난간석과 무인석을 설치하지 않았고, 양식은 왕명으로 가장 간단하며 작은 후릉(厚陵)의 양식을 따랐다. 따라서 장릉의 석물은 숙종과 영조 연간에 만들어진 왜소하면서도 간단한 능석물의 선구를 이루며, 명릉(明陵) 이래 만들어진 사각옥형(四角屋形)의 장명등은 장릉에서 그 첫선을 보이게 된다.

　장릉의 상설 배치는 곡장 3면, 상석 1, 장명등 1, 망주석 1쌍, 문인석 1쌍, 석마 1쌍, 석양 1쌍, 석호 1쌍, 정자각, 수라청, 망료위, 표석, 홍살문, 재실 등이 있는데 다른 능과 다른 점은 단종에게 충절을 다한 여러 신하들을 장릉에 배향하기 위해 1791년(정조 15년) 왕명으로 장릉 밑에 배식단(配食壇)을 설치한 것이라 하겠다. 이 밖에도 장릉의 능역 내에는 배식단사(配食壇祠)와 영천(靈泉), 엄흥도정려각(嚴興

道旌閭閣), 배견정(拜鵑亭) 등이 있다.

 장릉은 사적 제196호로 지정되어 있으며, 매년 한식날을 전후해 이곳 장릉 일대에서는 영월의 가장 큰 문화행사인 단종제가 성대하게 열리고 있다.

 노송이 우거진 장릉 주변에는 단종의 복위를 모의하다 죽음을 당한 사육신과 대의에 따라 절개를 지킨 네 충신 등 10충신의 위패를 모신 창절사(彰節祠)가 있으며, 영흥리(永興里) 일대에는 단종이 승하하자 낙화암에서 몸을 던져 단종의 뒤를 따른 여섯 시녀의 영혼을 위로하기 위해 세운 민충사(愍忠祠)와 영모전(永慕殿) 등 단종과 관련된 유적지가 많다.

 단종비(妃) 정순왕후의 능을 살펴보면 다음과 같다.

 조선 왕조 500년의 수많은 왕후와 후궁들 중에서 가장 한많은 여인을 꼽으라면 우선 단종의 비가 떠오른다.

 바로 그 단종의 비, 정순왕후(定順王后)의 능이 남양주시 진건면 사릉리에 있다.

 1440년(세종 22년) 여산 송씨(礪山宋氏)인 판돈녕부사(判敦寧府事) 현수(玹壽)의 딸로 태어난 정순왕후는 성품이 공손하고 검소해 가히 종묘를 영구히 보존할 수 있는 인물이라 하여 1453년(단종 1년) 간택되어, 이듬해에 열다섯 살의 어린 나이에 왕비로 책봉되었다.

 1455년 세조가 즉위하고 단종이 상왕의 자리에 오를 때는 의덕왕대비(懿德王大妃)에 봉해졌다.

 하지만 2년 뒤인 1457년, 성삼문(成三問)·박팽년(朴彭年)·하위지(河緯地)·이개(李塏)·유성원(柳誠源)·유응부(俞應孚) 등 사육신의 단종복위 운동을 문제삼아 단종은 노산군(魯山君)으로 강등되어 영월에 유배되고 정순왕후도 부인으로 강봉된다. 단종의 나이 열일곱, 정순왕후가 열여덟 살 때의 일이다.

그렇게 헤어진 젊은 부부는 이후 다시 만나지 못했다. 그해를 넘기지 못하고 단종이 사사되었기 때문이다.

궁궐에서 추방당한 정순왕후는 동대문 밖 숭인동 동망봉(東望峰) 기슭에 초막을 짓고 살았다. 단종의 억울한 죽음을 안 왕후는 아침 저녁 이 산봉우리에 소복하고 올라 단종의 유배지인 동쪽을 향해 통곡을 했는데 곡소리가 산 아랫마을까지 들리면 온 마을 여인네들이 땅 한 번 치고 가슴 한 번 치는 동정곡(同情哭)을 했다고 전한다. 정순왕후가 동쪽을 향해 통곡했다고 동망봉이라는 이름이 유래되었다.

청계천에 있는 영도교(永渡橋)에도 단종과 정순왕후의 애절한 사연이 묻어 있다. 단종과 정순왕후가 그 다리에서 이별한 후 다시는 못 만났다 하여 사람들이 '영 이별 다리'로 불렀는데 그 말이 후세에 와서 영원히 건너가신 다리라는 의미로 영도교라 불리어진 것이다.

열여덟에 과부가 된 정순왕후는 초막집에서 시녀 셋과 함께 살며 시녀들이 해오는 동냥으로 끼니를 이었다고 한다. 이 소문을 들은 세조가 그 근처에 영빈전이라는 아담한 집을 짓고 식량을 내렸으나 정순왕후는 끝내 거부했다. 그리고 자줏물 들이는 염색업으로 여생을 때묻히지 않고 살았다 해서 그 골짜기를 지금도 '자줏골'이라고 부른다.

동망봉과 영도교 중간쯤 정순왕후가 살았던 터에 '정업원구기(淨業院舊基)'라는 비각이 하나 있는데 그 비각에는 영조가 눈물을 머금고 썼다는 비문이 남아 있다. 열여덟에 과부가 된 송비(宋妃)가 초막을 짓고 살았던 집이 정업원이고, 그 옛터임을 기리고자 세운 비석이다.

또 《한경지략(漢京識略)》에 보면 영도교 인근에 부녀자들만 드나드는 금남(禁男)의 채소 시장이 있었다는데, 이 특이한 시장도 송비의 사연에서 유래한다.

송비를 동정한 성 안팎의 부녀자들이 끼니 때마다 푸성귀를 갖다 대주곤 했는데, 푸성귀를 갖다 주려는 사람들이 많아 긴 행렬을 이룰 정도였다고 한다. 궁에서 이를 못하게 말리자 여인들은 지혜를 모아 송비의 초막에서 멀지 않은 곳에 푸성귀를 파는 척 모여들어 몰래 송비에게 갖다주곤 했다. 이것이 여인들만의 시장이 생기게 된 계기라고 전한다.
 오랜 세월 사람들의 입을 통해 내려오는 동안 더해지고 보태져 많이 윤색되기는 했겠지만 단종과 이별한 송비의 기구한 운명이 많은 여성들에게 한(恨)의 공감대를 형성한 것은 사실인 듯하다.
 우리 나라 무속신앙으로 전국 각지에서 가장 많이 모셔지고 있는 송씨 부인이 바로 한을 머금고 살다가 죽은 정순왕후일 것이라고 말하는 사람도 있다.
 살아서 많은 여성들을 울리고 죽어서도 토속신이 되어 수백년 민중의 공감을 얻으며 그들의 한을 위로했다는 말이다.
 한많은 일생을 살았던 송비가 1521년(중종 16년) 6월 4일 승하하니 춘추 82세였다. 송비는 대군부인의 예우로 양주(揚州) 남쪽 군장리(群場里 : 현 사릉리)에 모셔졌다.
 그후 177년이 지난 1698년(숙종 24년) 11월 6일 단종 복위와 더불어 정순왕후로 추복되어, 종묘에 신위가 모셔지고 능호(陵號)를 사릉이라 했다.
 사릉이 일반에게 공개된 것은 지난 1986년부터이다.
 사릉이 공개되면서 단종과 정순왕후의 능을 한 곳에 모시자는 목소리가 때때로 들린다. 사춘기 소년 소녀로 생이별한 지 500여 년, 이제라도 두 분의 한을 풀어 드리자는 생각에서 비롯된 듯하다.
 영월로 유배되어 그곳에 묻힌 단종을 정순왕후 곁으로 모셔와 진정한 의미의 복위를 이루어 주자는 의견도 있고, 사릉을 장릉 옆으로 이전하자는 운동도 벌어지고 있다.
 하지만 한편에서는 '문화재는 제자리에 원형대로 보존하는 것이 바람직하다'는 입장을 고수하기 때문에 결론이 어떻게 날지는 더 두고 봐야 할 것 같다.
 사릉은 서울에서 좀 떨어져 있고 찾아오는 사람이 많지 않아 전체적으로 한적한 분위기를 유지하고 있다.
 능의 높이도 다른 곳에 비해 야트막한 편이고, 대군부인의 예로 장사

지낸 뒤 후에 왕후의 능으로 추봉되었기 때문에 다른 능들에 비해 조촐하게 꾸며졌다.

　병풍석과 난간석 모두를 생략한 채 봉분이 솟아 있으며, 석양과 석호도 각각 한 쌍씩만 봉분 주위를 둘러싸고 있다.

　사악한 것을 피한다는 뜻의 석양은 동물의 왕인 호랑이와 함께 당나라 때부터 대관의 능묘에 수호석수로 설치되었다. 이것이 공민왕·노국공주의 현정릉에서 본격적으로 받아들여져 조선왕릉의 기본 형식으로 자리잡게 된 것이다.

　일반적으로 석양과 석호를 두 쌍씩 봉분 주위에 둘러 세우는데 장릉·사릉처럼 추봉된 경우에는 한 쌍씩만 배치하여 차등을 두었다.

　사람 키만하게 만들어진 문인석은 큰 부채형의 홀이 턱을 치받고 있어 답답한 느낌을 준다.

　전체적으로 조촐하고 아담한 분위기의 사릉에는 유난히 많은 소나무들이 숲을 이루고 있다. 다른 능, 원에 필요한 나무들을 길러내는 묘포도 있어 1년생부터 하늘을 가리는 고목까지 다양한 소나무를 넉넉하게 감상할 수 있는 곳이기도 하다. 사릉은 사적 제209호로 지정되어 있다.

뒤에서 본 장릉. 추봉된 능의 예에 따라 난간석과 무인석을 설치하지 않았고, 후릉 양식을 따라 간소하게 조영했다.

세조대왕(世祖大王)

```
       상관용재격(傷官用財格)              九  丙辰
                                        一九 丁巳
   年  戊寅                               二九 戊午
   月  乙卯     태원(胎元) 丙午
   日  甲午     명궁(命宮) 丙辰            三九 己未
   時  甲戌                               四九 庚申
                                        五九 辛酉
```

　갑(甲) 일생이 묘(卯) 월에 출생하여 인묘(寅卯) 목국을 놓고 을(乙) 목이 월상에 투출하였으니 신왕사주(身旺四柱)로 상관용재격을 이루어 무(戊) 토 편재가 용신인데 대운이 화토 40년 황금운으로 흐르매 대부대귀(大富大貴)할 팔자인데 더욱 아름다운 것은 목화토(木火土) 삼기성상격(三氣成象格)을 이룬 점이다.

　고로 세종대왕의 8남 2녀중 둘째 자손으로 출생하여 금이야 옥이야 (金耶玉耶) 귀중하게 성장하였으며 세조 자신도 정희왕후 윤씨와 근빈 박씨 두 처를 거느리고 4남 1녀의 자손을 두었다.

　38세 오(午) 대운에 오술(午戌) 화국을 이루어 희신(喜神) 작용을 하여 용신 무(戊) 토를 도우니 어린 조카 단종대왕을 폐위하고 이조 7대 임금으로 등극(1468년 9월 8일)하여 14년간 많은 업적을 남기고 52세에 세상을 떠났는데 바로 이때가 경신(庚申) 대운이니 경(庚) 금을 일주 갑목(甲木)을 갑경(甲庚)으로 상충이 되고 신(申) 금은 무(戊) 토 용신의 장생지(長生地)인 인(寅)목과 인신(寅申)으로 삼형살(三刑殺)을 이루고 또한 서로 상충살이 되어서 사망하게 된 것이다.

그리고 세조의 사주 자체가 무관성 팔자로 무자식 팔자인데 설상가상 격으로 사주원국에 상관태왕을 형성하는 화국(火局)을 놓아서 두 아들이 20대에 일찍 요절(夭折)하였다고 본다.

광릉(光陵)

광릉은 세조와 정희왕후가 안장된 곳이다. 이 능의 위치는 의정부에서 포천쪽으로 가다 보면 광릉이라는 표식판이 설치되어 있는데 이곳으로 부터 20분 가량 걸어가면 된다.

수목이 울창하게 자라고 있는 광릉 능역(陵域)에 들어서면 보이는 것은 나무숲뿐이다. 하늘을 향하여 달려가듯이 높이 솟구쳐 자란 나무들 틈 사이로 따사로운 햇빛이 내려 쪼인다.

이곳 지명을 광릉내라고 부르게 된 것은 이조(李朝) 7대 왕인 세조대왕과 그의 부인 정희왕후 윤씨의 능이 광릉에 있기 때문이다.

사람들이 사는 집을 양택(陽宅)이라 하고 죽은 사람의 무덤을 음택(陰宅)이라고 하는데 좋은 양택에 살면 부귀영화에 수명장수하게 되고 좋지 못한 양택에 살게 되면 패가망신과 멸문지화를 당하게 되며 좋은 음택의 명당길지에 조상의 시신을 안장하면 그 음덕으로 그의 자손들이 발복하여 입신양명하고 부귀영달하게 된다는 것은 누구나 다 알고 있는 사실이다.

살려 있는 사람들은 땅의 생기와 정기 위에 얹혀 살아가면서 그 상승하는 지기(地氣)를 얻게 되며 죽은 사람은 땅 속에서 직접 생기를 받아들이기 때문에 산 사람보다 죽은 자가 얻는 생기가 더 크고 확실하기 때문이라는 것이다. 그리고 죽은 사람들은 그 땅속의 생기를 얻는 것을 가리켜 동기감응(同氣感應) 또는 친자감은(親子感應)이라고 풍수지리학상의 용어인데 이와같은 땅속의 생기가 조상의 시신을 통하여 그 후손들에게 그대로 이어진다고 보는 까닭에 모든 사람들이 조상을 명당에 안장하기 위하여 정성을 다하여 구하게 되는 것이다.

만약 시신이 썩지 않고 물에 잠겨 있다든가 뱀이나 벌레가 시신을 침범하게 되면 그 자손들도 이와같은 해를 당하게 된다는 사실이다.

또한 돈이 많다고 하여 유명한 풍수사(風水師)로 하여금 명당자리를 구하게 한들 구해질 수가 없는 것이고 돈없고 가난하다고 하여 명당자리를 구할 수가 없는 것도 아니다.

평소에 덕을 쌓고 베풀며 활인지업(活人之業)을 많이 하게 되면 자연스럽게 명당자리를 얻게 된다는 것을 명심하여야 한다.

그러니 한 나라의 군왕의 명당 자리를 잡는데는 얼마나 많은 공(功)과 정성을 다하겠는가.

능을 잘 쓰고 잘못 쓰는데 따라서 국운의 길흉(吉凶)을 판가름하게 된다고 생각하는 것도 과장되고 허황된 이야기는 아니다.

세조는 타고난 자질이 영특하고 명민하여 학문이 높았을 뿐만 아니라 무예에도 뛰어났다. 처음에는 진평대군(晋平大君)이라고 하였으나 1433년 함평대군(咸平大君)으로 고쳤다가 1445년 수양대군(首陽大君)으로 바꾸었다.

수양대군의 처가 되는 정희왕후는 1483년(성종 14년) 온양행궁(溫陽行宮)에서 춘추 66세로 승하하였다.

광릉 숲속으로 뻗은 길을 따라가면 서쪽으로 봉천사(奉天寺)가 있는데 이것은 1969년(고려 광종20년) 법인국사가 창건한 사찰로 정희왕후의 명으로 중창되었는데 세조의 위업을 기리고 명복을 빌기 위해 광릉(光陵)의 원찰(願刹)로 지은 것이다.

이절이 임진왜란때 소실되었던 것을 여러 번에 걸쳐서 수축했으며 6.25전쟁 때에도 소실된 것을 다시 지었다.

경기도 광릉에 가면 여자의 유두와 같이 생긴 두 묘가 있으니 한 쪽은 정희왕후의 것이고 다른 한 쪽이 세조의 능이다. 이 혈은 유두혈(乳頭穴)인데 자손이 무궁무진하게 번창하는 대명당이다. 이와 관련 전해 내려오는 얘기를 덧붙이면 능곡에서 광릉으로 가는 중간 지점에 포천군 내

촌면 마오리가 있다.

　세조가 이 곳에 오니 세조가 탄 말이 광릉 쪽을 향해서 울었다. 그리하여 광릉쪽을 향해 전진하였으므로 그 곳이 마명리(馬鳴里)라고 정해졌다 한다.

　그 후 현재의 광릉을 능자리로 정하였으며 수 년 후에 세조가 죽자 장례를 모시려고 땅을 파니 물이 나는 것이었다. 아무리 명당이라 하더라도 물이 나는 곳에 장사지낼 수 없다고 고민중이었는데 어느 지사가 파보라는 곳을 파니 그 곳에서는 물이 나고 다른 쪽의 능지(陵地)에서는 물이 끊어졌다 한다. 이것은 광릉의 터가 여자의 유방과 같이 생겨서 젖을 건드리니 젖이 나온 것인데 그 젖줄을 다른 곳으로 돌린 것과 같은 것이다.

　광릉은 유방을 향하여 왼쪽이 세조요, 오른쪽이 왕후 윤씨의 능이다. 만약에 세조왕이 이 자리에 들어가지를 못했다면 이씨 조선은 백팔십 년 만에 끝나고 말았을 것이다. 그런데 조선왕조가 오백십구 년 동안 지속되었으니 삼백 년 이상 왕조가 더 길어진 셈이 된다. 원래가 유두혈은 발복이 늦은 편이나 발복이 일어나기 시작하면 계속하여 몇 백 년을 뻗는 대명당이다.

　여성이 아기를 임신하여도 십 개월이 지나야 젖이 나오듯이 그 동안 유방에 기가 가득 충만해 있다가 출산과 더불어 젖이 용솟음치는 것과 같이 유두혈의 기운도 그 곳에 백골을 안치한 이후 팔십 년에서 백 년 정도가 지난 다음부터 대운세의 터전으로 생기를 발하는 것이다. 세조왕릉의 오묘한 지기의 힘은 수백 년 동안 발복이 있었다. 이러한 명당의 기운은 수천 년이 지나도 그 기운이 없어지지를 않고 체백은 활골로써 잘 보존되어 있는 대명당이다.

　세조가 묻힌 광릉과 관련해서 다음과 같은 얘기가 전한다. 광릉의 유두혈은 명당얘기를 하게 되면 결코 빠뜨릴 수 없는 중요한 내용이고 몇 번 들어도 재미있는 얘기이기도 하다.

　정보정치를 잘했던 세조는 신하들의 신의지지를 은밀히 조사시킨 결하기 위하여 정성을 다하여 구하게 되는 것이다.

만약 시신이 썩지 않고 물에 잠겨 있다든가 뱀이나 벌레가 시신을 침범하게 되면 그 자손들도 이와같은 해를 당하게 된다는 사실이다.

또한 돈이 많다고 하여 유명한 풍수사(風水師)로 하여금 명당자리를 구하게 한들 구해질 수가 없는 것이고 돈없고 가난하다고 하여 명당자리를 구할 수가 없는 것도 아니다.

평소에 덕을 쌓고 베풀며 활인지업(活人之業)을 많이 하게 되면 자연스럽게 명당자리를 얻게 된다는 것을 명심하여야 한다.

그러니 한 나라의 군왕의 명당 자리를 잡는데는 얼마나 많은 공(功)과 정성을 다하겠는가.

능을 잘 쓰고 잘못 쓰는데 따라서 국운의 길흉(吉凶)을 판가름하게 된다고 생각하는 것도 과장되고 허황된 이야기는 아니다.

세조는 타고난 자질이 영특하고 명민하여 학문이 높았을 뿐만 아니라 무예에도 뛰어났다. 처음에는 진평대군(晉平大君)이라고 하였으나 1433년 함평대군(咸平大君)으로 고쳤다가 1445년 수양대군(首陽大君)으로 바꾸었다.

수양대군의 처가 되는 정희왕후는 1483년(성종 14년) 온양행궁(溫陽行宮)에서 춘추 66세로 승하하였다.

광릉 숲속으로 뻗은 길을 따라가면 서쪽으로 봉천사(奉天寺)가 있는데 이것은 1969년(고려 광종20년) 법인국사가 창건한 사찰로 정희왕후의 명으로 중창되었는데 세조의 위업을 기리고 명복을 빌기 위해 광릉(光陵)의 원찰(願刹)로 지은 것이다.

이절이 임진왜란때 소실되었던 것을 여러 번에 걸쳐서 수축했으며 6.25전쟁 때에도 소실된 것을 다시 지었다.

경기도 광릉에 가면 여자의 유두와 같이 생긴 두 묘가 있으니 한 쪽은 정희왕후의 것이고 다른 한 쪽이 세조의 능이다. 이 혈은 유두혈(乳頭穴)인데 자손이 무궁무진하게 번창하는 대명당이다. 이와 관련 전해 내려오는 얘기를 덧붙이면 능곡에서 광릉으로 가는 중간 지점에 포천군 내

촌면 마오리가 있다.

　세조가 이 곳에 오니 세조가 탄 말이 광릉 쪽을 향해서 울었다. 그리하여 광릉쪽을 향해 전진하였으므로 그 곳이 마명리(馬鳴里)라고 정해졌다 한다.

　그 후 현재의 광릉을 능자리로 정하였으며 수 년 후에 세조가 죽자 장례를 모시려고 땅을 파니 물이 나는 것이었다. 아무리 명당이라 하더라도 물이 나는 곳에 장사지낼 수 없다고 고민중이었는데 어느 지사가 파보라는 곳을 파니 그 곳에서는 물이 나고 다른 쪽의 능지(陵地)에서는 물이 끊어졌다 한다. 이것은 광릉의 터가 여자의 유방과 같이 생겨서 젖을 건드리니 젖이 나온 것인데 그 젖줄을 다른 곳으로 돌린 것과 같은 것이다.

　광릉은 유방을 향하여 왼쪽이 세조요, 오른쪽이 왕후 윤씨의 능이다. 만약에 세조왕이 이 자리에 들어가지를 못했다면 이씨 조선은 백팔십 년만에 끝나고 말았을 것이다. 그런데 조선왕조가 오백십구 년 동안 지속되었으니 삼백 년 이상 왕조가 더 길어진 셈이 된다. 원래가 유두혈은 발복이 늦은 편이나 발복이 일어나기 시작하면 계속하여 몇 백 년을 뻗는 대명당이다.

　여성이 아기를 임신하여도 십 개월이 지나야 젖이 나오듯이 그 동안 유방에 기가 가득 충만해 있다가 출산과 더불어 젖이 용솟음치는 것과 같이 유두혈의 기운도 그 곳에 백골을 안치한 이후 팔십 년에서 백 년 정도가 지난 다음부터 대운세의 터전으로 생기를 발하는 것이다. 세조왕릉의 오묘한 지기의 힘은 수백 년 동안 발복이 있었다. 이러한 명당의 기운은 수천 년이 지나도 그 기운이 없어지지를 않고 체백은 활골로써 잘 보존되어 있는 대명당이다.

　세조가 묻힌 광릉과 관련해서 다음과 같은 얘기가 전한다. 광릉의 유두혈은 명당얘기를 하게 되면 결코 빠뜨릴 수 없는 중요한 내용이고 몇 번 들어도 재미있는 얘기이기도 하다.

　정보정치를 잘했던 세조는 신하들의 신의지지를 은밀히 조사시킨 결과 신숙주의 신의지지가 명당이라는 사실을 알게 되었다.

세조는 일부러 신숙주를 비롯한 신하들을 데리고 광릉내로 사냥을 나가 점심을 먹은 후 자기의 신의지지를 코 앞에 둔 신숙주에게 어쩌다 생각이 난 것처럼 묫자리를 보여달라고 하였다. 어느 청이라고 거절할 것인가? 신숙주의 묫자리를 본 세조는 '옳거니! 바로 저거야!'라며 속으로 쾌재를 부르고는 그 날은 신숙주에게는 더 이상 말을 하지 않고 사냥을 마치고 궁궐로 돌아왔다. 며칠 후 세조는 은밀히 신숙주를 불러서,

"조선 천지의 어느 땅이든지 사패지지(賜牌之地)로 내릴 것이니 그대의 신의지지를 과인에게 양보하지 않겠소?"
라고 말하였다.

말이 양보이지 신숙주는 꼼짝 없이 자기의 신의지지를 세조에게 양도했다.

그리하여 세조는 신숙주에게는 봉선사(奉先寺) 바로 앞에 숙주암을 지어 주었고 광릉의 서남쪽 송산 고을에다 사패지지를 내렸다. 또한 세조는 어명으로 묫자리 근처에 수목을 잘 기르라 하였는데, 500여 년 전에 심었던 수목이 현재 광릉 수목원내에 잘 자라고 있다. 지금의 광릉이 생기게 된 것이다.

광릉은 5백 년 조선왕조의 왕릉 중에서 최고의 명당터이다. 운악산(雲岳山) 용맥이 뻗어 내려 나란히 유두혈을 맺은 명혈처로서 대대로 영화를 누릴 복지다. 조선 5백 년 동안 선대(先代) 60년을 제외하고는 그 수많은 왕자·왕손 중에서 왕위에 오른 사람은 모두 세조의 자손들 뿐이라는 사실이 이를 증명하지 않는가.

세조의 능 근경. 세조의 유명대로 봉분에 병풍석을 두르지 않았다.

연산군(燕山君)

편관용겁격(偏官用劫格)		九 辛丑
年 丙申		一九 壬寅
月 庚子	태원(胎元) 辛卯	二九 癸卯
日 丁酉	명궁(命宮) 己亥	三九 甲辰
時 丙午		四九 乙巳
		五九 丙午

　성종의 뒤를 이어 등극한 연산군은 폐비로서 사약을 받고 죽은 윤씨의 소생이다. 정유(丁酉) 일생이 자(子)월 수왕당절(水汪當節)에 출생한 중 신자(申子) 수국을 놓고 경(庚)금이 투출하였으니 재살태왕(財殺太旺)으로 신약 사주이나 다행이 시지(時支) 오(午)화에 록을 놓고 두 병(丙)화가 투출하여서 병(丙)화로 용신을 정하매 편관용겁격을 이루고 십세 이후 부터는 대운이 인묘(寅卯) 목운으로 흐르니 한천감우격(旱天甘雨格)으로 아름답다.
　1483년 계묘년(癸卯年) 2월 6일 세자로 책봉되었고 1494년 갑인년(甲寅年) 12월 29일에 창덕궁에서 이조 10대 임금으로 즉위하였는데 이해가 갑인(甲寅)년 정축(丁丑)월로 갑인(甲寅) 두 목과 정(丁)화가 용신을 보강한 원인으로 본다.
　즉위 후에 무오(戊午)사화와 갑자(甲子)사화가 일어나서 많은 사람들의 목숨을 앗아갔으며 연산군은 주색에 몰두하므로서 실정(失政)을 거듭하여 민심이 배반되고 국가의 많은 인재가 죽어갔으니 폐위가 가까 워지는 전주곡이기도 하다. 자손으로는 거창군 신씨 사이에서 2남 1녀를 두고 후궁 조씨 역시 2남 1녀를 두었다. 국태민안(國泰民安)을 위한 선정(善政)을 베풀어야 할 임금이 주색에 몰두하게 된 원인은 자오유(子午酉)로 화살을 놓은 중에 신(申) 금 목욕(沐浴) 궁까지 놓은 연고로 본다.

그리고 1506년 중종반정으로 폐위 되어 연산군은 강화도로 유배되었으며 그해 병이 들어 11월 6일에 세상을 떠났는데 이해가 31세 병인(丙寅)년으로 인(寅) 목이 신(申) 금을 충발(沖發)하였으니 신자(申子) 수국(水局)이 폭발하여 자(子)월에 미약한 병정(丙丁) 화가 몰광지상(没光之象)이 된 중에 설상가상격(雪上加霜格)으로 계(癸) 대운이 일주를 정계(丁癸)로 상충하고 11월 달이 경자(庚子) 월로서 일주(日主)의 뿌리 오(午) 화가 자오(子午)로 상충당하였으니 어찌 죽음을 면할 수가 있으며 천명을 피할 수가 있으랴.

사주의 오묘한 진리앞에서는 그저 머리가 숙여질 뿐이다. 그후 네 아들도 유배지에서 사사(賜死)당하였으니 부모의 잘못된 화가 자손에게까지 미치게 된 것이다.

연산군이 개국 이후에 역대 수많은 군왕으로서도 볼 수가 없는 문화의 침체와 인륜질서(人倫秩序) 파괴를 가져오는 등 무한한 실정을 거듭하였고 특히 홍문관을 없애버리고 원각사를 폐하여 기녀들이 모이는 장소로 사용하였으며 채홍사(採紅使)를 파견하여 전국의 아름다운 여자를 뽑아다가 퇴폐 음란행위를 거듭하였고 홍천사를 폐하여 마굿간으로 사용하게 하고 사대부 부인을 불러다가 간음 하는 등의 불륜을 저지르는 등 일일이 예를 들기에는 지면이 부족할 지경이다.

연산군의 사주가 수화로 구성된 중에 목이 없으니 수화상극(水火相剋)으로서 극과 극을 달리는 이치로 항상 좌충우돌하는 괴팍한 성격의 소유자로 불길한 중에 특히 사주원국에 인수가 없으니 문학과는 뜻이 멀고 또한 사주에 인수(印授)를 어머니로 보고 공부 학문으로 추리하게 되는데 암장(暗藏)에도 인수가 보이지 않으니 생모 윤씨의 비극적인 죽음으로 일찍 어머니를 여의고 배움과는 담을 쌓게 된 것으로 본다. 또한 재살태왕(財殺太旺) 사주이니 성격이 난폭하고 재다신약(財多身弱) 격이 되어서 여란(女亂)이 많은 팔자로 단정하게 된다.

연산군의 묘터는 방학동(서울 우이동쪽) 신동아 아파트부근에 있다. 이 묘역에는 연산군과 그의 처 거창군부인 신씨가 같이 안장되어 있으며 여기에 연산군의 딸과 사위도 같이 묻혀 있다.

연산군묘(왼쪽)와 거창군부인묘 근경

고종황제(高宗皇帝)

```
        인수용편관격(印綬用偏官格)              九  庚戌
  年  壬子                                    一九 辛亥
  月  己酉    명궁(命宮) 庚子                  二九 壬子
  日  癸酉    태원(胎元) 癸丑                  三九 癸丑
  時  己未                                    四九 甲寅
                                             五九 乙卯
                                             六九 丙辰
```

  계(癸)일생이 유(酉)월 금왕당절(金旺當節)에 출생하고 임수(壬水)가 투출하였으니 신왕사주로 인수격(印綬格)을 이루어 시상(時上)의 기토(己土)로 편관용신(偏官用神) 함이 이치가 분명하나 대운이 수목(水木) 북동으로 흐르니 역세운(逆勢運)으로 불길한 운명임을 암시하고 있다.
  원래 편인격(偏印格)은 신약(身弱)할 경우는 도움이 되나 신왕사주(身旺四柱)의 편인격은 오히려 모든 장해가 생길 우려가 많으며 모든 것이 이중으로 중복되거나 매사가 도중에서 중단되는 일이 많으니 유두무미(有頭無尾)로 매사에 있어 처음과 결과가 여의치 못하다.
  다시 말하면 편인(偏印)은 도식(倒食)이라고 하여 식신(食神)을 치게 마련이니 만약 사주원국에 편인이 많은데 또 편인운이 오게 되면 깨진 기와 조각 하나 남지 않는다고(片瓦未留) 고서에 기록되어 있다.

고로 식신(食神)이 용신이 되거나 사주원국에 식신이 약할 때 편인(偏印)이 많거나 편인운이 오는 것을 크게 불길한 것으로 판단하게 된다.

또한 고종황제의 사주는 목화(木火)가 투출(透出)되지 못하여 오행의 수기(秀氣)가 통관되지 못하니 답답하기 한량없어서 앞날의 어두운 그림자가 따르는 형상이다.

인수(印綬)가 많아서 신왕한 사주는 식신(食神)이나 상관(傷官)으로 잘 설기(泄氣)하여 오행이 서로 상생됨이 가장 좋은 것으로 판단하는데 이 사주는 사극원국에 목(木)의 투출(透出)이 없으니 급신이지격(及身而止格)이 되었다.

고서에서 이르기를 석호아 분호아 급신이지여(惜乎, 憤乎, 及身而止) 수유성공이나 미전붕도(雖有成功, 未展鵬圖)라고 하였다. 이 말은 애석하다, 분하다, 사주의 정기가 내 몸에 그친 것이여, 비록 일시적인 성공이 있을지 모르나 원대한 계획을 달성하지 못한다는 뜻이다.

그리고 시상편관격(時上偏官格)은 신왕(身旺)할 때 편관(偏官) 하나만 있어야 귀격이 되고 이때 식신 상관운이나 편관운이 와야만 희귀하게 발전하는 귀격에 속한다.

그러나 이 사주를 볼 때 편관인 기토(己土)가 세 개나 있으니 관살이 혼잡되어 명예보다는 오명(汚名)을 쓰게 되고 자식도 또한 불행하게 될 것은 당연하다고 하겠다.

즉 편관이 못되고 살(殺)이 되어서 오히려 불길한 명조(命造)이다.

그리고 사주에 용신이 많으면(己土가 용신인데 土가 세 개나 있음) 우왕좌왕으로 매사에 주관성이 없이 코 낀 망아지 모양으로 이리저리 끌려 다니게 된다는 사실이다.

이 사주의 운명을 세밀하게 분석하여 본다면 자식궁을 들 수가 있는데 기토(己土) 용신이 자식인데 시지에 있는 미(未) 중의 기토(己土)가 시상(時上)과 월상(月上)에 투출하여 길할 것 같으나 유(酉)월 금왕당절(金旺當節)에 기토(己土) 관성인 자식이 휴수(休囚)된 중에 설기

(泄氣)가 태심하다. 따라서 비겁 수세(水勢)는 강왕(強旺)한데 수기(水氣)는 형제로서 기토(己土) 용신 자식과 수(水) 형제가 토극수(土尅水)로 상극되는 형상이니 자연적으로 자식이 패망하는 이치이다.

관살이 용신이 되면 자식덕이 있다고 보게 되나 기토(己土) 관살의 힘이 약한 중에 설상가상격(雪上加霜格)으로 대운의 흐름이 수목(水木)운으로 흐르니 기토관성인 자식이 있다고는 하나 힘을 쓸 수가 없는 난처한 운명이다. 대운 자체가 관용신(官用神)이 허약하니 제왕으로서 무력하여 국운이 풍전등화(風前燈火) 격이라. 차라리 국운으로 돌리는 것이 마음 편안할 것 같다.

또한 선조와의 인연이 희박한 것은 연천간에 겁재성(劫財星)이 양인(羊刃)에다 생기가 강하므로 황제를 생산 즉시부터 왕권(王權)이 몰락하기 시작하였다는 것을 알 수가 있다. 겁재성(劫財星)은 12운성에 제왕으로써 사주의 위치에 따라 선조(先祖)의 오염성(汚染星)이라고 한다.

다음 처궁(민비)을 보면 병화(丙火)가 정처(正妻)가 되나 병화가 없으니 미(未) 중의 정화(丁火) 편재를 처로 보아야 하는데 만약 정화가 투출하였더라면 처가 일찍 죽었을 것이다. 이것은 사주원국에 목(木)이 없어 재가 약한 원인이다.

다행이도 재가 시지미토(時支未土)에 숨어 있음이 아름다우나 계축(癸丑)대운 고종 32년(서기 1895년) 을미(乙未)년 민비 44세에 일본인 자객에 의하여 피살 당하는 비운을 맞이하였다.

고종황제의 사주팔자로 보아서 너무도 당연하고 적중하였다. 이 원인을 자세히 살펴보면 정화(丁火)가 황제의 처가 되는데 계축대운은 수(水)운으로서 정화가 정계(丁癸) 상충으로 피상(被傷)하게 되고 축(丑) 습토에 화(火)의 기운이 꺼지는 형상이며 또한 축미(丑未) 상충이 되니 수화(水火) 상전으로 민비는 죽음을 당하나 황제 계수(癸水)와 용신 기토(己土)는 충격을 받았을 뿐 큰 피해는 없으니 죽음을 면하게 된 것이다.

고종은 1897년 2월 환궁, 10월에는 대한제국의 수립을 선포하고 황제위에 올린 연호를 '광무'라 했다. 이때 민비는 명성황후로 추존되었으며, 그해 11월 21일에는 능을 오늘날의 청량리 천장산(天藏山) 아래 언덕으로 옮기고 능호를 홍릉(洪陵)이라 했다. 고종은 홍릉에 잠든 민비를 보러 가기 위해 종로에서 청량리까지 전차를 놓기도 했으나 홍릉이 길지가 아니라는 풍수지리설이 대두되어 다시 천장론이 일었다.

1905년(광무 9년) 일본은 마침내 을사보호조약(乙巳保護條約) 체결을 강요했다. 고종은 이에 반대했지만 친일 대신들에 의해 조약이 체결되었다. 이에 고종은 1907년 네덜란드 헤이그에서 개최되는 제2차 만국평화회의에 특사를 파견, 을사보호조약의 무효를 호소하고자 했으나 일본과 영국의 방해로 고종의 계획은 수포로 돌아가고 이완용(李完用)·송병준(宋秉畯) 등 친일 매국대신들과 군사력을 동반한 일제의 강요로 한일협약위배의 책임을 지고 그해 7월 20일 퇴위하지 않을 수 없었다.

그 뒤를 이어 순종이 즉위하고 고종은 태황제로 격상되었으나 실권은 없었다.

1910년 한일합방 후 이태왕(李太王)으로 불리다가 1919년 1월 21일 덕수궁에서 승하했다. 이때 고종이 일본인에게 독살당했다는 설이 나돌아 국장일인 3월 1일을 기해 거족적인 민족독립운동인 3·1운동이 일어났다.

고종의 능을 이곳 미금시에 만들면서 천장론이 일던 민비의 능도 함께 모셔와 1919년 3월 4일 서향 언덕에 합장하여 장사 지냈다.

고종황제와 명성황후가 함께 잠들어 있는 홍릉은 조선 마지막 왕인 순종황제(純宗皇帝)와 순명황후(純明皇后)·계후 순정황후(純貞皇后)의 유릉과 나란히 위치해 있다.

이곳을 다 합쳐 홍유릉이라 하는데 이는 우리 나라 역사상 마지막으로 조영된 왕릉이다.

망우리고개를 넘어 경춘가도를 달리다 보면 미금시를 벗어나기 전에 홍유릉 표지판을 발견할 수 있다. 표지판에 씌어 있는 대로 화살표를 따라 오른쪽으로 차를 돌리면 금방 능 입구가 보인다.

고종과 명성황후 민비가 잠들어 있는 홍릉은 여느 왕릉과 그 모습이나 양식이 많이 다르다. 1897년에 국호를 대한제국(大韓帝國), 연호를 광무(光武), 왕을 황제(皇帝)라 일컬었던만큼 명나라 태조(太祖)의 효릉(孝陵)을 본따 만들었기 때문이다. 그러니까 정확히 말한다면 홍유릉은 왕릉이 아니라 황제의 능인 셈이다.

홍살문 안으로 마주 보이는 건물은 침전(寢殿), 고종황제의 신위를 봉안한 제전이다. 다른 능에서 보던 것들과는 그 모양이 다르다. 정(丁)자 모양의 정자각 대신 정면 5간 측면 1간의 일자형 건물인 것이다.

침전보다 더 먼저 눈길을 끄는 것은 홍살문에서 침전까지의 길에 나란히 선 석물들이다. 침전에서 가까운 것부터 문인석, 무인석, 기린, 코끼리, 해태, 사자, 낙타, 말이라고 하는데 잘 구분이 안 된다.

문인석과 무인석도 다른 능들과는 좀 다르게 생겼다. 문인석은 건릉(健陵), 수릉(綏陵)처럼 금관을 쓰고 있으며 키가 385cm나 돼 왕릉의 문인석들 중에서 가장 크고, 문·무인석 모두 성장을 강조하여 섬세하게 조각되었다.

문인석, 무인석, 석수들이 모두 침전 앞으로 나가 봉분 주위는 침전의 웅장함에 비해 단촐해 보인다. 현종 이후 보이지 않던 병풍석이 화려하게 등장하여 봉분을 감싸고 있으며, 그 주위에 화문으로 장식한 난간석이 둘러져 있고 봉분 앞에는 고석으로 괸 상석과 양쪽 옆에 망주석, 앞쪽에 사각의 장명등만 서 있다.

고종과 명성왕후의 홍릉 근경

뒤에서 본 홍릉. 능 아래에 침전의 지붕이 보인다.

대원군(大院君)

```
정관용재격(正官用財格)              二  庚寅
  年 庚辰                          一二 辛卯
  月 己丑   태원(胎元) 庚辰        二二 壬辰
  日 壬寅   명궁(命宮) 辛丑        三二 癸巳
  時 癸卯                          四二 甲午
                                   五二 乙未
                                   六二 丙申
```

임(壬)일생이 축월(丑月) 수(水) 퇴기(退氣) 지절(之節)에 출생하였다고는 하나 축토(丑土)와 진토(辰土)에 계수(癸水)가 장축되었으며 경금(庚金)과 계수(癸水)가 투출하여 사주원국이 금수(金水)로 한냉하니 조후(調候)로 볼 때 화기(火氣)가 필요하여 인(寅) 중의 병화(丙火)로 용신한다.

명리학(命理學)을 가리켜서 기상학(氣象學)이라고도 한다. 사주도 인체에 비유할 수가 있는데 즉 사람의 몸도 추우면 병이 나고, 너무 더워도 병이 나는 법이니 체온도 적당하게 항상 조절하여야만 건강을 유지하게 된다. 만약 이 밸런스가 맞지 않으면 신병(身病)으로 고생을 하게 되는 것은 당연한 이치이다. 사주도 이와 같이 사주원국(四柱原局)이나 대운의 조절이 잘못되면 고생을 면하기가 어렵게 된다.

고로 이 사주는 화(火)가 용신이 되고 계수(癸水)는 기신(忌神)이 되는 한편 자부(子婦)가 되기도 하니 자연 며느리와는 상극이 된다.

앞에서도 조후(調候)를 강조하였으나 한의학에서 말하는 상한론(傷寒論)과 같은 원리다.

이세상의 만물은 한열(寒熱)의 조절이 없다면 생사소멸도 있을 수가 없고 인체도 역시 온도의 조절이 불합리 하다면 질병이 발생함과 같이 명리학에서도 조후법(調候法)을 가장 중요시한다. 즉 12월생은(丑월) 무조건 화(火)기로서 용신하여야 한다(단 예외도 있지만). 여름 사주는 (巳午未월생) 사주구성에 따라서 대개는 수기(水氣)로 용신하여야 한다.

우리는 생태계를 유심히 생각하여야·하는데 여름에 화(火)기가 염열(炎熱)한데 만약 비가 내리지 않거나 저수지에 물이 없다면 지상의 만물이 다 타기 직전에 이르는 것을 한재(旱災)라 하나 비가 내리면 마른 나무에 봄이 오는 것과 같이 생기가 회생되는바 명리학에서도 화기가 많으면 수기가 필요하고 수기가 많으면 화기를 용신으로 하고 겨울에는 불기운이 있어야 생동감을 일으키게 되는 법이다.

생태계나 인체에도 또한 명리학도 한 치의 차이가 없는 것이다. 고로 대원군의 사주 역시 겨울사주에 화기가 필요하여 화를 용신하였으니 목기(木氣)는 희신(喜神)이 된다.

사주가 진술축미(辰戌丑未)월에 출생하고 토(土)가 투출된 사주는 대운 흐름이 좋으면 권력을 잡거나 크게 돈을 많이 벌어서 부자소리를 듣게 된다.

임수(壬水) 일생은 강호(江湖)로서 두뇌의 창고라서 지혜가 충만하다고 판단하게 되며 그리고 인묘진(寅卯辰) 목국 식신 상관(食神傷官)이 많으니 사람이 다재다능하고 위타진력(爲他盡力) 격이니 남을 위하여 노력하고 남의 일은 끝까지 돌보아주는 사람의 성격이며 낙천적인 인품이다. 그러나 사주원국의 설기가 심하니 큰 뜻을 이루기는 매우 힘이 든 사주이다.

남자 사주에 식상(食傷)이 많으면 자식덕이 없으며 배우자궁인 일지

(日支)에 용신이 있으면 처가 어질거나 남편이 어질어서 귀부(貴夫)나 귀부(貴婦)인 격(格)으로 추리하게 된다. 이 사주에서 아쉬운 것은 갑목(甲木)이나 병화(丙火)가 투출되었다면 귀격이 될 것인데 없음이 안타깝다.

고로 불행의 운명이 악순환의 연속으로서 매사가 유두무미격(有頭無尾格)이다.

그리고 용신은 투출되고 건왕(健旺)하여야 대발(大發)할 길명(吉命)인데 뜻과 같지 않음이 애석하다.

계수(癸水)는 며느리(閔妃)로서 기신(忌神)이 되는데 이 대원군의 사주로 보아서는 계수(癸水)가 없음이 더욱 좋았을 것이다.

그러나 대운이 동남 목화(木火)로 흐르니 불행 중 다행으로 길한 운명으로 바뀌어졌다. 고로 일약 대원군에 올라 정권을 잡을 수가 있었던 것이다.

62세 이후로는 대운이 서북 금운으로 흐르매 나를 해치는 배신자가 많아지는 운명으로 하야하게 되는 비운을 맞이하게 된 것이다.

대원군의 풍수공부

흥선군 이하응은 복수의 일념으로 철저하게 자신을 위장, 한국근세사의 위대한 독재자로서 뒷날 면모를 일신하게 된다. 12세에 모친상을 당하고 17세에 부친 남연군마저 여읜 대원군은 10여년간 지리서(地理書)를 탐독하고 그뒤부터 틈만나면 그는 전국을 돌아다니면서 명당을 돌아보았다. 30세가 넘은 어느 해 지관이 그를 찾아왔다. 가야산에 좋은 땅이 있으니 가보자는 말에 덕산(德山)에 내려온 대원군은 익히 보아온 가야산이지만 이날 따라 더욱 새롭게 보였다.

읍내에서 오늘날 덕산 저수지가 있는 옥계리 입구에 들어섰을 때 오른쪽(청룡)의 긴 산 끝이 계곡을 막고 있고 그 안쪽으로 백호(白虎)가 감겨들어간 것이 눈에 들어왔다. 한 마디로 이 정도면 더 들어갈만 하다며 지관을 돌아 보고 발길을 재촉한다.

마침내 지관이 점지하는 장소에 이르렀다. 뒷산과 앞산 좌우의 산들이 풍수지리에서 말하는 공후지지(公候之地)임이 분명했다.

『참으로 천하의 대지입니다. 이 정도의 지리라면 10년 안에는 반드시 제왕이 나올만 합니다』

라는 지관의 말이었다.

『무슨 말을 그리 하오. 그저 생김새를 보면 영의정 하나쯤은 나올만 하구려……』

대원군의 응답이다.

이에 지관이 미소를 지었다. 그도 그럴것이 감히 어느 시절인데 제왕 운운 한단 말이냐…. 산을 내려오면서 대원군은

『이 땅이 누구의 소유냐』

고 물었다. 가야산의 절땅이라고 대답하였다. 왕족이면서도 자신의 현재 위세로는 감히 절땅을 내놓으라고 할만한 위치가 아니었다.

다시 한번 서글픔이 몰려왔다. 서울에 온 대원군은 그나마 말이 통하는 당시 대제학 김병학(金炳學)을 찾아가서 그집 대대로 내려오는 옥벼루를 빌려왔다. 이것을 영의정 김좌근(金左根)에게 주고 충청감사에게 보내는 편지 한 통을 얻어냈다. 그리고 가야 절땅에 남여군을 이장하였다. 그로부터 정확하게 13년 후 고종이 등극했다. 떠도는 말에 따르면 이곳은 2대천자지지(二代天子之地)라고 한다.

덕산면 소재지에서는 보이지 않지만 이곳에서는 덕산을 비롯한 삽교 예산의 들판이 한 눈에 들어온다.

탁트인 동남향이 가슴 속까지 시원하게 해준다.

뻗어온 용의 흐름을 보면 조산이 소백산에 닿아있다. 속리산을 거쳐 차령 청양의 백월산, 홍성의 대월산으로 이어져 가야산을 만들었다.

그 줄기가 북쪽으로 뻗어나가다가 몸을 돌려 가야산을 다시 돌아보는 가운데 한 맥(脈)이 서쪽으로부터 내려와서 혈(穴)을 이뤘다. 묘의 좌향은 동남향(亥坐巳向)이고 득수(得水)는 동쪽에서 나와 동남쪽에서 막혔다. 혈로 들어오는 용(龍 : 석문봉)이 좌우에는 가야산의 가야봉이

천을(天乙)이 되고 옥양봉이 태을(太乙)로 각각 혈을 호위하고 있다.

오른쪽의 백호는 금성과 목성의 산들이 서로 우뚝 솟아 연이어 뻗어가 혈을 감싸며 수구(水口)를 막고 있는 반면에 청룡 쪽은 목성(木星)의 산들이 서로 이어져 역시 수구(水口)를 막아 주고 있다.

한 마디로 용장호단(龍長虎短)의 형세이다. 명당 앞의 조안(朝山과 案山)은 서기가 충천하고 만조 백관이 절하는 것 같으니 가히 군왕지지(君王之地)라고 할만하다. 고로 자기 아버지를 대왕지지에 모시고 흥선 이하응은 자신이 대원군으로 그의 아들이 황제로 잠시나마 영화를 누린 것이다.

영조(英祖)

종재격(從財格)			
年 甲戌		七	乙亥
月 甲戌	태원(胎元) 乙丑	一七	丙子
日 甲戌	명궁(命宮) 癸酉	二七	丁丑
時 甲戌		三七	戊寅
		四七	己卯
		五七	庚辰
		六七	辛巳
		七七	壬午
		八七	癸未

　갑술(甲戌) 일생이 9월에 출생하였으니 구추갑목(九秋甲木)은 근고엽락(根枯葉落)으로 의지할 곳이 없으니 네 개의 갑목(甲木)이라도 부득이 술(戌) 토로 종(從)하게 되매 바로 이것이 종재격(從財格)으로 구성된다. 천간(天干)과 지지(地支)가 모두 같음을 천원일기격(天元一氣格) 또는 지전일기격(地全一氣格)이라 하여 귀격(貴格)으로 작용하게 된다.

　대운이 초중(初中) 동북(東北)으로 흐르니 역세(逆勢) 운으로서 불길할 것 같으나 개두(蓋頭)에 병(丙)·정(丁)·무(戊)·기(己) 화토(火土) 운이 되어서 무방하고 57세부터 약 40년이 화·토·금(火·土·金) 황금운으로 대운이 흐르매 금상첨화(錦上添花)로 소신껏 정사를 이끌어 갈 운명으로 본다.

　영조대왕은 부왕인 숙종대왕과 숙빈(淑嬪) 사이에서 태어났으니 경종(景宗)의 동생으로 1694년 9월 13일에 출생하였고 1721년 9월 26일 연잉군(영조:延礽君)으로 왕세자에 책봉되었으며 1724년 8월 30일 즉위한 후 중요한 업적으로는 탕평책(蕩平策)을 써서 나라의 인재를 고르게 등용한 점이라고 하겠다.

　1724년 정(丁)대운 갑진년 31세에 등극한 것은 정(丁)대운이 화(火)운이 되고 진(辰)년은 토(土)년이 되어서 종재격(從財格) 사주에 술토(戌土) 용신이 화토(火土)에 힘을 얻은 연고이며 1762년 69세 때 신사(辛巳)대운 세운(歲運) 오(午)년에 사도세자가 죽은 것은 상관(傷官) 대운과 세운(歲運)에서 사주원국(四柱原局)에 자식되는 글자 신(辛)금이 극제당한 원인으로 본다.

　영조는 조선시대의 역대 왕 가운데 가장 긴 52년간의 통치를 마감하고 1776년 3월 5일(그해가 壬午대운 丙申년 83세)에 경희궁에서 승하하시었다.

　4개의 갑술(甲戌) 사주는 천원일기(天元一氣) 지전일기(地全一氣)로 되어 있는바 논개(論介)의 사주가 또한 이와같은데 남자는 제왕(帝王) 사주이고 여자는 어찌하여 기생사주인가 하는 문제이다. 이것은 남녀의 사주가 대운의 흐름이 다르고 남자는 종재(從財)나 종살(從殺) 사주가 대운의 흐름이 좋으면 관계(官界)에 진출하여 대성할 수가 있으나 여자는 관살혼잡(官殺混雜)으로 다부지상(多夫之象)이 될 뿐만 아니라 여자 사주는 반드시 관성(官星)인 남편되는 글자가 투출되어야 하고 만약 투출되지 않고 관성이 암장(暗藏)에 장축(藏蓄)되어 있으면 남의 소실(小室)이나 은부(隱夫) 생활을 할 팔자이다.

　그리고 여자는 시상상관(時上傷官)을 놓으면 화류계에 종사할 팔자로서 논개 사주는 이와같은 이치로 기생이 되었으며 또한 경상우병사(慶尙右兵士) 최경회(崔慶會)의 애첩이 된 것이다.

　하늘 아래 땅이 있고, 그 땅 사이로 물이 흐르는 자연의 이치가 그대로 정자각 건물 안에 담겨 있음을 원릉에 오면 누구나 느낄 수가 있다.

영조는 최장수 임금인 만큼 생전에 8회나 산릉원을 조영하거나 천장하여 부왕 숙종에 이어 능제에 관심이 컸다.

숙종의 교명을 근거로 제도를 정비하여 《국조상례보편(國朝喪禮補編)》을 펴낸 것도 이러한 관심의 결과이다.

따라서 원릉의 석물제도는 새로 정비된 《국조상례보편》의 표본과 같은 것이다.

원릉은 쌍릉으로 조영되었으며, 병풍석 없이 난간석으로 두 봉분을 감싸 안고 있다. 각 봉분 앞에는 상석이 하나씩 놓여 있다.

능의 중간에 놓인 사각옥형(四角屋刑) 장명등을 화문으로 장식했고, 망주석의 세호는 혜릉처럼 오른쪽의 것은 위를 향하고 왼쪽의 것은 땅을 쳐다보고 있다.

석인들은 비교적 섬세하게 조각되어 있으나 입체감이 좀 떨어지는 듯하다. 문인석·무인석 모두 빙긋이 웃고 있다.

탕평책으로 정치적 안정을 꾀했던 영조는 균역법(均役法)을 실시, 일반 백성들의 군역부담을 크게 감소시켰다. 왕권과 양반 및 농민층의 이해관계가 얽힌 군역문제 해결에 있어서 지배층의 양보를 강요하면서까지 민생을 위한 개선책을 도모했다는 것은 상당한 의미를 지니는 것이다. 균역법 시행의 또 다른 의미는 조선 건국 이래 처음으로

봉분을 둘러싸고 있는 난간석. 원릉에는 병풍석없이 난간석만 있다.

어느 정도 전국적인 양정수(良丁數)의 파악이 시도되었다는 점이다.
　이 밖에도 영조는 각 도에 은결을 면밀히 조사하게 하고 환곡분류법을 엄수하게 하는 등 환곡에 따른 폐단을 방지하는 데에는 각별한 관심을 보였다.
　1763년(영조 39년)에는 통신사로 일본에 갔던 조엄이 돌아올 때 고구마를 가져옴으로써 구황식량을 수급하는 데 일익을 담당했다.
　이 외에도 서자를 관리로 등용시키는 기반을 마련했으며 강화도에 외성을 개축하는 등 군비확장에도 관심을 기울였다.
　영조 자신이 학문을 좋아했기 때문에 신학풍에 대한 이해도 깊었을 뿐만 아니라 실학이라는 새로운 학문을 진작시키기도 했으며 《소학훈의(小學訓義)》·《속오례의(續五禮儀)》·《속대전(續大典)》등의 많은 서적을 간행해서 널리 반포시키기도 했다.
　보령 83세로 눈을 감을 때까지 각 방면에 걸쳐 부흥기를 마련한 영조는 조선시대 역대 왕 가운데 가장 긴 52년의 통치를 마감하고 1776년 3월 5일 경희궁에서 승하하여 그해 7월 27일 건원릉 서쪽 두번째 산줄기에 모셔졌다.
　정순왕후는 경주 김씨(慶州金氏)로 1745년(영조 21년) 11월 10일 태어나, 영조의 정비 정성왕후(貞聖王后)가 승하하자 1759년(영조 35년) 6월 20일 왕비로 책봉되었다.
　열다섯 살의 꽃다운 나이에 66세 영조의 비가 된 것이다.
　사도세자의 부도덕과 비행을 상소, 비극으로 가는 길을 이끌었던 장본인이기도 한 정순왕후는 사도세자의 죽음 뒤 그를 동정하는 시파(時派)를 적대시하고, 그것에 반대하는 벽파(僻派)를 항상 옹호했을 뿐만 아니라 정조가 승하하고 순조가 어린 나이로 즉위하자 수렴청정을 하면서 정치적으로 시파 등을 모함하여 천주교에 대한 탄압을 하기도 했다. 정약용(丁若鏞)이 귀양을 가고 천주교 신양의 선구자들이 옥사당했던 것이 그 즈음의 일이다.
　1805년(순조 5년) 1월 12일 창덕궁에서 승하하여 그해 6월 20일 영조 옆에 모셔졌다.

 능 언덕을 내려오면서 정자각을 보면 지붕 위에 나란히 선 잡상(雜像)이 눈길을 끈다.

 기와지붕의 추녀 마루 끝에 줄줄이 세워 놓은 와제(瓦製) 토우(土偶)를 잡상이라 하는데, 옛 기록에 의하면 살(煞)을 막기 위해 소설 《서유기》에 나오는 인물 및 토신을 형상화하여 놓았다 한다.

 웬만해서는 눈에 띄지도 않을 지붕 위 장식물까지 하나하나 의미를 부여한 것이 옛 선인들의 여유로움인 듯하다.

영조와 계비 정순왕후의 쌍릉인 원릉 근경.

사도세자(思悼世子)

```
        편관용인격(偏官用印格)              四   丁丑
                                       一四  丙子
   年  乙卯                              二四  乙亥
   月  戊寅    태원(胎元) 己巳            三四  甲戌
   月  戊戌    명궁(命宮) 己卯            四四  癸酉
   時  甲子                              五四  壬申
                                       六四  辛未
```

 무술(戊戌) 일생이 인(寅)월 목왕당절(木旺當節)에 출생하여 실령(失令)한 중에 인묘진(寅卯辰) 목국(木局)에다가 갑을목(甲乙木)이 연(年)과 시(時)에 투출하였으니 재살태왕(財殺太旺) 사주로 일주가 허약한 중에 인월(寅月)은 아직도 한냉하여 무토(戊土)가 꽁꽁 얼었으니 조후(調候)가 시급하다.

 그러나 천간 지지에 화기(火氣)가 없으니 부득이 인(寅) 중의 병화(丙火)로 용신(用神)을 정하게 되는데 목화토(木火土)로 살인상생격(殺印相生格)이 되어서 아름다우나 대운이 북서(北西) 수금(水金)운으로 흐르매 역세운(逆勢運)이 되어서 앞날의 먹구름이 일어나는 운명이니 안타깝기가 짝이 없다.

 편관격(偏官格)에다가 무술(戊戌) 일주가 괴강(魁罡)이 되니 희귀하게 이루어진 사주이다. 원래 편관격은 인수(印綬)가 있어 통관(通關)

되어야만 순조롭게 발전하여 명장이 될 수가 있으며 만약 식신(食神)이나 상관(傷官)이 있어 살(殺)을 제압한다면 앞날의 애로가 없을 것이나 그렇지 못하면 신체가 허약하여 중병에 걸리거나 정신계통에 이상이 있을 수가 있다.

특히 괴강격(魁罡格)은 극단의 성정(性情)으로 좋을 때는 한없이 좋아지고 흉할 때는 한 없는 재앙이 따르는 예가 허다하며 특히 신왕하여야 길하다. 그리고 고서(古書)에 이르기를 재살태왕(財殺太旺) 사주는 대운의 운정(運程)이 역세운(逆勢運)으로 흘러 가는데 또 재살운(財殺運)으로 흐른다면 비명횡사한다고 되어있다.

만약 이 사주에 병화(丙火)가 천간에 투출되었더라면 비운을 당하지는 않았을 것이다. 특히 관살태왕(官殺太旺) 사주는 인수(印綬)가 있어 통관(通關) 됨이 제일 좋고 만약 인수가 없을 때는 식신이나 상관이 있어 관살(官殺)을 제압하여야 하는데 식상(食傷)이 없음이 안타깝기만 하다. 시지(時支) 자수(子水 : 본처 惠慶宮洪氏)가 왕한 관살을 생하여 줌이 불길하나 연간지(年干支)의 을묘목(乙卯木)이 정관(正官)으로 자식이 되는데 인월(寅月)에 생기가 있으니 똑똑한 자식이 있음을 알 수가 있다.

부모궁을 살펴보면 월지(月支)에 병화(丙火) 용신이 인(寅) 목 장생지에 앉아 있으니 부모는 남의 존경을 받는 사람이라고 추리하게 된다. 특히 불행한 것은 대운의 흐름이 순행(順行)이라면 부귀영화를 누릴 것이나 역행으로 흐르니 눈앞에 다가온 왕위의 등극을 생명과 바꾸었으니 이 얼마나 통탄할 일인가?

1762년은 을해(乙亥) 대운에 세운(歲運) 임오(壬午)년으로 인오술(寅午戌) 화국(火局)을 이루어 크게 길할 것으로 생각할 것이나 용신 병화(丙火)가 해(亥) 대운에 절지(絶地)에 이르고(亥 중의 壬水와 용신 丙火가 丙午 상충) 재살태왕(財殺太旺) 사주에 해(亥) 운이 또 재운이 되니 용신과 재인상쟁(財印相爭)이 되는 동시에 임수(壬水)가 재살태왕에 가세하니 28세 젊은 나이에 사망하고 말았다.

특히 사도세자를 가리켜 뒤주세자라고 하는 것은 뒤주 안에서 죽었다고 하는 말이며 사주원국의 갑인을묘(甲寅乙卯) 네 개의 왕한 목이 무토(戊土) 일주를 극제하는 형상이다. 다시말하면 무토(戊土) 일생이 나무 등살에 살 수가 없는 형상이 되어서 결국 나무로 만든 뒤주 안에서 죽어 한많은 세상을 등지고 갔으니 명리학의 오묘한 진리 앞에서는 다시 한 번 머리를 숙이게 된다.

추존황제 장조와 헌경황후의 능을 살펴보면 다음과 같다.

경기도 화성군 태안면 안녕리 산 1-1번지에 위치한 융건릉은 사적 제206호로 지정된 문화유적지로서 조선 제22대 정조(正祖)의 아버지 장조(莊祖)와 헌경황후(獻敬皇后)를 모신 융릉, 정조와 효의황후(孝懿皇后)를 모신 건릉을 합쳐 부르는 이름이다.

융릉은 능으로 들어가 입구 오른쪽에 있는 재실을 지나 숲속 갈림길에서 오른쪽 길을 택해 들어가야 한다.

묘내수(墓內水)를 건너는 금천교가 나오고, 이 판교(板橋)를 건너면 융릉 안내문을 옆에 둔 홍살문이 보이면서 멀리 정자각과 능의 일부분이 보인다.

홍살문을 넘어서면 참도가 다른 능과 다르다는 사실을 알게 된다. 두 사람이 함께 걸을 폭의 참도는 물론이고 그 아랫단 왼편에도 정자각까지 넓게 박석을 깔아놓고 있다.

참도 곁에는 수복방 자리인 듯, 아직 복원이 안 된 채 초석만 남아 있다.

비각 안의 비는 두 개인데, 하나는 '朝鮮國思悼莊獻世子顯隆園'이라고 씌어져 있고 다른 하나는 '大韓莊祖懿皇帝隆陵獻敬懿皇后附左'라고 씌어져 있다.

정자각을 지나 계좌정향(癸坐丁向 : 북북동에서 남남서 방향)의 능 위로 올라가면 매우 특이한 광경이 펼쳐진다.

그것은 다름아니라 첫째로 봉분이 장릉(長陵)에서와 같이 목단(牧丹)·연화문(蓮花文)을 새긴 병풍석을 두르고 있다는 점이고, 둘째로는 인석(引石)이 특이하게 꽃봉오리 모양을 하고 있다는 점이며, 셋째는 장명등이 전기(前期)의 팔각장명등과 숙·영조 연간의 사각장명등의 양식을 합하여 구름 무늬를 다리에 새겨넣었고 대석(臺石)에는 꽃을 새겨 넣어 새로운 양식을 창조하고 있다는 점이며, 넷째는 난간석을 생략하면서 방위 표시를 위해 꽃봉오리 모양의 인석에 문자를 새겨넣었다는 점이다. 다섯째는 추존왕릉임에도 무인석을 만들어 세웠다는 점이다. 누가 보아도 정성을 들여 화려하게 조각하고 치장한 능임을 한눈에 알 수 있다.

능 앞에서 시립하고 있는 문·무인석을 살펴보자.

오른쪽 무인석은 코가 깨어져 보기 흉하나 문인석은 둘 다 사각의 복두가 아니라 금관을 쓰고 있다. 문·무인석은 크기가 장대하지는 않으나 가슴에 파묻었던 목이 위로 나와 답답하지 않고 사실적이다.

후세인에게는 사도세자(思悼世子)로 더 잘 알려진 비극의 주인공 장조와 헌경황후(獻敬皇后)를 모신 융릉은 봉분이 하나에다 상석도 하나라서 단릉(單陵)이라고 생각하기 쉬우나 사실은 합장릉이다.

영조는 세자를 양주(楊州) 남쪽 중량포(中梁浦) 배봉산(拜峰山 : 현재의 동대문구 휘경동)에 장사지냈다. 묘호(墓號)를 수은묘(垂恩墓)로 하고 사도(思悼)라는 시호를 내렸으며, 장례 때는 친히 나아가 정자각에서 곡을 하고 스스로 신주에 제주(題主)를 하면서 나라를 위해 부득이한 조치였음을 알렸다 한다.

영조가 뒤에 세자의 일을 후회했지만, 세자가 뒤주에 갇혀 죽는 비극적인 사건의 계기가 된 부자간의 불신과 이간은 노·소론의 당쟁에서 비롯되었고, 남인·소론 등이 부왕 영조와 정치적인 견해를 달리하는 세자를 앞세워 보수적인 노론정권의 전복을 도모하다가 실패한 사건이라고 논하는 사가(史家)들도 많다.

사도세자는 정조 즉위년(1776년) 3월에 존호가 장헌(莊獻)이라고 추상되었고, 수은묘도 영우원(永祐園)으로 바뀌었다.

영우원은 1789년(정조 13년)에 현재의 위치로 천장되어 다시 현륭원

(縣隆園)으로 원호가 바뀌었다가 1899년(광무 3년)에 장조의 묘호(廟號)가 장종(莊宗)으로 추상되면서 현륭원이라는 원호(園號)에서 능호(陵號)인 융릉(隆陵)으로 올렸다.

사도세자는 1899년 12월 19일 묘호가 장종에서 장조(莊祖)로 다시 바뀌고, 제호(帝號)를 써서 의황제(懿皇帝)로 추존되었다.

비극의 주인공 장조(사도세자)와 헌경황후(혜경궁 홍씨)가 안장된 융릉 근경.

계비(繼妃) 인현왕후(仁顯王后)

시상관성용관격(時上官星用官格)		五 丙午
年 丁未		一五 丁未
月 乙巳	태원(胎元) 丙申	二五 戊申
日 丁酉	명궁(命宮) 癸丑	三五 己酉
時 辛亥		四五 庚戌
		五五 辛亥
		六五 壬子

　정유(丁酉) 일생이 사(巳)월에 득령(得令)한 중에 사미(巳未) 화국을 놓고 목화(木火)가 투출(透出)하여 천지(天地)가 염열(炎熱)하니 신왕사주(身旺四柱) 로서 조후(調侯)가 시급하여 시지(時支) 해(亥) 중의 임수(壬水)로 용신하매 금기(金氣)가 희신(喜神)이 되는데 30세 이후부터 서북 금수로 대운이 흐르니 부귀 영화를 누릴 사주이다.
　특히 일지(日支)와 시지(時支)에 유해(酉亥)로 천을귀인(天乙貴人)을 놓아서 더욱 좋은데 사유(巳酉) 금국에 신금(辛金)이 투출하였으니 일반 평민의 사주라고 하여도 큰 부자될 사주인데 대운 또한 30세부터 재운으로 흐르니 대부대귀할 팔자이다. 남녀를 막론하고 배우자 되는 글자가 용신이 될 때에는 배우자의 덕이 있다고 하는데 인현왕후 사주 역시 남편(숙종)되는 글자 해수(亥水) 관성(官星)이 용신이 되고 또한 천을귀인이 되니 귀한 남편을 맞이한다는 암시를 하게 된다.

더욱 좋은 것은 사유(巳酉) 금국이 재국(財局)이 해수(亥水) 남편 되는 글자를 생하여 주니 희신(喜神)으로 화하고 대운 또한 재관(財官)운으로 흘러서 금백수청(金白水淸) 사주와 운이 되니 남편이 임금 으로서 장기집권을 누릴 수 있는 운명이다.

고로 숙종대왕은 1673년부터 1720년까지 무려 46년간이나 임금의 자리에서 국태민안(國泰民安)을 누리었다.

역술인들이 말하기를 며느리를 볼 때는 재(財)가 많은 처녀를 며느리로 들이라고 하였다. 이말은 재(財)가 관(官)성인 남편을 생조(生助)하게 되는 관계로 시집가면 시집의 재산이 불처럼 일고 남편의 출세가 보장된다는 사실이다.

인현왕후는 출생할 때부터 남편의 출세를 위해서 태어난 운명이라고 판단할 수가 있다. 작은 복은 노력의 대가로서 얻어지고 큰 복은 하늘에서 내린다는 말은 다시 말하자면 큰 복은 사주팔자를 잘 타고 나야 된다는 사실이다.

옛말에 이르기를 천불사복(天不賜福)이면 강구부득(强求不得)이라고 하였는데 이 말은 하늘이 복을 주지 않으면 강제로 구할 수가 없다는 말이다. 결론을 지으면 사주팔자가 좋지 않으면 부귀영화를 누릴 수가 없다는 뜻이 된다.

장릉 전경. 장릉은 병풍석과 난간석이 없는 두 봉분 앞에 상석이 각각 하나씩 놓였으며, 가운데에는 팔각 장명등이 서 있고 양 옆에는 망주석이 서 있다.

신사임당(申師任堂)

편인격(偏印格)			
年 甲子			四　甲戌
月 乙亥	태원(胎元)	丙寅	一四　癸酉
日 丙戌	명궁(命宮)	癸酉	二四　壬申
時 丁酉			三四　辛未
			四四　庚午

　병술(丙戌) 일생이 해(亥)월 수왕당절(水汪當節)에 해자(亥子) 수국(水局)에 유술(酉戌) 금국을 놓았으니 재살태왕(財殺太旺) 사주가 되어서 연상(年上) 갑목(甲木)으로 용신을 정하니 수기(水氣)는 희신이 된다.

　그러나 33세 전까지 서방(西方) 금운으로 흐르니 건강상 많은 애로가 있었음을 알 수가 있으며 14세부터 계수(癸水) 정관운으로 5년동안 대운이 흐르니 20전 결혼하였음을 실증하여 준다.

　연, 월, 일, 시가 수, 목, 화, 토, 금(水木火土金)으로 오행상생부절(五行相生不絶)에 주류무체(周流無滯)를 이루었으니 조상의 음덕이 많음을 추리하게 된다.

　그리고 월지(月支)에 인수(印綬)를 놓은 중 해자(亥子)로 인수국을 놓아서 배움에 정력을 다하니 문장(文章)이 넉넉한 여성으로 판단된다.

　원래 편인성(偏印星)을 철학성(哲學星) 또는 병균(病菌) 또는 두뇌골(頭腦骨)로 본다. 따라서 편인성이 있으면 반드시 편재(偏財)가 있어 편인을 극제하여 주어야만 건강하고 장수를 누릴 수 있으나 편재가 없으니 평소에 질환이 있었을 것임을 알 수가 있다.

이 사주는 오행의 통관(通關)이 잘되어서 귀격(貴格)으로 볼 수 있으나 건강이 좋지 못함이 흠이 되는데 평소에 폐질환(肺疾患)으로 신음하다가 1552년 임자(壬子)년 49세 대운은 경오(庚午) 되는데 이 해에 세상을 떠났는데 이는 신약사주에 세운(歲運) 임자(壬子)가 간지(干地)가 수기(水氣)가 되니 재살태왕사주에 수세(水勢)가 가세하니 일주 지병이 더 커지는데 대운 경(庚) 금은 용신 갑목(甲木)을 갑경(甲庚)으로 상충되었으니 대운과 세운이 불길하여 죽음을 면치 못한 것으로 본다. 폐질환은 모친으로부터 유전되었다는 설이 있다.

신사임당의 일생을 살펴보면 다음과 같다.

보검장갑형(寶劍藏匣形)에 묻힌 신사임당의 묘터

경기도 문산에서 전곡으로 빠지는 37번국도는 임진강을 옆에 끼고 있어 주말이면 오너드라이버들에게 그야말로 환상의 코스다. 그 환상은 끝없이 펼쳐진 전원 풍경의 뛰어남과 아울러 머지않아 이 길을 따라 금강산·평양으로도 달려갈 수 있다는 희망을 안겨주기 때문이다.

문산읍에서 이 길을 따라 10여 분 가다보면 선유리가 나오고 이곳에서 구 1번국도를 따라가면 곧 임진나루 언덕에 우뚝선 화석정(花石亭)을 만나게 된다. 임진왜란때 선조가 이 정자를 불태워 그 불빛으로 나루를 건너 의주로 피난갈 수 있었다는 전설을 지닌 바로 그 정자다.

1996년으로부터 정확히 4백52년 전, 8세 난 한 소년이 정자에 올라 시를 지었다.

'숲속 정자에 가을이 어느덧 저무는데/나그네의 생각 한이 없구나/멀리 흐르는 물 하늘에 닿아 푸르고/서리맞은 단풍은 햇볕을 향해 붉었네/산은 둥근달을 토해내고/강은 만리의 바람을 머금었도다/하늘가의 저 기러기 어디로 가는지/저무는 구름 속으로 울음소리 끊기네(林亭秋己晩 騷客意無窮 遠水連天碧 霜楓向日紅 山吐孤輪月 江含萬里風 塞

鴻何處去 聲斷暮雲中).

 하늘 멀리 북한의 산들을 바라보며 이 시를 읽노라면 자신도 모르는 사이에 눈물이 두 뺨을 적신다. 당시 그 소년이 오늘을 예견하고 지은 시가 아니련마는 80을 넘어선 노모를 모시고 정자에 올라 하염없이 두고온 고향을 바라보는 낯선 실향민의 얼굴이 시심(詩心)에 젖어 있음을 볼 수 있기 때문이다.

 시「화석정(花石亭)」을 지은 소년이 율곡(栗谷) 이이(李珥 : 1536~1584) 다. 그는 조선조 성리학을 퇴・율(퇴계와 율곡) 사상이라고 할 만큼 한국적 경지로 끌어올린 대사상가이자 실천가였다. 영남학파의 드센 그늘에 가려 때론 빛을 잃기도 했지만 그의 학문이나 인간적・공인적 면모는 가히 '성인(聖人)'이라 해도 지나친 평가는 아니다. 이는 일찍이 그의 10만 양병론(養兵論)을 반대했던 서애 류성룡이 뒷날

「이문성(李文成 : 文成은 율곡의 시호)은 참으로 성인이다」
는 평가에 굳이 빗대지 않아도 그의 저서와 유택이 말해준다.

 율곡의 유택은 화석정이 있는 경기도 파주군 율곡리에서 20여리 동남 방향으로 들어간 파주군 법원읍 동문리 자운산(紫雲山)에 있다. 이곳에는 율곡뿐 아니라 그의 어머니 신사임당을 비롯해 형과 아들・손자, 그리고 큰누님 매창(梅窓)의 시대 묘들이 함께 있는 전형적인 가족 묘지다. 이밖에도 묘역 내에는 그의 사후 문인들이 세운 자운서원과 경기도 교육위원회가 운영하는 율곡 교원연수원이 자리잡고 있다.

 자운산 율곡의 묘소에 오르면, 그의 묘 아래는 맏형의 묘가 있고 그 아래 신사임당과 부친을 합장한 묘가 있다. 흔히 이를 일러 역장(逆葬 : 부모의 묘소 위에 자식이나 후손의 묘가 자리한 것)이라 한다.

 율곡의 혈은 풍수지리에서 볼 때 결코 명당이 아니다. 그러나 그의 자리는 후세에 제사가 끊이지 않는 형국을 갖추고 있다.

「율곡선생과 신사임당이 묻힌 자리는 보검장갑형(寶劍藏匣形 : 갑 속에 들어 있는 보검)이다. 혈성(묘가 묻힌 산모양)은 고요성(孤曜星)으로 금두목각(金頭木脚 : 산 머리는 금형산이고 다리는 목형산인 산)

이라 부른다. 여기서 목각은 곧 칼을 뜻한다.

　청룡쪽의 골이 깊어 칼의 등에 해당하고 오른쪽 백호쪽은 경사가 완만해 칼날에 해당한다. 율곡의 혈은 칼이 칼집에 들어가고 나올 때 쉽게 하기 위해 파놓은 골에 바로 자리하고 있다. 이런 경우에는 후손이 끊기게 된다.

　주산인 자운산에서 두 마디(두 구릉)를 지나 서쪽으로 혈이 들어오는 입수처에 마치 염소의 발처럼 쪼개진 것이 바로 칼날의 골에 해당한다.

　또 청룡쪽의 산들은 그 뿌리가 보이지 않게 여러 갈래 내려오고 있는데 이는 곧 무혈손만손지지(無血孫萬孫之地 : 직계후손은 없어도 후손이 수없이 많다는 뜻)다. 이른바 무후향화지지(無後香火之地 : 후손이 없어도 제사가 끊이지 않는 곳)를 뜻한다.

　혈의 위치가 그러함에도 크게 보아 좌우의 청룡과 백호가 활처럼 서로 감싸고 있고 명당이 알맞게 펼쳐있는데다 안산과 조산 또한 겹겹이 감싸고 있으니 나성(羅城 : 주위를 둘러싸고 있는 산의 모양이 마치 성과 같음을 뜻함)은 극히 뛰어나게 아름답다.」

　수강은 몇 번이나 택사(擇師 : 지관의 다른 말)의 잘못이라고 탄식에 탄식을 더했다.

　그의 지적처럼 율곡은 22세에 노(盧)씨를 부인으로 맞았지만 후사가 없어 측실 김씨를 맞이해 두 아들과 딸 하나를 얻었다(바로 그 딸이 신독재의 측실이다).

　그러나 이들 아들도 뒷날 후손을 얻지 못해 양자로 대개 대를 이어갔고 조정에서 그 후사를 지정하기도 했다(물론 지금도 그 후손들이 있다).

　율곡의 유택을 두고 수강은
「바로 그런 점에서 그는 성인이었다」
고 평했다.

　「천하를 생각하는 사람은 가사(家事)를 돌보지 않는다」
는 옛말을 율곡의 유택에서 볼 수 있으며 수강은

『율곡 선생 같은 위인은 스스로 기를 부를 수 있고 모을 수도 있다』
고 덧붙였다.
　율곡의 저서 「성학집요」(선조에게 바친 책)에는 정자(程子)의 풍수
론에 대해 이렇게 반박하고 있다.
『신이 살피건대, 지세가 좋다는 것은 오직 바람을 막을 수 있고 양지
바른 쪽이며, 흙이 두꺼워서 물이 땅속 깊이 있는 것 등이며 방위·득파
등의 풍수설에 관계되는 것은 아닙니다.
　지금 묘자리를 가리려는 자는 지세의 길흉을 보는 지서(풍수관계책)
만을 편벽되게 믿고는, 널리 그것을 찾아다니다가 채 묘자리를 정하지
못해 오랫동안 그 부모를 장례지내지 못하는 사람이 있으니 의혹이 심합
니다. 나라 임금의 현궁(玄宮 : 능을 뜻함)을 정하는데도 반드시 새로
운 곳을 가려서 정하는 것도 계승할 만한 도리가 아닙니다.』
　율곡이 10여 년간 자신의 병치레를 하며 운명의 끝을 알고 있음에도
끝내 자신의 유택을 정함이 없이 부모의 윗자리에 가게 된 것도 여기서
그 까닭을 찾을 수 있겠다.
　오늘날 대개의 종중들이 문중묘지를 두고도 역장(조상의 윗자리에 묘
를 쓰는 것)을 기피해 따로 묘자리를 찾는 것은 굳이 율곡의 지적이 아
니어도 원래 풍수에도 없는 법이라 한다.

이승만(李承晩)

인수용재격(印綬用財格)		一 ○ 戊寅
年 乙亥		二 ○ 丁丑
月 己卯	태원(胎元) 庚午	三 ○ 丙子
日 丁亥	명궁(命宮) 丙寅	四 ○ 乙亥
時 子		五 ○ 甲戌
		六 ○ 癸酉
		七 ○ 壬申
		八 ○ 辛未
		九 ○ 庚午

　　정해(丁亥) 일생이 자좌 해수(亥水)가 약지(弱地)가 되나 절처봉생(絶處逢生)이 되고 묘(卯)월 삼양(三陽)이 회춘(回春)되는 때에 해묘(亥卯)로 목국(木局)을 놓고 을목(乙木)이 투출하였으니 신왕(身旺) 사주가 되어서 능히 재(財)를 감당할 수가 있어 시상의 경(庚)금으로 용신을 정하니 용신이 허약하나 대운의 흐름이 북서(北西) 수금(水金) 운으로 흐르매 수(水) 운에서는 제화존금(制火存金)하고 금(金) 운에서는 용신을 보강하여 주니 아름다운 대운에 금상첨화격으로 해(亥)자 두 글자가 천을귀인(天乙貴人)이 되고 묘(卯)자가 문곡귀인(文曲貴人)과 태극귀인(太極貴人)이 되니 귀격(貴格)으로 본다. 이 사주가 관인상생(官印相生)으로 구성되었으니 국록지객(國祿之客)의 팔자요 오행

상생부절(五行相生不絶)에 주류무체격(周流無滯格)에 수기(秀氣)가 유행하니 달변으로 웅변가의 기상이니 많은 사람들을 설득하여 내사람으로 만드는 힘이 있다.
　그리고 자손되는 글자 임수(壬水) 관성(官星)은 묘(卯)월에 휴수(休囚)되고 또한 자손궁이 자묘(子卯)로 형(刑)을 놓았으니 두 아들 두기는 힘든 팔자이다. 그리고 처궁(妻宮)에 해해(亥亥) 자형(自刑)을 놓고 처되는 글 경(庚)금 재(財)가 뿌리가 없어서 부재(浮財)가 되어서 부부간에 해로하기는 어려운 팔자로 본다. 초중(初中) 운이 북방수운으로 대운이 흐르니 금(金) 용신이 설기태심(泄氣太甚)하매 일무성사(一無成事)로 되는 일이 하나도 없었고 62세(癸酉) 운은 금(金) 용신이 힘을 얻으니 크게 좋아질 듯 하나 월지(月支) 묘(卯) 목과 묘유(卯酉)로 상충을 이루고 일주(日主) 천간(天干) 정(丁) 화를 정계(丁癸)로 상충되니 해외로 망명하게 되었다. 이와같이 해외로 나가게 된 것은 대운이나 세운에서 월지(月支)를 충하면 신상에 변동이 있는 것으로 보는 까닭이다.
　72세 신(申) 대운은 용신 경금(庚金)의 록지(祿地)가 되니 일생일대에 제일 좋은 운으로 1948년 74세 무자(戊子)년에 무토(戊土)가 경금(庚金) 용신을 생조(生助)하여 주니 초대 대통령으로 당선되었다.
　1959년 기해(己亥)년은 반흉반길(半凶半吉)이고(亥중의 戊土가 있어서) 1960년 경자(庚子)년 4월 19(4. 19)일은 경금(庚金) 용신이 자수(子水)에 사궁(死宮)이 되어서 실정(失政)으로 하야하게 되었으니 사주의 오묘한 진리 앞에서는 다시 한번 고개를 숙이게 된다는 사실이다.
　자신의 정치적 능력을 과신하고 항상 민중의 소리를 외면하던 그는 끝내 1965년 7월 19일 오후 7시 35분 90세를 일기로 한 많은 생애를 마쳤다. 23일에 그의 영구는 고국의 땅에 돌아왔고, 27일에 가족장(家族葬)으로 국립묘지에 묻혔다.

이승만(李承晩)

인수용재격(印綬用財格)		一 ○ 戊寅
年 乙亥		二 ○ 丁丑
月 己卯	태원(胎元) 庚午	三 ○ 丙子
日 丁亥	명궁(命宮) 丙寅	四 ○ 乙亥
時 子		五 ○ 甲戌
		六 ○ 癸酉
		七 ○ 壬申
		八 ○ 辛未
		九 ○ 庚午

정해(丁亥) 일생이 자좌 해수(亥水)가 약지(弱地)가 되나 절처봉생(絕處逢生)이 되고 묘(卯)월 삼양(三陽)이 회춘(回春)되는 때에 해묘(亥卯)로 목국(木局)을 놓고 을목(乙木)이 투출하였으니 신왕(身旺) 사주가 되어서 능히 재(財)를 감당할 수가 있어 시상의 경(庚)금으로 용신을 정하니 용신이 허약하나 대운의 흐름이 북서(北西) 수금(水金) 운으로 흐르매 수(水)운에서는 제화존금(制火存金)하고 금(金)운에서는 용신을 보강하여 주니 아름다운 대운에 금상첨화격으로 해(亥)자 두 글자가 천을귀인(天乙貴人)이 되고 묘(卯)자가 문곡귀인(文曲貴人)과 태극귀인(太極貴人)이 되니 귀격(貴格)으로 본다. 이 사주가 관인상생(官印相生)으로 구성되었으니 국록지객(國祿之客)의 팔자요 오행

상생부절(五行相生不絕)에 주류무체격(周流無滯格)에 수기(秀氣)가 유행하니 달변으로 웅변가의 기상이니 많은 사람들을 설득하여 내사람으로 만드는 힘이 있다.

 그리고 자손되는 글자 임수(壬水) 관성(官星)은 묘(卯)월에 휴수(休囚) 되고 또한 자손궁이 자묘(子卯)로 형(刑)을 놓았으니 두 아들 두기는 힘든 팔자이다. 그리고 처궁(妻宮)에 해해(亥亥) 자형(自刑)을 놓고 처되는 글 경(庚)금 재(財)가 뿌리가 없어서 부재(浮財)가 되어서 부부간에 해로하기는 어려운 팔자로 본다. 초중(初中)운이 북방 수운으로 대운이 흐르니 금(金) 용신이 설기태심(泄氣太甚)하매 일무성사(一無成事)로 되는 일이 하나도 없었고 62세(癸酉)운은 금(金) 용신이 힘을 얻으니 크게 좋아질 듯 하나 월지(月支) 묘(卯) 목과 묘유(卯酉)로 상충을 이루고 일주(日主) 천간(天干) 정(丁) 화를 정계(丁癸)로 상충되니 해외로 망명하게 되었다. 이와같이 해외로 나가게 된 것은 대운이나 세운에서 월지(月支)를 충하면 신상에 변동이 있는 것으로 보는 까닭이다.

 72세 신(申) 대운은 용신 경금(庚金)의 록지(祿地)가 되니 일생일대에 제일 좋은 운으로 1948년 74세 무자(戊子)년에 무토(戊土)가 경금(庚金) 용신을 생조(生助)하여 주니 초대 대통령으로 당선되었다.

 1959년 기해(己亥)년은 반흉반길(半凶半吉)이고(亥중의 戊土가 있어서) 1960년 경자(庚子)년 4월 19(4. 19)일은 경금(庚金) 용신이 자수(子水)에 사궁(死宮)이 되어서 실정(失政)으로 하야하게 되었으니 사주의 오묘한 진리 앞에서는 다시 한번 고개를 숙이게 된다는 사실이다.

 자신의 정치적 능력을 과신하고 항상 민중의 소리를 외면하던 그는 끝내 1965년 7월 19일 오후 7시 35분 90세를 일기로 한 많은 생애를 마쳤다. 23일에 그의 영구는 고국의 땅에 돌아왔고, 27일에 가족장(家族葬)으로 국립묘지에 묻혔다.

이승만 전 대통령 내외분 묘소.

김구(金九)

편재용인격(偏財用印格)			四 丁酉
年 丙子			一四 戊戌
月 申	태원(胎元) 丁亥		二四 己亥
日 己巳	명궁(命宮) 庚寅		三四 庚子
時 辛未			四四 辛丑
			五四 壬寅
			六四 癸卯

　기사(己巳) 일생이 신(申)월에 휴수(休囚)되어 설기태심(泄氣太甚) 한 중에 신금(辛金)이 시상(時上)에 투출하였으니 진상관격(眞傷官格)을 이루어 병화(丙火)로 인수(印綬) 용신하나 일락서산격(日落西山格)이라 용신이 허약하다.

　그러나 다행이 사오미(巳午未) 화국(火局)을 놓았으니 용신이 태약(太弱)하지는 않다.

　기토(己土) 일주가 자신(子申) 두 글자에 천을귀인(天乙貴人)이 되고 미(未)자가 암록(暗祿)이며 사미(巳未) 중간에 오(午)자를 공협(拱狹)하였으니 공귀격(供貴格)을 이루어 귀격이 분명하다.

　또한 사주에 두 귀인을 놓았으니 위기일발에 처했을 때 이 위험을 모면할 수가 있으며 어떠한 고행과 사경(死境)에서도 귀인으로부터 구원을 받을 수가 있으니 귀격(貴格)으로 판단된다.

원래 오행중(五行中) 목화토금수(木火土金水)가 어떠한 상관격(傷官格)이라도 대체적으로 아이큐 지수가 높아서 임기응변의 재주가 높으니 팔방미인으로 통하고 두뇌회전의 명수이다.

그러한 까닭에 이를 잘 이용하지 않고 악용하는 자가 있어 주색방탕과 사기행각을 벌이다가 급기야는 형무소에 출입하는 자가 많음을 볼 수가 있다.

이것은 다재, 다예, 다기(多才, 多藝, 多技)의 지능이 발달한 원인이다.

그러나 김구선생님은 상관격의 특질을 잘 선용(善用)한 까닭에 이 나라를 구국(救國)하기 위한 지능을 발휘하였다고 생각된다.

1905년(乙巳) 29세에 결혼하였으나 1924년(甲子) 49세 대운은 신축(辛丑) 북방 수운(水運)으로 기신지(忌神地)가 된다. 갑기(甲己) 합으로 기토(己土) 일간(日干)은 회생하였으나 갑목(甲木) 희신(喜神)은 소실(消失)되니 부인이 일찍 세상을 하직하였다.

시지(時支)의 미(未)토와 대운 축토(丑土)와 상충으로 용신과 희신(喜神)이 소실되었으나 기토(己土)는 합해도 불변이 되는 까닭에 선생은 무사하였다고 본다. 김구선생님은 1919년 상해로 망명 후 48세(1923년) 임시정부 내무총장 52세(1927년) 대통령이 되어서 조국광복을 위하여 크게 활동하시었으며 그 후 해방과 더불어 1945년 11월 23일 귀국하시어 한국독립당을 창당하여 위원장이 되어서 활동하시다가 이승만 박사와 정적(政敵)이 된 후 1949년 6월 26일 안두희(安斗熙)에 의하여 저격당하여 서거하시었으니 애통하기 그지 없는 일이다.

결국 38선으로 국토가 양단된 슬픔을 참지 못한 그는 국민 전체의 자각에 호소하는 한국의 완전독립의 길을 모색하기에 노력하다가 북한측의 「남북 협상」의 제의가 있자 이에 호응하여 김규식(金奎植) 등과 함께 남한측 정당·사회단체의 대표로 이 회담에 참석하였다. 남북협상에 대한 그의 집념은 자주 독립과 민족 통일에 대한 그의 밀도 짙은 민족철학의 표현이었다. 북(北)을 이데올로기에 선행하여 민족의 일환으로 파악하고 있었다는 점은 당시의 지도자들과 다른 점이지만, 만약 분단의 비극이 이토록 장기화할 것을 예견했다면 보다 많은 지도자들이 적극성을 띠었을 것이다.

　아뭏든 그는 대화를 통한 정부의 수립을 주장한 최초의 인물이었고「남과 북」의 대화에 있어 최초의「남」의 대표였다. 민족통일에의 그의 노력은 민족의 향방(向方)을 제시한 점에서 그 의의를 찾을 수 있다. 그러나 끝내 조국통일의 뜻을 이루지 못한 채 1949년 6월 26일 안두희(安斗熙)의 손에 의해 위대한 겨레의 지도자는 **효창공원에 안장되었다.**

김구선생의 묘지 근경(近景)

신익희(申翼熙)

진상관용인격(眞傷官用印格)		一 ○ 壬申戌
年 甲午		二 ○ 癸酉
月 辛未	태원(胎元) 壬戌	三 ○ 甲戌
日 甲寅	명궁(命宮) 乙亥	四 ○ 乙亥
時 乙亥		五 ○ 丙子
		六 ○ 丁丑

갑인(甲寅) 일생이 인오(寅午) 오미(午未)로 각각 화국을 놓아서 사주원국(四柱原局)에 화기(火氣)가 충천(冲天)하여 목분비회(木焚飛灰) 격으로 나무가 타서 재만 남는 형상이니 신약사주(身弱四柱)가 되어서 조후(調侯)가 시급하다. 고로 해(亥)중의 임(壬)수로 용신(用神)하니 금(金)이 희신(喜神)이 되는데 다행스럽게도 대운이 서북 금수로 흐르니 칠년대한 가문날에 단비가 내리는 형상이 되어서 앞날이 기약되는 사주인데 6월의 갑(甲)목이 천덕귀인(天德貴人)과 월덕귀인(月德貴人)이 되고 일지(日支) 인(寅)목에 록(祿)을 놓고 연, 월, 일, 시에 목화토금수(木火土金水) 상생(相生)을 놓았으며 시지(時支) 해(亥)수에 장생(長生)을 놓았으니 조상의 음덕이 흘러 내려 오는 희귀(稀貴)하게 격(格)을 이루어 귀격(貴格)으로 판단된다.

용신이 변질하면 주관성이 없으며 과단성과 책임감이 희박한데 오미(午未), 인해(寅亥), 해미(亥未)로 각각 합이 많으니 사람의 성격이다정다감하고 인정에 흘러 큰일을 그르치기가 쉬우며 팔방미인의 성격으로 판정된다.

그러나 남자는 관살(官殺)을 자식으로 보는데 월상의 신금(辛金)이 딸이 되고 오미화(五味火) 국에 미토(未土)가 조토(燥土)에 올라 앉아 있으니 대운으로 보아서도 30세 전에 자식이 없으면 무자식 팔자로밖에 볼 수가 없다.

옛글에 말하기를 관귀중중패망극(官貴重重敗亡赳)이면 여무서출필명령(如無庶出必螟蛉)이라고 하였으며 이것을 더 쉽게 말하면 사주원국에 상관(傷官) 식신(食神)이 많으면 자식을 둘 수 없는 팔자이니 남의 자식을 양자하거나 다른 곳에서 낳아 데리고 와야 될 팔자라는 뜻이다.

그리고 상관, 식신(傷官, 食神)이 많은 사주는 사람이 영리하여 임기응변을 잘하고 화술이 좋으니 말재주가 있어 많은 사람들을 굴복시키거나 설득하는 힘이 있으며 직업으로 말하면 언론, 출판, 문예, 교직, 육영사업, 복지사업 등이 적격이며 특히 정치가나 웅변가에서 많이 볼 수가 있다.

일제 때는 만주등지에서 독립운동에 전 심혈을 기울였고 상해 임시정부에 외무부 차관으로, 해방 후는 민주주의 국가를 세우는데 앞장섰으며 불의에 대항하여 항상 국민의 편에 서서 항쟁하시고 민주당 당수로서 대통령 후보에 당선되시어 유세를 계속 하시다가 호남유세차 출발하여 열차안에서 이리(현재 익산)로 가시던 도중 서거(逝去) 하시었으니 국가와 민족을 위하여 애석하기가 그지 없었다.

이해가 정축(丁丑) 대운으로 1956년 갑신(丙申)년 62세에 세상을 떠나셨으니 그 이유는 진상관격(眞傷官格)에 또다시 상관운(傷官運)이 와서 설기태심(泄氣太甚)한 중에 인신(寅申) 상충으로 왕(旺)한 화국(火局)을 충발(沖發)하니 왕화(旺火)가 폭발(暴發)하고 일주(日柱)의 뿌리가 충극(沖剋) 당하여 서거한 것으로 본다.

일찍이 〈엘리자베스〉여왕의 대관식(戴冠式)에 참석했던(1953) 해공은

『27세의 한창 소장기인 그(엘리자베스)의 얼굴에 잔주름살이 잡히어 있음은 어쩐 일인고. 인생행로에는 부귀영화에도 오히려 애수가 있는가 보다.』라고 소감을 말한 바도 있었지만, 스스로 집권의 영광 일보전에서 좌절(죽음으로써) 되었음은 우리나라 민주주의사의 비극적 측면을 의미하는 바라 할 것이다. 그와 비슷한 운명을 4년 후에 겪은 조병옥도 해공의 비보에 대해 「슬프다, 선생은 진정 가시었나이까」라고 절규했음은 비단 정치인 신익희의 죽음을 애석해 했던 것은 결코 아니었을 것이다. 그것은 민주주의에 대한 소망이 더없이 컸기 때문이었으리라.

신익희 선생의 묘지

김성수(金性洙)

건록용관격(建祿用官格)			
年 辛卯		六	戊戌
月 己亥	태원(胎元) 庚寅	一六	丁酉
日 壬子	명궁(命宮) 甲午	二六	丙申
時 壬子		三六	乙未
		四六	甲午
		五六	癸巳

임자(壬子)일생이 해(亥)월에 출생하여 건록격(建祿格)을 이루고 또한 비천록마(飛天祿馬)격도 되는데 이 격의 구성은 임자(壬子)일생이 자(子)수를 만나야 좋으며 오(午)자를 허충(虛冲)하여 오(午)중의 정화(丁火)를 재성(財星)으로 삼고 기토(己土)로 관성(官星)으로 삼아서 귀격(貴格)으로 작용(作用)하게 되는데 만약 축(丑)자가 있으면 자축(子丑)으로 반합(絆合)하여 오(午)를 충하지 않아서 못쓰고 기토(己土)가 있으면 파격(破格)이 되어서 크게 불길한 것으로 보는데 이 사주는 비천록마격(飛天祿馬格)의 파격이 되어서 불길한 운명이 닥칠 것이 암시되는 끝자라고 보겠다.

고로 일반격으로 추리하여 왕(旺)한 수세(水勢)를 막아보고자 기토(己土)로 제수(制水)코저 하니 용신이 허약하기가 그지 없다.

그러나 대운의 흐름이 화토로 되어있으니 위급한 중에 나를 도와주는 후원자가 생기는 형상으로 아름답다. 만약 이 사주에 무토(戊土) 편관

(偏官)이 있었더라면 양인(羊刃)인 계수(癸水)와 합살(合殺)하여 대격(大格)이 되어서 그 이름이 천하를 떨쳤을 것이다.

옛글에서 보면 일관(一官)이 허탈무기(虛脫無氣)하면 평생 록록종신(碌碌終身)이라고 하였다. 다시 말하면 관성(官星)되는 글자가 의지할 곳이 없으면 평생토록 자갈밭을 헤매인다는 뜻이니 남자의 사주가 이러하면 자손궁이 나쁘고 또한 어떤 일을 계획하여도 유시무종(有始無終) 격으로서 매사에 하는 일이 결과가 만족하게 성취될 수가 없다고 판단하게 된다.

또한 처궁도 군겁쟁재(群劫爭財)가 되고 양인(羊刃)이 많으니 본처와 해로할 수가 없다고 본다. 그 이유는 남다양인(男多羊刃)이면 필중혼(必重婚)이라고 하였으니 이말은 남자 사주에 양인(羊刃)이 많으면 반드시 결혼을 두세 번 한다는 뜻이다.

1955년 2월 18일(壬辰) 대운 을미(乙未)년 65세 경술(庚戌)일에 세상을 떠났으니 이는 사주원국(四柱原局)의 묘목(卯木)이 용신(用神) 기(己)토를 극제하는 병신(病神)이 미(未) 대운에 해묘미(亥卯未) 목국을 이루어 용신 기(己)토를 극제한 원인이다.

김성수선생이 태어난 명당자리

우리나라 풍수는 지역적으로 보아 호남이 강세다. 다시 말해 호남지방은 전래로 조상의 묘역에 대해 남다른 애착을 보였고 지금은 이장(移葬)의 풍습이 강하게 남아 있다. 이는 풍수의 근본이 효에 있어 아직도 이곳 사람들이 이를 숭상한다는 뜻이며 나아가 한국풍수의 남상(濫觴)으로 꼽히는 도선국사의 영향도 컸기 때문일 것이다.

흔히 호남 8대 명당으로 ① 순창 인계의 광산김씨 묘 ② 전주이씨 조경단 ③ 고창 호암의 선인취와 ④ 순창 백방산의 천마입구 ⑤ 순창 복흥의 황앵탁목(기대승의 조부묘) ⑥ 순천 옥천조씨의 시조산 ⑦ 군산의 술산(戌山) ⑧ 영암의 반월(半月)을 꼽는다. 지관에 따라서는 ④대신에 장성의 봉황탁속(봉황이 곡식을 먹는 형국), ⑤대신에 김제의 호승예불

(큰 승려가 예불하는 형국), 또는 완주의 운중발룡(구름속에 용이 움직이는 형국)을 들기도 한다.

 이 중 세번째로 등장한 고창 호암의 선인취와 형국을 비롯, 인촌 김성수 선생의 선대묘소를 살펴보자.

 예의 도선비기로 통하는 『최씨 유산록』의 「홍덕(興德)」조에는 이런 기록이 있다.

 '홍덕으로 발길을 옮기니/호남이 여기로다/방장산 일지맥이/마디마디 기봉하야/10리 맥이 호위하야/낙락평지하였으니/굴중에 있는 혈은/어느 명안 알아볼꼬/동쪽에 10마디 동북쪽에 10마디/큰 성인의 봉우리가 나고/삼귀추성 특립하야/모든 마디가 태극형을 띠었으니/상서로운 흰 구름 산 사이에/호남 대지 숨었구나/좌우 선인 춤을 추니/옥호(술병)가 뛰는구나…/호남 8대지의/그 중 보기 어려워라….'

 정주시에서 22번 국도를 따라가면 고창군 홍덕면을 만난다. 면소재지에서 보면 동남쪽으로 호남 삼신산의 하나인 방장산(方丈山)이 보이고 그 산줄기를 타고 남서쪽으로 화실봉(火失峰)이 버티고 있다. 이곳에서 계속 22번 국도를 따라가면 동백꽃으로 유명한 선운사(禪雲寺)에 이른다.

 앞의 『유산록』은 바로 이곳의 지형에 대해 언급하고 있는 셈이다. 선운사로 넘어가는 고개마루인 탑정에서 아산면(雅山面) 면사무소 쪽으로 빠지는 지방도로가 나오는데 이곳 마을 이름이 반암리(盤岩里)다.

 반암리 마명(馬鳴) 동네에서 선운사쪽(서쪽)을 보면 커다란 다람쥐형의 산이 앞을 막고 있다. 우리의 관심은 바로 이 다람쥐 허리부분을 넘어가면 나타나는 호암(壺岩)이란 동네에 모아진다. 도로변에서는 전혀 드러나지 않는, 지금은 30여호가 모여 사는 '병바우' 동네에 인촌의 할머니인 정(鄭)씨의 묘소가 있다.

 이 마을 한가운데 자리한 정씨의 묘소에서 보면, 뒤편에는 차일봉(遮日峰)이 있고 앞에는 소반바위·병바위(옛 술병인 호리병을 엎어놓은 모습)·말안장 바위·탕건바위·선바위(서 있다는 뜻의 바위)·가위바위·관모바위 등 온갖 상서로운 바위들이 좌우로 펼쳐져 있다. 이 자리(穴)을 두고 선인취와라 부르는 것은 바로 신선이 술을 먹고 병은 엎어 놓은 채 누워 있는 형국이라는 데서 비롯된다.

수강의 설명을 들어본다.

"노령산맥의 대간룡이 흘러와 방장산을 이루니 곧 태조산이다. 그 일지맥이 북쪽으로 올라가다가 다시 서쪽으로 몸을 돌려 홍덕에서 화실산을 만들고 다시 몸을 돌려 서남쪽으로 30여리 뻗어와 차일봉(主山)을 지었다. 이곳에서 동북쪽으로 맥이 들어와 서남쪽을 향하여 혈을 맺었다(艮坐坤向). 평면 목성(누워 있는 木星形의 산세)으로 몰골(혈을 맺은 위치의 모양을 가리키는 풍수용어)을 이루었으니 선인취와형이 분명하다.

물은 남쪽에서 흘러와 서쪽으로 빠져나갔으니(丙得辛破), 오행에서 말하는 화국(火局)으로 정확한 혈임을 다시 한번 보여준다.

또 무장과 고창 두 읍에서 흘러오는 물(주진천 또는 장연강이라 부름)이 묘앞을 가로 흘러 서해로 들어가는 중에 물의 흐름을 막아 주는 산들이 첩첩이 쌓여 있고 끝내는 대해(서해)와 교류한다.

안산은 병바위(壺岩), 서쪽(庚兌 방향)의 조산인 말안장바위(산의 정상에 있음)는 한덩어리 석괴를 이루었으니 대귀(大貴)를 가히 약속한다.

백호쪽의 산들은 하나같이 창고와 노적가리 모양을 띠어 대부(大富)를 기약하니 다시 말해 무엇하랴. 경상국부(卿相國富) 날 것이니 옥룡자(도선의 호)가 이르기를 '호남 8대 명당 중 수혈(首穴)이라'아니했는가."

평소 별로 칭찬(?)을 않는 수강이었지만 여기와서는 침이 튀도록 탄성을 금치 않는다. 그는 혈이 들어오는 입수처의 생김새 또한 평평하고 특출한 것이 없음을 들어 "후손은 점잖은 사람이 나게 마련"이라고 덧붙인다.

이 혈의 주인 정씨부인(1831~1911)이 바로 인촌가(仁村家)를 명문으로 일으킨 장본인이다. 인촌의 증조부 명환(命煥)은 한미한 선비였다. 본래 전남 장성사람인 그가 고창 해리면에 갔다 오다가 부안(富安)의 정계량 진사 댁에서 하룻밤 유숙했다. 이날 저녁 명환과 정진사는 의기투합해 사돈을 맺기로 하고 정진사의 고명딸과 명환의 셋째아들 김요협(金堯莢: 1833~1909)을 혼사시켰다.

당대 만석부자였던 정진사는 고명딸을 옆에 두기 위해 사위를 자신의 집 울타리 안에 살게 했다. 이때부터 인촌 집안은 부안에 자리잡게 됐다.

정씨부인은 남편 요협을 공부에 전념케 하고 자신은 부지런히 일해 가산을 일궈갔다. 뒷날 요협이 군수로 관계에 나아가도 부인은 깁고 기운 옷을 입어가며 재산을 모았다고 한다. 인촌가에서는 지금도 이 할머니를 두고 '백결(百結)부인'이라 부를 만큼 근검 절약의 모범은 물론 현모양처로 받든다.

정씨부인의 묘소와 함께 인촌의 조부인 요협의 묘소도 숨어 있는 명당이다. 부인보다 2년 먼저 타계한 요협의 묘는 정씨부인 묘의 백호쪽 구황산(九皇山) 너머 선운사의 옛 암자인 백련암(白蓮庵) 자리에 모셔졌다.

『인촌전기』에 따르면 원파 기중(인촌의 양부)은 '장손으로서 선산을 개수하고 묘각을 세우는 일로 출비가 많았다'고 하는데 아마 백련암을 옮기게 하고 그 자리에 선친의 묘를 잡은 것도 그의

김성수 선생의 추모비

김성수 선생의 추모비

노력이 아닌가 싶다.

미리 말하자면 이곳 자리를 점지한 당시의 지관은 "다른 욕심은 없다. 우리 후손을 5대까지만 돌보아 달라"고 원파에게 부탁했다고 하고 그는 이를 쾌히 승낙했다고 전한다.

이곳 산세는 정부인의 묘소와는 정반대다. 같은 노령산맥의 줄기지만 주진강을 사이에 두고 선인취와 형국은 북쪽에서 내려갔는데 반해 원파의 묘소, 곧 선운사 도솔산은 남쪽 영광 법성포쪽에서 역으로 올라온 산세다. 이를 두고 본다면 두 묘소는 『유산록』에서 말하는 산태극의 형상을 띠고 있는 셈이다.

자세한 풍수적 설명을 수강에게 들어보자.

"도솔산에서 오른쪽으로 몸을 돌린 서북맥(戌龍)이 입수하여 서쪽에서 동쪽을 보고 혈을 잡았다(辛坐乙向). 물의 흐름은 남쪽에서 북쪽으로 흘러 호암에서 나오는 주진강과 합한 후에 역시 서해로 흘러간다. 청룡 백호는 높은 깃발 형세를 이루었고 혈의 모양은 젖꼭지에 자리잡은 것과 같다.

동남방(辰方)에 우뚝솟은 붓끝모양의 산(紫氣木星)은 문필봉인가, 깃발모양인가. 그 위세가 너무나 당당해 혈장(묘소)를 위압하니 동쪽(辛坐)으로 피해서 향을 잡았다. 세상을 뒤덮을 만한 문사를 낳을 것이다. 조산과 안산이 겹겹이 쌓여 있으니 속인이 보기에는 천옥(天獄 : 풍수에서 뜻하는 하늘의 감옥)이라 버리겠지만 진중장군(陳中將軍) 분명하다. 다시 말해 장군대좌형이다."

　선운사 뒤편의 도솔산은 온통 바위투성이다. 그리고 오똑한 젖꼭지 위에 앉은 묘소는 그 높이가 앞산인 선인봉과 비슷하다. 그러나 이곳 소나무 숲에 둘러싸인 묘역에 서면 정상의 바위들도 보이지 않고 앞산의 높이도 전혀 높은 줄 모른다.

　'싸움을 끝내고 휴식을 취하고 있는 진중의 장군'바로 그 모습이다. 언제든 큰 싸움이 있으면 장군은 휴식을 끝내고 나갈 수 있다. 동남방(辰方)의 문필봉(九皇峰)은 간지로 신(申)·자(子)·진년(辰年)에 개세문장(蓋世文章)할 후손이 태어날 것을 기약하고 있다 한다.

김성수 선생묘의 전경(全景).

제7장 명당에 얽힌 이야기

제7장 명당에 얽힌 이야기

1. 이천 서씨(利川 徐氏)의 명당(明堂)

이 명당 자리의 주인공은 신라 때 아간(阿干)을 지낸 서씨의 대종(大宗) 시조가 되는 서신일(徐神逸) 만주(萬周)라는 분이다.

이 분은 나이 나이 40고개를 넘기도록 장가를 못가서 총각신세를 면치 못하고 있었다.

하루는 효양산 기슭에서 나무를 하던 중에 어디서 난데없이 화살을 맞은 채 사냥꾼에게 쫓기는 사슴 환 마리가 애절한 눈으로 살려달라는 듯 뛰어들어 만주(萬周) 앞에 쓰러지는 것이 아닌가.

만주는 가엾게 여겨서 화살을 뽑고 저고리 속에서 솜을 꺼내서 피를 멎게 한 다음 나무짐 속에다 숨겨 주었더니 사냥꾼들이 뒤따라와서 사슴의 행방을 묻는지라 만주는 얼마전에 저쪽 언덕 너머로 뛰어갔다고 거짓말을 하였다.

이 말을 들은 사냥꾼들은 사슴을 찾지 못하고 돌아가 버렸다. 만주는 사냥꾼들이 멀리 가버리자 사슴을 나무 속에서 꺼내어 피가 더 나지 않도록 단단히 솜으로 싸주고 사슴의 등을 어루만지며 가고 싶은 데로 가라고 했다.

이 때 사슴은 말로는 표현을 하지 못하나 눈물을 흘리면서 돌아갔다.

그날 밤에 잠을 자는데 생시와 같이 꿈 속에서 한 노인이 만주를 찾아와서 치사하기를「오늘 낮에 구해준 사슴은 내 자식인데 그대의 덕택으로 죽지 않고 살아 났으니 그대의 은공을 무엇으로 갚을 수 있으랴. 마땅히 그대의 자손으로 하여금 대대로 공경대부(公卿大夫)와 재상(宰相)이 되게 하리라. 그대 자자손손이 더욱더 만년(萬年)의 영화를 누리게 하려면 그대가 늙고 죽으면 그 자리에다가 묘를 쓰도록 아들에게 일러 두어라」하고는 신인(神人)은 사라졌다.

그 후 얼마가 지난 뒤 신라 문성왕(文聖王)이 그곳으로 사냥을 나왔었다. 며칠간 만주가 길 안내와 모리꾼으로 문성왕을 가까이서 모시게 되니 이 때 어진 문주는 문성왕의 눈에 들게 된 것이다. 사냥을 마치고 환궁할 때 서씨(徐氏)라는 성을 하사받고 벼슬까지 얻게 되었다.

만주는 사슴을 살려준 후 신(神)의 가호로 편안하게 되었다는 뜻에서 이름을 신일(神逸)로 고쳐 불렀으며 그 후 장가를 들어 80세에 아들 필(弼)을 낳으니 이 때부터 서(徐)씨가 번창하기 시작했다.

시조 서신일(徐神逸)이 돌아간 뒤 아들 서필(徐弼)이 고려 광종(光宗) 때의 현신으로 큰 벼슬을 하였으니 그의 아들이 명신(名臣) 서희(徐熙)이다.

그는 광종(光宗) 때 대과에 급제하고 성종(成宗) 때 사신으로 송나라에 들어가서 십여 년간 중단되었던 국교를 트는 공을 세우고 송나라의 태조(太祖)로부터 검교병부상서(檢校兵部尚書)의 벼슬을 제수받고 돌아왔다.

만주의 손자 13명, 현손자 65명을 낳아서 크게 번창했는데 이들 중에서 영조대왕의 비(妃)가 배출되었는가 하면 영의정 6명과 좌의정 1명, 대제학 5명이 나왔으며 이조 숙종 때는 참판급 이상인 벼슬을 한 사람이 30명이나 된다.

미물 짐승인 사슴의 생명을 구해준 덕으로 자신의 영화는 물론 명당을 얻어 자신이 그 자리에 들어간 후 이천 서씨 가문이 번창하여 부귀영화를 누리게 되었다는 사실은 사람은 덕을 쌓아야만 후손이 발복하게 된다는 것을 실증한 좋은 예이다.

2. 해평 윤씨(海平 尹氏)의 명당(明堂)

구한말(舊韓末) 윤득실(尹得實)은 의정부공찬(議政府恭贊)이란 벼슬자리에서 물러나와 충남 아산(牙山)땅으로 낙향하여 살게 되니 향촌의 무식한 백성들을 계몽하면서 착한 일만 본받게 하였으니 어느덧 그 고을 사람들은 하나 하나가 다 윤선비의 가르침에 따랐다.

 세월은 무상한 것. 윤선비가 좋은 때를 한 번 보지 못하고 세상을 떠나게 된 것이다. 윤선비가 돌아간 후 윤씨집 가세는 더욱더 몰락하여져 갔다.

 그러나 윤선비의 아들은 아버지의 교훈을 본받아 비록 가난하여도 의리와 도리를 다하여 착한 일만을 일삼았다.

 어느날 윤씨는 이웃 마을에 갔다가 집으로 돌아오는 길에 중은 중이로되 거지와 다름없고 몸은 움직이나 송장과 같은 걸인이 사경에 헤매이는 것을 발견하게 되었다.

「허허…… 뉘신데 이토록 고생을 하시게 되었습니까」하고 물어 보았다.

「네, 소승은 보시다시피 걸인 중놈인데 몸은 늙은데다가 병마저 들었고 날은 추워서 몸은 얼어붙고 기진맥진하여 쓰러지고 말았습니다」

「그거 참 딱하기도 하거니와 어찌 한담. 집이 너무나 누추해서…… 그러나 길가보다는 낫지 않겠소. 우리집으로 같이 가시죠」

 죽어가는 중을 데려와 몸을 닦아준다, 옷을 갈아입힌다, 약을 구해오는 등 반갑지도 않은 손님을 맞아 부산했다.

 삼동기간에 정성껏 간호해 중은 몸이 완쾌하게 되었다. 쌀쌀하게 불던 찬바람도 걷히고 따스한 봄날을 맞아 중은 윤씨와 작별을 고한다.

「소승의 몸도 완쾌되었고 또 날씨도 풀려 소승의 머무르던 곳으로 가려고 생각합니다. 그런데 소승이 죽을 목숨이 이토록 살아남아 있는 것도 모두 어지신 윤선비 댁의 은덕이온 바 보시다시피 소승은 아무 것도 없어 윤선비 댁에 대하여 그 은혜를 갚을 길이라고는 없습니다. 다만 소승이 풍수지리학을 좀 터득한 바 있어 윤씨 댁의 묘지나 한 자리 일러드리고 가겠습니다」

 동내 어귀를 빠져 나온 노승은 산골짜기를 돌아 언덕받이를 오르기 시작하였다. 한 봉우리를 올라선 중은 노송이 우거진 평평한 자리에 털

썩 주저앉으며 윤씨가 올라오기를 기다리고 있었다.
 중은 사면을 한 번 돌아보고 나서 윤씨를 바라보며 말을 하기 시작하였다.
 「우리가 서 있는 이 봉을 이어 끌고 내려온 저 높은 산이 바로 화방산(花芳山)이라는 산입니다. 아신 땅에서는 손꼽히는 명산이지요. 옛부터 애려오는 아산 팔명당(牙山 八明堂) 중에 월랑산(月郎山) 낙맥의 수대지(首大地)가 들어 있다는 전설은 몇 천 년을 두고 내려오고 있습니다. 월랑산(月郎山)을 중심으로 하여 동으로는 비봉귀소형(飛鳳歸巢形)이요, 남쪽으로는 금계포란형(金鷄抱卵形)이요, 서쪽으로는 비룡등천형(飛龍登天形)이요, 북쪽으로는 행주형(行舟形)이요 그밖의 크고 작은 명당 자리가 산세를 따라 많이 맺히고 있답니다」
 「바로 이 산 너머에 있는 산소가 충무공 이순신 장군의 무덤이 아닙니까?」
 「예, 그렇습니다」하고 늙은 중은 다시 입을 열기 시작한다.
 「인간만사는 다 전생의 인연으로 정하여져 있으며 물유객주(物有客主)라 모든 물건은 임자가 따로 있게 마련이요. 먼옛날 윤씨 댁 윗대 조상님과 충무공 사이에도 묘한 인연이 있었을 것이요. 지금의 당신 댁이 몇 대를 두고 덕을 쌓아 불쌍한 사람을 도와주기를 내 혈육과 같이 하였으니 그 공덕인들 어찌 천도(天道)가 무심하리요. 여기다가 아버님의 묘를 옮기시고 이 고장을 잠시 떠나시면 자연히 멀지 않아서 아버님의 분상을 모시게 될 것입니다. 그 때는 소승도 당신도 이세상을 떠나고 없을 때일 것입니다」
 노승은 다시 말을 이어나간다.
 「이 자리가 바로 명당 자리로서 아산 땅에서는 손꼽을 만한 자리이지요. 설화산 모양이 뾰족하기가 마치 촛불같고 그 봉우리가 다섯봉으로 일명 오봉산이라고도 합니다. 윤씨 댁 자손이 아직 어리나 장성만 하여 보면 반드시 고관대작이 될 것입니다. 자손이 번성하고 재산도 갑부소리를 듣게 되지요. 단 한 가지 흠이 있다면 청룡이 중허(中虛)하여 몇 몇 자손은 여의치 못할 것이요. 그러나 부귀를 함께 누리는 이런 자리도 아신 당에서는 혼치 않은 명당 자리이지요」

자세하게 자리를 일러주고 노승은 염주를 굴리면서 발길을 옮기어 가고 있었다.

과연 구 후로 후손들은 학부대신 윤치호(尹致昊), 군부대신 윤웅열(尹雄烈), 삼남(三南) 도포사(都布師) 윤치오(尹致旿) 등의 고관대작을 지냈으며 그 후에 윤보선(尹譜善) 대통령, 윤일선(尹日善) 대학총장, 윤치영(尹致暎) 내무부장관 등이 배출된 명당이기도 하다.

3. 삼대 정승이 난 명당

경기도 시흥군 의왕면 왕곡리에 있는 김인백(金仁伯)과 부인 안동 권씨의 묘는 금계포란형(金鷄抱卵形)으로 닭이 둥우리를 틀고 알을 품고 있는 형상이다.

산수지리에 달통한 스님 두 사람이 경기도 파주 땅을 지나 가다가 역시 명당 자리 하나를 발견하게 되었는데 바로 저 밑에서 안동 권씨의 머슴 총각이 나무를 하던 중에 사람들의 싸우는 소리가 나서 호기심이 생겨 그 부근에 가서 나무 밑에 숨어 그 싸우는 소리를 들어 보았더니 스님 한 분이 말하기를 이 자리의 임자는 천한 사람이 들어갈 팔자요 지금 묘를 쓰면 8월 보름이면 발복한다는 것이고 또 다른 스님은 9월 보름날 발복한다는 문제를 가지고 서로 다투고 있는 것이다.

이 말을 들은 총각은 나무지게를 지고 두 스님 있는 곳으로 가서 두 스님한테 큰 절을 올리고 저는 천한 신분으로 이대감 집에서 머슴살이를 하고 있습니다. 부친이 돌아가신 후에 마땅한 묘터를 얻지 못하여 가매장하고 있으니 저의 부친을 여기에다 묘를 쓰게 해달라고 애원하였다.

이 말을 들은 두 스님은 묘의 위치를 정확하게 지적하여 주면서 묘터의 주인은 따로 있구만하고는 지금이 2월이니 9월 보름날 만나자는 말을 남기고 홀연히 사라졌다.

그 후 이곳에다가 부친의 묘를 쓰고 총각은 8월 보름과 9월 보름에 무슨 기적이 있는 것일까 생각하며 나날을 보내다가 8월 추석을 맞이하게 되었다.

　열두 시쯤 되니 주인 이대감은 온식구를 데리고 뒷동산 선영 묘지에 가서 제사를 지내려고 제물을 차려놓고 보니 적이 한 접시 빠져서 제를 올리지 못하게 되자 대감 부인이 총각을 보고 빨리 내려가서 적을 가져 오라는 분부이다.

　총각은 급한 걸음으로 내려가서 광 안의 큰 독을 열어보니 총각 혼자서는 독 안에 있는 것을 꺼낼 수가 없어서 하는 수 없이 후원 별당에 있는 대감집 딸한테 가서 혼자서는 적을 꺼낼 수가 없으니 도와 달라고 말을 하였다.

　낭자와 같이 광으로 갔으나 한 사람은 엎드리고 또 한 사람은 그 등에 올라 가야만 적을 꺼내게 되었다.

　낭자가 하는 말이 총각을 보고 엎드리라고 하고 낭자가 총각 등에 올라가서 다리 한 쪽을 들고 엎드려서 적을 꺼내는 순간 속옷도 여름철이라 변변하게 입지 않은 넙적다리 속살을 총각은 훔쳐보게 되었다.

　낭자는 적을 꺼내 놓고는 어쩔줄 모르고 얼굴빛이 붉은 채 머리를 못 들고 서 있는 것이 아닌가. 총각은 흥분한 채 자기도 모르는 사이에 낭자의 허리를 껴안고 정사가 이루어졌다. 남녀의 정사는 부귀빈천을 가리지 않고 순식간에 벌어진다는 사실이다. 바로 이것이 천생배필이 아니고서는 상상도 할 수가 없는 일이기도 하다.

　그 후 대감집에는 중매쟁이가 드나들기 시작했으니 낭자가 그냥 있을리 만무하다. 어머니한테 그 사실을 고하고 딴 사람한테는 시집을 갈 수 없다 하니 부모인들 이 경위를 듣고 보니 어찌할 도리가 없이 그 총각을 사위로 삼을 수밖에 없었다.

　결혼 날짜를 택하여 보니 9월 보름날이었다. 인근에 통지하여 잔치를 베푸니 하객들이 구름같이 모여 들었다. 물론 그 중에는 두 스님도 끼어 있었다.

　결혼식을 치루고 조용한 방 하나를 치워놓고 두 도승을 맞아 진수성

찬으로 대접을 하고는 결혼하게 된 자초지종을 말하니 그 때야 한 도승이 그러면 그렇지 어찌 8월 보름이 아니냐 하여 두 도승은 서로 손을 잡고 크게 웃으며 절로 올라간 후에 집주인 안동 권씨는 머슴 총각을 사위로 삼고 노비 문서를 불사르고 너는 오늘부터 청풍 김씨(淸風 金氏)라고 하여라 하고 성을 지어 주었다.

그 후 처로부터 글을 배워 장원급제한 후 정승에 올랐으니 이 분이 바로 김인백(金仁伯)이며 아들 김극형(金克亨)과 손자 김등(金登) 부자손(父子孫) 삼대정승을 배출하였다.

4. 이조왕궁(李朝王宮) 결정의 숨은 이야기

이성계(李成桂)가 한양에 도읍지를 정하는데 여러 가지의 비화(祕話)가 있다.

고려 15대 숙종임금 때 김위제(金謂磾)와 옥룡자(玉龍子) 도선(道詵) 밀기(密記)에 의하면 경기도 양주에 목멱양(木覓壤)이 있으니 도읍을 정할만 하다고 하면서 남경(南京)으로 옮겨 도읍하기를 청하고 일자(日者) 문상(文象)이 거기에 따라서 함께 주장하니 숙종 년에 최사추(崔思諏) 윤관(尹瓘) 등에게 명하여 남경(南京)으로 삼을 장소를 찾아 보게 하였다.

최사추(崔思諏)가 돌아와서 아뢰기를 신(臣) 등이 노원역과 해촌(海村) 용산(龍山) 등지에 가서 산수의 형세를 살펴 보았는데 도읍지를 삼기에 적당하지 않으며 오직 삼각산(三角山) 면악(面嶽) 남쪽에 산형수세가 옛글에 부합합니다. 라고 아뢰었다 왕이 친이 와사 보고 평장사(平章詞) 최사사(崔思詞)와 지주사(知奏詞) 윤관(尹瓘)에게 명하여 남경(南京)에 도성을 열게하는 역사를 감독하게 하여 5년만에 궁궐을 완성하였다.

백악산(白嶽山) 주위에는 오얏나무를 심고 이씨(李氏)를 택해서 윤(尹)으로 하고 왕이 한 해 한번씩 순행하여 용봉장(龍鳳裝 : 임금의 포장)을 묻고 오얏나무에 순을 질러 이씨의 기운을 막고 지기(地氣)를 진압하였다.

　이태조(李太祖) 원년(元年) 7월 16일 개성 수창국에서 즉위한 이성계는 개성에서 딴 곳으로 천도(遷道)를 서둘렀다.

　당시의 큰 명승(名僧)이며 풍수지리학에 해박한 지식을 가진 무학대사(無學大師)에게 명하여 새 도읍지의 선택을 의뢰하였다.

　대사 일행은 충청남도 계룡산 밑 신도(新道) 안에다 터를 잡고 역사(役事)를 하다가 조운이 멀다하여 새터를 찾아 다시 양주 한양 땅을 접어 들어 지금의 왕십리에 이르니 울창한 나무는 하늘을 가리고 먼 곳을 내다볼 수 없는 경지에 이르러 해는 서산에 기울기 시작했다.

　대사는 갈 바를 분별치 못하여 동으로 나가는데 때마침 검은 소로 밭갈이 하던 백발 노인이 큰소리로 외치면서 「무학이 보다도 미련한 소야 해는 지는데 언제 이 밭을 다갈고 철리 길을 가느냐」고 소에게 호통을 치는 것이었다.

　그 곁을 지나가던 무학대사가 이 말을 듣고 정신이 아찔하여 생각하니 소만도 못한 무학이란 비유에 한번도 보지 못한 촌부(村夫)가 어찌 자기를 알 것이랴 범상치 않은 사람임을 깨달은 대사는 몸을 정중하게 가누고 머리를 조아리며 인사드리고 가르침을 청했다 노인은 한참동안 겸양을 하다 이르는 말이 「보아하니 대사는 태종왕의 명을 받아 도읍지를 정하려 터를 찾는 모양인데 천시(天時)가 가리키는 왕도(王道)를 버리고 어디로 가려 하뇨 지금 동풍이 몹시 일어 태조의 깃발이 찢어지는듯 서쪽으로 향하여 나부끼니 여기서 깃발을 좇아 10리를 가면 대사가 가히 짐작할 곳이 이를 것이요」 넌즈시 말했다.

　무학대사가 재배하고 돌아서 뒤를 돌아보니 검은 소도 백발 노인도 없어지고 다만 황무지 숲 속이 보일 뿐이다 지금의 왕십리는 여기에 연류된 이름이라 한다 대사 일행이 십리를 들어와 앞을 내다보니 과연 도읍할 만한 경지에 이르러 내세를 답사하기 위하여 백운대(白雲臺)에 이르고 서남쪽으로 가서 비봉(碑峰)에 이르러 보니 한 돌비에 무학왕심도차(無學往尋到此)라는 여섯 글자가 있으니 이것은 곧 도선(道詵)이

세운 것이다.
 권문해(權文海의 운옥(韻玉)에 이르기를 도선(道詵)의 비기(秘記)에 서쪽에 공암(孔巖)이 있고 또 단서석벽(丹書石壁)이 있다 하였는데 공암으로 말하면 백악산(白嶽山) 남쪽이나 연서역의 두 곳이 모두 서쪽이 되니 단서(丹書)가 있는 곳을 찾아서야 결정하겠다.
 이에 단서를 인왕산(仁旺山) 비봉 돌 위에서 얻고 드디어 백악산 남쪽에 도읍하기로 결정했다. 한양에다 도읍을 결정한 무학대사는 궁궐을 정할 때 정도전(鄭道傳)과 음양논리에 의견이 대립되었다.
 또 일설에 의하면 무학대사가 인왕산을 진산(鎭山)을 삼고 백악을 청룡으로 남산을 백호로 하는 동향궁(東向宮)을 세우려 하였는데 정도전이 어렵게 여겨 예로부터 제왕은 모두 남쪽을 앞으로 하여 나라를 다스렸으니 동향으로 도읍지를 창설 할 수 없다고 주장했다.
 무학대사는 처음에는 동남향인 해좌사향(亥坐巳向)으로 신궁(新宮)을 세우려 했다가 정도전의 반대로 뜻을 이루지 못했다.
 무학대사의 주장대로 해임좌(亥壬坐)로 궁을 세운다면 5백년간은 무사태평 안일하게 국운이 나간다는 이론에는 피차간 이해가 되나 정도전의 주장은 일개인의 집과 다른 일국의 대궐이 안일만 하여서는 나라에 발전이 없으니 기복이 있어야 나라가 흥한다는 주장을 내세운 것이다.
 이에 무학은 관악(冠岳)의 안(安)으로 향하여 궁전을 세우면 관악(冠岳)의 화기(火氣)가 궁궐을 비추워 화재와 내환외우(內患外憂)가 끊이지 않으며 바른 대를 이을 수 없다고 주장한 것이다 하지만 무학은 모든 것을 시수(時數)에 맡기며 일탄일소(一歎一笑) 하였다.
 국운이 정하여져 있는 운명이라면 국가 천년대계를 논하는 마당에 있어서 어찌 논쟁만으로 그치겠는가? 양론(兩論)의 결과는 후세가 증명하려니와 대세는 이미 기울어져 정도전의 뜻대로 되었다.
 경복궁 근정전(勤政殿)을 위시하여 사정전(思政殿) 강녕전(康寧殿) 탄생전(誕生殿) 등 수많은 고루궁궐(高樓宮闕)이 완성되고 정도전이 하나하나 기문(記文)과 궁전 이름들을 지었다.

그러나 이씨 개국 초에 비기(秘記)에 따른 동요(童謠)가 있어 이르기를 「저 남산에 가서 돌을 뜨는데 정(釘) 남은 것 없다」 하더니 얼마 안가서 남은(南誾) 정도전이 사변으로 하여 극형을 당하였다. 남(南)은 남은(南誾)을 말함이요, 정은 정도전을 말한 것이라고 하였다.

한양도성(漢陽都)을 쌓을 때에도 선암(禪岩) 하나를 놓고 대립되는 일이 있었다.

선암(禪岩)이란 마치 바위가 중이 장삼 입은 모양같은 것이 인왕산 모퉁이에 서 있어 이름한 것인데 무학은 성안으로 들여보내려하고 정도전은 성 밖으로 내보내려 하였는데 태조왕이 그 이유를 물으니 정도전이 말하기를 「성 안으로 들여보내면 불교가 성하고 성 밖으로 내어 보내면 유교가 흥합니다」라고 했다. 왕이 명하여 정도전의 말을 쫓게 하였는데 무학이 탄식하여 이르기를 이 후로는 중들이 선비의 책보를 지고 따르게 되리라고 하였다고 한다.

경복궁을 중심으로 하여 동쪽 연화방(蓮花坊)에는 종묘(宗廟)를 짓고 서쪽 인달방(仁達坊)에는 사직단(社稷壇)을 모았다.

무학대사는 자기의 주장을 끝내 굽히고 말았다. 이에 무학이 한양 궁궐을 길흉을 추수(推數)하여 후세에 일렀으니 종묘 현판을 창엽문(蒼葉門)이라 붙이고 이씨 왕조가 28대를 지나지 않음을 일렀고 남산태고 유신능군지신 한강다탄 국무십년지안(南山太高 臣有凌君之臣 漢江多灘 國無十年之案)이라 하였다.

그 후 과연 무학대사의 말과 같이 이씨 왕조는 28대에 지나지 않은 셈이요 태종 때에는 그 무서운 골육상쟁이 있었으며 세조때는 왕위찬탈이 일어났다.

임진왜란의 진(辰) 년이나 자(子) 년이나 역대 제왕의 국상등이 거의 변화지년(變化之年)에 해당함이 많았다.

태조 3년 7월에 천도한 경복궁이 임진왜란 후 2백 73년간이란 긴 세월을 황폐한 터만이 남아 있다가 대원군이 다시 재건하여 이씨 왕조 최초의 정궁(正宮)이면서 마지막의 정궁(正宮)으로 종지부를 찍었으니 어찌 경복궁의 터를 길지만으로 볼 것인가? 이 모두가 풍수지리 오행설의 한치의 어긋남이 없음을 볼 때 풍수지리학의 오묘한 진리를 달통치 못한 자신의 학덕이 부족함을 탄식할 뿐이다.

5. 문화류씨 류잠(柳潛)의 명당(明堂)

지금의 경기도 안산 땅인 시흥군(始興郡) 수암면(秀岩面)과 군자면(君子面) 땅이 된다.

동쪽으로는 안양시에 인접하여 있고 남쪽으로는 수원시와 서쪽으로는 인천시에 이어진다.

그리고 북으로는 인접하여 그거리가 50리가량 된다.

산세(山勢)로는 과천(果川) 관악산(冠岳山)의 낙맥(落脈)이 뚝떨어져 서주(西走)하여 수리산(修理山)이 솟아 있으니 이 산이 안산의 진산(鎭山)이다.

이조 선조(宣祖) 때 있었던 일이다. 문화류씨(文化柳氏) 류연달(柳連達)이 이 19대손(孫)에 류잠(柳潛)이란 분이 있었다.

소년시절에 일찍 등과하여 벼슬이 예조(禮曹)와 공조판서(工曹判書)를 역임했다.

선조조(宣祖朝) 병자(丙子)년 10월에 세상을 떠나게 되니 선조대왕께서는 애석히 여겨 문영부원군(文寧府院君)에 봉하고 국사(國師) 지관(地官)으로 하여금 묘터를 잡도록 하였던 것이다.

지관은 어명을 받들어 여러 고장의 산천을 답습한 끝에 지금의 자리를 정하였다.

류잠(柳潛)에게는 아들 형제가 있었으니 맏아들의 이름은 류자신(柳自新)이고 둘째 아들은 덕신(德新)이었다. 장자인 자신(自新)은 대과에 급제하여 그벼슬이 한성판윤(漢城判尹)을 역임하여 권세가 장안에서 등등했고 아들 6형제와 딸 하나를 두었다.

딸은 재덕(才德)과 부덕(婦德)이 겸비하여 나라에 간택되어 광해군(光海君)의 왕비로 들어가게 되었으니 류자신(柳自新)은 문양부원군

(文陽府院君)에 봉하여 큰 권세를 누리게 되었다.
한편 동생인 덕신(德新)은 돈영부도정(敦寧府都正) 정삼품의 당상관에 올랐다.
류씨(柳氏) 집에는 여러 노복들이 많았다. 그 중에 한 여종이 크게 일을 잘못 저질러 놓은 일이 있었다. 류대감(柳大監)은 관속 하인으로 하여금 치죄(治罪)를 하게 하니 여종은 크게 자기 잘못을 은폐하려 드는 것이다.
류대감은 괘씸하게 여기던 끝에 끝내 부인하려 드는 여종을 보니 머리가 상투까지 치밀어 호통을 치다가 마침내 물고를 내라고 엄명을 내렸던 것이다. 곤장을 든 관속들은 사정없이 내리치니 나약한 계집종은 마침내 명을 거두고 만 것이다.
계집종이 죽은 후 십 년이란 세월이 덧없이 흘러갔다. 류대감은 따뜻한 어느 봄날 성묘차 시골 선영 묘에 왔다가 며칠 쉬느라고 뒷마루에 앉아 시골 선비와 환담을 나누고 있었는데 동구 밖을 바라보니 어느 중 한 사람이 점잖은 걸음걸이로 걸어오고 있었다. 중은 시주를 받으러 다니는 것 같지 않고 이 집 저 집 다 제쳐놓고 류대감 있는 곳으로 곧장 걸어온다. 류대감에게로 다가온 중은 공손하게 합장 배례하고 인사를 한다.
「소승 문안 드립니다」
류대감이 바라보니 젊은 중이었다. 뜻하지 않은 중을 맞이한 류대감은 은밀히 물어 보았다.
「대사는 어느 산 어느 절에서 이 시골까지 내려 왔는고?」
「네, 소승은 강원도 금강산 유점사에 있사온데 시주차 다니다보니 대감댁 문전에 까지 이르게 되었나이다.」
류대감이 중의 모양을 관찰해 보니 눈에는 정기가 초롱초롱하며 기골이 장대한 데다 음성 또한 우렁차서 예사 중과는 다른 품이 나타남을 직감하였다.
「대사, 다리도 아플테니 잠깐 쉬어감이 어떠한가?」
「감히 소승이 어찌 대감 곁에 자리를 같이 할 수 있겠습니까?」

중은 거듭 겸손해 한다. 대감이 다시 권하는 바람에 중은 바랑을 풀어 놓고 자리를 같이 하게 되었다. 이 얘기 저 얘기를 주고 받다가 두 사람은 저녁 해가 서산에 넘어가고야 일몰임을 깨달았다.

이들은 다시 사랑방에 자리를 같이 하여 저녁상을 물리고 술상을 차려 놓고서 밤가는 줄도 모르게 이야기를 계속했다. 급기야 중에 대한 내력이 나오게 되었다. 중은 한숨을 쉬더니 천천히 입을 열기 시작하였다. 어려서 충청도 천안 땅에 살았는데 한해 겨울에 염병이 들어서 동네 사람이 부지기수로 죽어갔다. 그 가운데 자기의 양친을 다 여의고 고아가 된 그는 강원도에서 왔다는 중을 따라 갔다.

그의 나이 5세 때였다. 그는 착실하게 수도에 정성을 기울여 불도(佛道)를 닦으니 주지스님은 상좌로 입적을 시키고 있는 힘을 다하여 글 공부를 가르쳐 주었다. 물리를 터득한 중은 뜻한 바 있어 주지스님께 하직을 고하고 도승을 찾아 나섰다.

이 고장 저 고장으로 천산 만산을 두루 살펴 찾아간 곳이 금강산 유점사였다. 여기에서 도승을 만난 상좌중은 십여 년동안 천문 지리를 연구하고 닦았다. 지리에 통달한 중은 금강산을 떠나 팔도강산의 명승 고적과 명당 자리를 구경하며 뜻있는 사람에게 자리를 일러주어 구제안민(救濟安民)의 도를 닦으러 나섰다는 사연이다.

중의 이야기를 다 듣고 난 류대감은 젊은 중이 도승으로 여겨져 마음이 더욱더 흐뭇해짐을 깨달았다.

이튿날 아침 류대감은 도승을 선영 묘소로 안내했다. 도승은 류대감의 선영 산소를 훑어 보고는 입을 열기 시작했다.

「대감님, 인혈각국 천혈하(人穴却局 天穴下)면 부귀출예가기(富貴出㫻可期) 라는 산서(山書) 와 같이 참으로 천하대지입니다. 굽이굽이 감돌아 연결한 본룡(本龍)의 지세(地勢)는 용사(龍蛇) 비등하는 듯하며 좌우로 산회수회(山回水回)하여 용호(龍虎) 가 상종(相從) 하니 어찌 국세(局勢) 가 길하지 않으며 유빈유주(有賓有主) 하여 주객(主客)이 분명하오니 어찌 세세풍영(歲歲豊榮) 하지 않으오리까? 또한 용호수

회(龍虎水回)하며 산천이 수려하니 어찌 자손들이 부봉만호후(富封萬 戶候)가 되지 않겠습니까? 대감님 형국으로 논할진대 마치 닭이 알을 품고 있는 듯한 형상입니다. 저 청룡머리와 백호머리를 보십시요. 마치 날개를 움츠리는 듯한 형상이 아닙니까. 그러나 이렇게 보이는 것은 보통 속사(俗師)들이 보는 눈입니다. 자세히 이 산세를 관찰해 보십시요. 이 산 래용(來龍)에 입수(入首) 후면(後面)의 용신(龍身)을 보면 미녀가 가슴을 헤치고 넌즈시 기대어 양다리를 쭉 펴고 비스듬이 누운 형상입니다. 저 안산을 바라 보십시요. 마치 선관(仙官)이 무슨 일을 치르러 달려드는 형상 같지요. 선관이 양팔을 벌리어 금세라도 덮치는 듯한 기상이요, 가운데 쭉 뻗어 내려온 긴 산등은 바로 역두체라 하는 것입니다. 그러하온데 아깝게도 한 가지 잘못된 점이 있습니다. 사람의 태(胎)가 수혈(水血)로 비롯되는 것이온데 여기에 저 선관(仙官)과 옥녀(玉女)는 음양(陰陽)이 교차를 하려 해도 할 수가 없게 되었습니다」하고 탄식하며 유대감을 바라본다.

대감은 한무릎 다가 앉으며 그러면 어떻게 하면 좋을 방법이 있느냐고 성화다. 중은 다시 말을 이었다.

「대감님 이 묘 앞에 신도비(神道碑)가 있지 않습니까? 저 비(碑)의 거북머리가 안산(案山)에서 뻗은 긴 등을 마주하여 있기 때문에 선관(仙官)과 옥녀(玉女)의 뜻을 이루지 못하오니 거북머리를 이쪽으로 돌려 놓아야 합니다. 또 한편 이 묘 밑에 맑은 연못이 있으니 그 연못물을 한 번 퍼낸 후 말린 후에야 지덕(地德)을 누리게 됩니다」고 말을 맺었다.

이 말을 들은 류대감은 「쾌재라, 쾌재라」를 연발하면서 도승이여 어찌 고승(高僧)의 말을 안쫓겠는가! 라고 좋아한다.

이튿날 대감은 역군(役軍)들을 모아 한쪽으로는 안산(案山)인 군자봉(君子峰)을 깎아내리기 시작했고 한편으로는 신도비(神道碑) 거북머리를 돌려 놓고는 일의 감독을 게을리 하지 않았다.

또 한쪽으로는 용두레(물퍼내는 두레박) 열두틀을 대어놓고 맑은 연목을 퍼내기 시작했다. 열두 두레박이 한나절을 퍼내어도 물은 한 방울도 줄어들지 않고 물빛은 여전하게 퍼렇기만 하다.
　대감이 괴이하게 여겨 도승에게 물었다.
「한나절을 퍼내도 물빛이 아직 퍼렇기만 하니 어찌하면 이 물을 다 퍼낼 수 있을까?」
　도승은 물을 속히 퍼내는 방법을 말했다.
「이 연못물을 말리자면 버드나무 장작을 연못 모퉁이에 쌓고 불을 붙이면 물이 모두 마릅니다」
　대감이 곧 명령하여 그대로 하고보니 과연 그 때부터 물은 줄어들기 시작했다. 그리하여 서너 시간만에 물을 다 퍼내고 말았다. 바닥이 드러날 지경에 이르러 더욱 괴이한 일이 생겼다. 한 마리의 용이 하늘을 바라보고 불끈 솟아 오르다가는 명주폭에 걸려 떨어지기를 몇 번씩이나 하더니 끝내는 하늘에 오르지 못하고 죽고 마는 것이 아닌가. 류대감은 실망하면서 도승을 찾아보았으나 도승은 이미 자취를 감추고 말았다.
　이 도승은 옛날 대감댁의 계집종의 아들이다. 어머니의 한많은 죽음을 천추의 한을 품고서 기회를 엿보고 있다가 명당의 형태를 파손시켜서 멸문지화(滅門之禍)를 당하도록 꾸민 것이다. 그러니 사람에게 원한을 사는 일은 절대로 하지 말아야 하고 명당 자리란 다름이 아니고 묘를 쓴 후에 큰 화가 없고 가족들이 건강하고 화목하면 그것이 바로 명당으로 생각하여야 한다.
　이 일이 있은 후 그 자손들은 인조반정(仁祖反正)으로 인하여 크게 해를 당하게 되었다. 고로 묘터를 옮기는 일은 신중하게 하여야 한다는 것을 명심하여야 한다.

6. 이순자 여사 부인 이봉희 씨의 명당

　이규광씨는 전두환 전 대통령부인 이순자 씨의 친부(親夫)인 이규동 씨의 동생이니 곧 전두환 대통령의 처삼촌되는 인물임은 익히 잘 알려진 사실이다. 이규동 씨와 이규관 씨는 모두 4·19 당시의 장성들이었다.

이규동 씨는 퇴역한 후 마땅한 수입원이 없어 오산 농막에서 어렵게 살고 있었으며 4·19때문에 군에 지급된 실탄을 빼내어버린 민주혁명의 공로자였던 당시 헌병감은 반혁명 사건으로 사형선고가지 받았다가 특청으로 풀려나 근근히 지내고 있었다. 이규광 씨는 우리나라에서 유명한 풍수지리사 육관도사와 면담하는 자리에서 이규광 씨는 자신의 선친에 대한 이야기를 구구절절 늘어놓았다. 아버지 이봉희(李鳳熙) 씨는 성주 이씨로서 일제시대에 독립운동을 한 독립유공자였다.

만주 화전이라는 소읍에서 여인숙을 가장한 비밀 아지트를 만들어 독립운동가들에게 숙식이며 군자금을 전달해주면서 지냈으나 아직까지 중빙할만한 자료와 증언자들이 확보되지 않아서 보훈처에 독립유공자로 등록되지 못하고 있는 처지이다.

해방후에 국내(國內)로 와서 집도 한 칸 없이 어렵게 살며 난민수용소에까지 가곤 하였다. 말년에는 조그만 집에서 살다가 사망했는데 어려운 처지였기 때문에 묘지도 제대로 못쓰고 망우리 공동묘지에 겨우 안장을 하였다. 이제 선친의 묘를 이장하고 싶은데 명당을 잡아줄 수 있겠느냐고 하면서 조심스러운 부탁을 마지막으로 덧붙이는 것이었다.

이렇게 말하는데 그 효심에 탄복하여 육관도사께서는 그 간곡한 요청을 받아들여 묘이장을 결심하게 된다. 육관도사는 국유지를 권했다. 지금은 돈이 없으니 나중에 형편이 좋아지면 불하받을 요량으로 몰래 이장을 하라고 했다. 그곳이 바로 경기도 용인군 내사면에 있는 금박산(金泊山) 높은 곳에 있는 학이 날아가는 형국의 명당자리이니 곧 왕비가 날 자리이다. 왕비가 날 자리이니 가능한한 남에게 알리지 말고 새벽에 올라가 몰래 써야만 한다고 당부했다.

일은 은밀하게 진행되었다. 규동 규성 규광 3형제는 갱장신고도 없이 몰래 망우리의 선친묘를 파서 금박산으로 향했다. 그 아래 여관에서 하룻밤을 자고 이튿날 새벽같이 왕비가 나는 묘터로 올라가서 감쪽같이 묘를 써 버렸다.

이 자리는 학이 날아가는 형국이니 절대로 상석이나 비석 등을 세우지 말라고 당부했다. 그리하여 이순자 여사의 국모의 묘는 묘지등급 4 등급이던 망우리 묘터에서 왕비가 나오는 대명당으로 옮기게 된 것이다. 자 이제 발복은 오직 시간의 문제였다. 철통 같은 절대권좌에 있는 박정희 씨가 육중한 산처럼 버티고 있는데 무슨 수로 왕비가 될 것인가 가족들은 반신반의하며 발복의 그날을 은연중에 손꼽아기다릴 뿐이었다.

그런데 일이 공연하게도 꼬이기 시작했다. 국유지인줄 알고 쓴 묘터가 사실은 사유지였다. 소유자는 선우(鮮宇)씨의 성을 가진 사람이었는데 그집이 바로 일진회(一進會)의 총수였던 매국노 송병준(宋秉俊)의 대저택이었다.

송병준은 가장 악랄한 매국노로서 친일 깡패잔재인 일진회를 조직하여 온갖 매국행위를 자행한 인물이 아니었던가. 그는 고종황제의 양위를 이전에서 강요하는가 하면 많은 애국자들을 테러하고 일본수상 가쓰라(桂太郞)에게 1억원이면 우리 나라를 일본에게 팔아넘기겠다고 공언한 매국노중의 매국노였다. 재물과 권세가 대단하여 우리나라에서 최초로 자가용을 소유한 기록을 가졌고 또한 그가 살던 집터가 유명한 지관이 잡은 집터였으니 일본 헌병 1개중대가 늘 호위하던 대저택이었다. 6·25때 본채가 불타버린 것을 다시 양옥을 재건하여 당시의 선우씨가 소유하고 있었던 것이다. 지금은 베델 센터로서 기독교 재단으로 되었고 콘도미니엄을 여러차례 지어서 휴양실로 만들었다. 명당이라고 이장은 했으나 난처해지기 시작했다.

선우씨는 눈감아주는 성미가 아니었다. 당장에 파가라면서 으름장을 놓고 법원에 제소하겠다면서 도가 지나칠 정도로 윽박질렀다. 이규광씨는 제발 눈감아 달라며 애걸복걸했다. 영향력을 행사할 수 있는 모든 사람들을 동원하여 사정도 해보고 선물공세도 펴보았으나 허사였다. 그후 얼마 안되어서 묘를 쓴 집안에서 막강한 권력의 실력자가 나왔으니 사태는 역전해버렸다. 이번에는 주객이 바뀌어서 선우씨 집에서 용서해달라고 통 사정이다.

이봉희 묘의 의장비와중에 가장 괴인한 것은 이순자 씨는 사흘째 되던 날 밤 그야말로 왕비가 되는 꿈을 너무나 생생하게 꾸었다. 이야기의 내막은 이러하다. 묘를 옮긴 후 육관도사는 이규동씨의 저녁 초대를 받았다. 그 자리에서 이순자 씨를 처음 만나게 된 것이다. 그녀는 육관도사에게 명당자리를 잡아주어서 고맙다는 인사를 했다.

제8장 패철(나경) 보는 법

제8장 패철(나경)보는 법

제1절 패철이란

패철은 주역(周易)의 후천팔괘(後天八卦)를 응용하여 주(周)나라 성왕(成王)시대부터 통용화기 시작했다. 그후 많은 성인들이 조금씩 발전시켜 오늘에 이르렀으며 오묘한 자연(自然)을 하나의 나경에 표시하여 36층까지 만들어졌으나 현재에 사용하기에는 9층으로 요약하고 5행 등 필요한 것을 암기하여 사용하기에 이르렀다.

패철은 나경이라고도 하는데 포라만상(包羅萬象) 경윤천지(經倫天地)에서 나(羅)자와 경(經)자로 약하여 나경(羅經)이라 한다.

패철은 양택(陽宅 : 주택)이나 음택(陰宅 : 묘)에 있어서 택(宅) 또는 혈(穴)의 좌향(坐向)이나 입수용(入首龍)의 방향(方向) 및 사(砂), 수(水)의 상생(相生), 상극(相剋) 관계를 살피는데 사용된다. 나경은 36층까지 있으나 일반적으로 사용되기는 9층 정도 사용함으로 여기서는 9층까지만 설명하고저 하며 9층이상에서 필요한 것은 응용을 하였으므로 결국 36층을 총체적으로 해득이 되는 것이다.

1. 방향과 위치

① 방향

패철은 방향을 재고져 하는 위치에서 나침의 방위(方位)가 4층에 있는 자(子)와 오(午)에 오도록 맞추어 놓는다. (나침중 구멍이 있는 쪽이 자(子)에 오도록 한다) 그리고 관측자의 눈(目)이나 또는 다른 측정기로 자신이 알고져 하는 물체의 위치를 보고 그 위치가 나경 위에서는 어느 위치의 방향을 나타내는가를 살피는 것이다.

예컨대 묘터에서(또는 묘앞 상석위에) 패철을 4층에 있는 자(子)와

오(午)에 나침이 일치하도록 나경을 놓는다. 그리고 앞에 보이는 산(山)의 방향을 알고져 하면 그 산의 주봉(꼭대기)과 자신과의 일직선을 그을때 그 선이 나경상에 어떤 방위를 나타내는가 즉 나경위의 글자가 갑(甲) 또는 건(乾)이면 갑향(甲向) 또는 건향(乾向)이 되는 것이다.

② 위치
㉠ 음택(陰宅)
묘터에서 혈(穴)을 잡기 위해서는
㉮ 입수 위치에서 [도표1 참조] 나경을 놓고 5층의 천산 72용(龍)을 찾는다.
㉯ 나경은 ㉮에서와 같은 곳에 그대로 두고 입수부터 혈(穴)까지의 7층 투지 60용으로 투지용을 찾는다.
㉰ 혈(穴) 위치에서 4층으로 좌향(坐向)을 잡는다.
㉱ ㉰위치에서 6층의 인반중침으로 사(砂)의 방향(方向)을 본다.
㉲ ㉰에서 8층의 천반 봉침으로 수(水)의 방향(方向)을 본다.
㉳ ㉰에서 하관시 9층의 분금(分金)을 사용한다.
㉡ 양택(陽宅 : 주택)
나경(羅經)을 택지(宅地)의 중심(中心)에 놓고 주택(住宅)의 대문의 방위(方位)를 4층의 24방위에서 결정(決定)한다. 또한 안방과 부엌의 방위도 결정한다. 이때 이 세개(①대문, ②안방, ③부엌)가 동사택(東四宅)에 들어가는가 또는 서사택(西四宅)에 들어가는가를 살펴보는 것이다.
동사택(東四宅)은 동(東), 남(南), 북(北), 동남(東南) 방위(方位)이고,
서사택(西四宅)은 서(西), 서북(西北), 서남(西南), 동북(東北), 방위(方位)이다.
①, ②, ③의 같은 방위(方位)일에는 길가(吉家)이고 서로 다른 방위(方位)일 때는 흉가(凶家)가 된다.

아파트나 사무실등에는 대문 대신 현관문을 사용하며 나경을 건물(아파트, 사무실)의 중심에 놓는다.

좀더 자세한 것은 본인의 생년(生年)으로 동사택운인가 서사택운인가를 분별하는 것이 좋다.

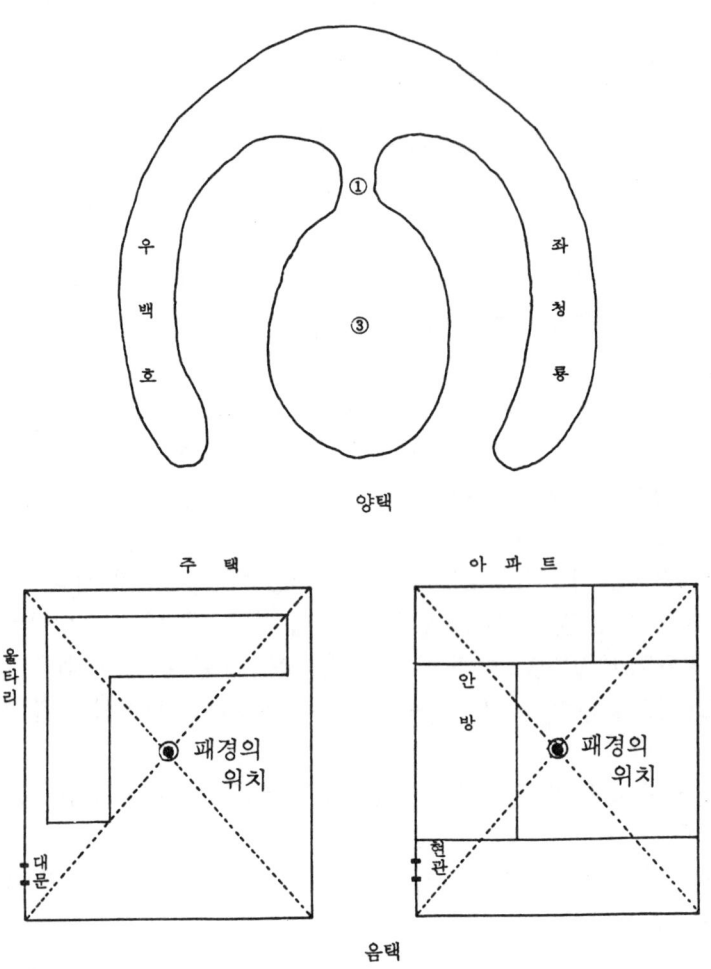

남자(男子)의 동서(東西) 사택운

二黑坤	三碧震	四綠巽	〈男命五黃寄坤中〉	六白乾	七赤兌	八白艮	九紫離	一白坎	上元	西紀一八六四年부터 西紀一九四二年生까지
〈男命五黃寄中〉	六白乾	七赤兌	八白艮	九紫離	一白坎	二黑坤	三碧震	四綠巽	中元	西紀一九四三年부터 西紀一九八三年生까지
八白艮	九紫離	一白坎	二黑坤	三碧震	四綠巽	〈男命五黃寄坤中〉	六白乾	七赤兌	下元	西紀一九八四年부터 西紀二千四十四年까지
壬申	辛未	庚午	己巳	戊辰	丁卯	丙寅	乙丑	甲子	男命六十甲子	
辛巳	庚辰	己卯	戊寅	丁丑	丙子	乙亥	甲戌	癸酉		
庚寅	己丑	戊子	丁亥	丙戌	乙酉	甲申	癸未	壬午		
己亥	戊戌	丁酉	丙申	乙未	甲午	癸巳	壬辰	辛卯		
戊申	丁未	丙午	乙巳	甲辰	癸卯	壬寅	辛丑	庚子		
丁巳	丙辰	乙卯	甲寅	癸丑	壬子	辛亥	庚戌	己酉		
			癸亥	壬戌	辛酉	庚申	己未	戊午		

남명오황중궁(男命五黃中宮)은 곤궁(坤宮) 으로 본다.
건(乾), 곤(坤), 간(艮), 태(兌)는 서(西) 사택운
감(坎), 이(離), 진(震), 손(巽)은 동(東) 사택운

여자(女子)의 동서(東西) 사택운

四綠巽	三碧震	二黑坤	一白坎	九紫離	八白艮	七赤兌	六白乾	(五黃女命中寄)	上元	西紀一八六四年부터西紀一九二二年까지生年
一白坎	九紫離	八白艮	七赤兌	六白乾	(五黃女命中寄)	四綠巽	三碧震	二黑坤	中元	西紀一九二四年부터西紀一九四八年까지生年
七赤兌	六白乾	(五黃女命中寄)	四綠巽	三碧震	二黑坤	一白坎	九紫離	八白艮	下元	西紀一九八四年부터西紀二千四十四年까지生年
壬申	辛未	庚午	己巳	戊辰	丁卯	丙寅	乙丑	甲子	女命六十甲子	
辛巳	庚辰	己卯	戊寅	丁丑	丙子	乙亥	甲戌	癸酉		
庚寅	己丑	戊子	丁亥	丙戌	乙酉	甲申	癸未	壬午		
己亥	戊戌	丁酉	丙申	乙未	甲午	癸巳	壬辰	辛卯		
戊申	丁未	丙午	乙巳	甲辰	癸卯	壬寅	辛丑	庚子		
丁巳	丙辰	乙卯	甲寅	癸丑	壬子	辛亥	庚戌	己酉		
			癸亥	壬戌	辛酉	庚申	己未	戊午		

여명오황중궁(女命五黃中宮)은 간궁(艮宮)으로 본다.

2. 도표와 구성
① 도표

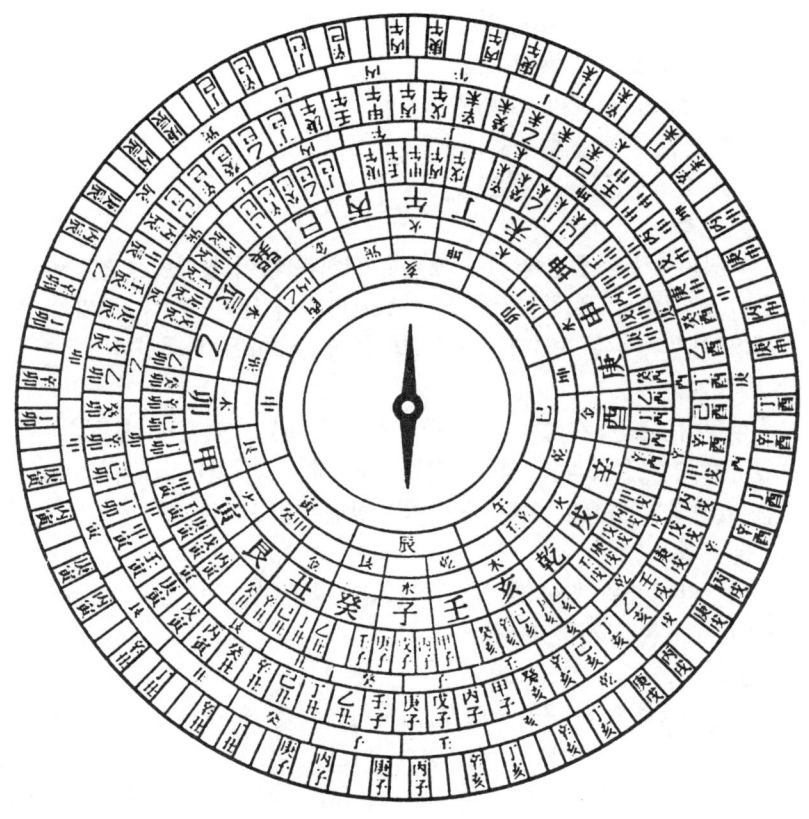

② 구성
나경의 각층별 이름은 다음과 같다.
1층 팔요황천살(八曜黃泉殺)
2층 황 천 살(黃泉殺)
3층 삼합오행(三合五行)
4층 지반정침(地盤正針)
5층 천산 72용(穿山72龍)
6층 인반중침(人盤中針)
7층 투지60용(透地六十龍)
8층 천반봉침(天盤縫針)
9층 봉침분금(縫針分金)
㉠ 1층
나경의 1층은 중심에 있는 첫칸을 말하는데 이 첫칸에는 진(辰), 인(寅), 신(申), 유(酉), 해(亥), 묘(卯), 사(巳), 오(午) 8자가 표기되어 있으며 이는 곧 팔요황천살의 방향(方向)을 의미한다.
㉡ 2층
나경의 2층은 건(乾), 간(艮), 갑계(甲癸), 간(艮), 손(巽), 을병(乙丙), 손곤(巽坤), 정경(丁庚), 곤(坤), 건(乾), 신(辛), 임(壬)을 표시되어 있으며 이는 황천살의 방향(方向)이다.
㉢ 3층
나경의 3층은 쌍산(雙山), 목(木), 화(火), 토(土), 금(金), 수(水) 오행을 표시하고 있다.
㉣ 4층
나경의 4층은 자(子), 계(癸), 축(丑), 간(艮) 인(寅), 갑(甲), 묘(卯), 을(乙), 진(辰), 손(巽), 사(巳), 병(丙), 오(午), 정(丁), 미(未), 곤(坤), 신(申), 경(庚), 유(酉), 신(辛), 술(戌), 건(乾), 해(亥), 임(壬) 등 24방위가 표시되어 있다.
이외 5층, 6층, 7층, 8층, 9층이 나경상에 표시되어 있으니 이상은 각층의 사용법을 설명할 때 자세히 서술하기로 한다.

3. 각층의 사용법

① 1층 팔요황천살(八曜黃泉殺)

㉠1층에는 진(辰), (寅), 신(申), 유(酉), 해(亥), 묘(卯), 사(巳), 오(午) 8칸으로 나누어 표시돼 있는데 이 8방향은 나경의 4층에 있는 방위에 대한 황천살을 의미한다.

예컨대 4층에 있는 임(壬), 자(子), 계(癸) 3방위는 모두 진(辰)방향의 황천살을 받는다.

옆그림은 나경중 임(壬), 자(子), 계(癸) 방위 부분의 그림인데 이 3방의 임(壬), 자(子), 계(癸)는 좌(坐)에 대한 방위로 임좌(壬坐), 자좌(子坐), 계좌(癸坐)로 된 혈(穴 : 묘)이나 택(宅 : 집)을 진(辰)방향의 수(水) 또는 풍(風)의 황천살(黃泉殺)을 받는다.

황천살이란 가장 고약한 살(殺)로써 죽음, 파멸을 뜻하므로 이러한 혈(穴)을 썼을 경우에는 그 집안의 피해를 입는다는 것이므로 가장 주의를 요한다 하여 제1층에 이를 사용하고 있는 것이다.

이를 정리하여 보면 다음과 같다.

　　임자계좌(壬子癸坐) - 진향(辰向)　　병오정좌(丙午丁坐) -
해향(亥向)

　　축간인좌(丑艮寅坐) - 인향(寅向)　　미곤신좌(未坤申坐) -
묘향(卯向)

　　갑묘을좌(甲卯乙坐) - 신향(申向)　　경유신좌(庚酉辛坐) -
사향(巳向)

진손사좌(辰巽巳坐) — 유향(酉向)   술건해좌(戌乾亥坐) — 오향(午向)

ⓒ 임(壬), 자(子), 계(癸) 방위에서 진(辰)이 황천살(黃泉殺)이 되는 이유는 정오행(正五行)에서 임(壬), 자(子), 계(癸)는 후천팔괘(後天八卦)에서 감괘(坎卦)이며 감(坎)은 오행(五行)으로 수(水)가 되며 진(辰)은 토(土)가 된다. 이때 토(土)는 수(水)의 극(剋)이 되며 이 극(剋)을 이루는 관계를 육친(六親)으로 살펴보면 관살(官殺)이 되기 때문이다.

이를 그림 3으로 표시하여 자세히 설명하고저 한다.

· 술건해좌(戌乾亥坐)는 건(乾 : ☰)괘이며 이는 오행이 양금(陽金)이므로 양화(陽火 : 午)의 관살(官殺 : 黃泉殺)을 받으며
· 임자계좌(壬子癸坐)는 감(坎 : ☵)괘이며 이는 오행이 양수(陽

水)이므로 양사(陽土 : 辰, 戌)의 관살(官殺 : 黃泉殺)을 받으며
　· 축간인좌(丑艮寅坐)는 간(艮 : ☶)卦이며 이는 오행이 양사(陽土)이므로 양목(陽木 : 寅)의 황천살(黃泉殺)을 받으며
　· 갑묘을좌(甲卯乙坐)는 진(震 : ☳)卦이며 이는 오행이 양목(陽木)이므로 양금(陽金 : 申)의 황천살을 받으며
　· 진손사좌(辰巽巳坐)는 손(巽 : ☴)卦이며 이는 음목(陰木)이므로 음금(陰金)의 황천살을 받으며
　· 병오정좌(丙午丁坐)는 이(離 : ☲)卦이며 이는 음화(陰火)로 음수(陰水 : 亥)의 황천살을 받으며
　· 미곤신좌(未坤申坐)는 곤(坤 : ☷)卦이며 이는 음사(陰土)이므로 음목(陰木 : 卯)의 황천살을 받으며
　· 경유신좌(庚酉辛坐)는 태(兌 : ☱)卦이며 이는 음금(陰金)이므로 음화(陰火 : 巳)의 황천살을 받는다.
　황천살인 진(辰), 인(寅), 신(申), 유(酉), 해(亥), 묘(卯), 사(巳), 오(午)의 방위(方位)는 나경의 8층으로 보는 바 이는 혈(穴)을 향(向)하여 들어오는 내수(來水 : 得水)를 보는 것이며 나가는 파수(去水 : 破口)는 게의치 않는다.
　때로는 혈(穴) 주위의 꺼진곳은 풍살(風殺)이 드니 주의하고 혈(穴)판의 깨진곳도 그 방위를 살펴야 한다.
　어떤 고서에는 감용(坎龍)은 진향(辰向)이 불가(不可)하다는 주장도 있음을 참고로 한다.
　득수(得水)와 파구(破口)에 대한 개념은 확실히 해 두어야 풍수지리를 이해하는데 도움이 된다.

㉢ 오행(五行)의 종류

五行의 종류	木	化	土	金	水	비고
①正五行	寅,甲,卯 乙,巽	巳,丙,午 丁	丑,庚,酉 未,坤,戌	申,庚,酉 酉,辛,乾	壬,子,癸 亥	
②三合五行	甲,卯,丁 未,乾,亥	艮,寅,丙 午,辛,戌		癸,丑,巽 巳,庚,酉	壬,子,乙 辰,坤,申	
③雙山五行	甲,卯,丁 未,乾,亥	艮,寅,丙 午,壬,子		癸,丑,巽 巳,庚,酉	壬,子,乙 辰,坤,申	
④四大局	丁,未,坤 申,庚,酉	辛,戌,乾 亥,壬,子		癸,丑,艮 寅,甲,卯	乙,辰,巽 巳,丙,午	坐와 破口 포테법관계
⑤女別五行	孔,金,權 周,高,趙 曹,崔,延 黃,俞,車 沁,朴	李,許,吉 羅,威,愼 蔡,薛,丁 鄭,弁	張,洪,元 姜,任,宋 南,田,孫 林,柳,閔 柱,明,陳	韓,申,全 梁,河,徐 文,裵,郭 劉,玄,千 白,康,王 威	孟,蘇,魯 禹,魚,毛 卞,卞,吳 具	坐와 亡命의 姓과의 관계
⑥大玄空五行	壬,午,坤 申,辛,戌	癸,甲,巽 未,酉,亥		子,寅,辰 乙,丙,乾	丑,艮,卯 巳,丁,庚	向과 外水의 得破
⑦小玄空五行	癸,艮,丁 亥	乙,丙,丁 酉	丑,未,庚 戌	卯,午,坤 乾	壬,子,寅 辰,巽,巳 申,辛	向과 內水의 得破
⑧八卦		震,巽	籬	艮,坤	乾,兌	坎
⑨走馬六壬	艮,乙,丙 坤,辛,壬	子,寅,辰 午,申,戌		乾,巽,甲 巽,丁,庚	丑,卯,巳 未,酉,亥	

五行의 종류	木	火	土	金	水	비고
⑩舊墓五行	坤,壬,乙 艮,丙,辛	申,子,辰 寅,午,戌		巽,庚,癸 乾,甲,丁	巳,酉,丑 亥,卯,未	구묘 穴坐 와 포태법
⑪洪範五行	艮,卯,巳	壬,乙,丙 午	丁,酉,乾 坤,庚	子,寅,甲 亥	山運 辰,巽,申 辛,戌	
⑫納音五行	戊一戌,辰 己一亥,巳 壬一子,午 癸一丑,未 庚一申,寅 辛一酉,卯	丙一寅,申 丁一卯,酉 戊一子,午 己一丑,未 甲一辰,戌 乙一巳,亥	庚一子,午 辛一丑,未 戊一申,寅 己一酉,卯 丙一辰,戌 丁一巳,亥	甲一寅,申 乙一丑,未 壬一寅,申 癸一卯,酉 庚一戌,辰 辛一亥,巳	透氣와 坐 乙一卯,酉 丙一子,午 丁一丑,未 壬一戌,辰 癸一亥,巳	및 山관계
⑬星宿五行	乾,坤,艮 巽	甲,庚,丙 壬,子,午 卯,酉	乙,辛,丁 癸	辰,戌,丑 未	寅,申,巳 亥	砂와 坐의 관계
⑭發聲五行	ㄱ,ㅋ	ㄴ,ㄷ,ㄹ ㅌ	ㅇ,ㅎ	ㅅ,ㅈ,ㅊ	ㅁ,ㅂ,ㅍ	
⑮數五行	3, 8	2, 7	5, 10	4, 9	1, 6	
⑯眞五行	寅,甲,卯 乙,辰,巽	巳,丙,午 丁,未,坤		申,庚,酉 辛,戌,乾	子,癸,丑 艮,亥,壬	과 협 과 만두관계

이상 오행(五行)의 사용에 관하여는 앞으로 계속 논의될 것인바 가능하면 정오행(正五行), 성숙오행(星宿五行), 납음오행(納音五行)은 기억해 두는 것이 좋다.
㉣ 오행의 생(生)과 극(剋)
· 목(木)은 화(火)를 생(生)하고 화(火)는 토(土)를 생(生)하고 토(土)는 금(金)을 생(生)하고 금(金)은 수(水)를 생(生)하고
· 본(本)은 토(土)를 극(剋)하고 화(火)는 금(金)을 극(剋)하고 토(土)는 수(水)를 극(剋)하고 수(水)는 화(火)를 극(剋)한다.

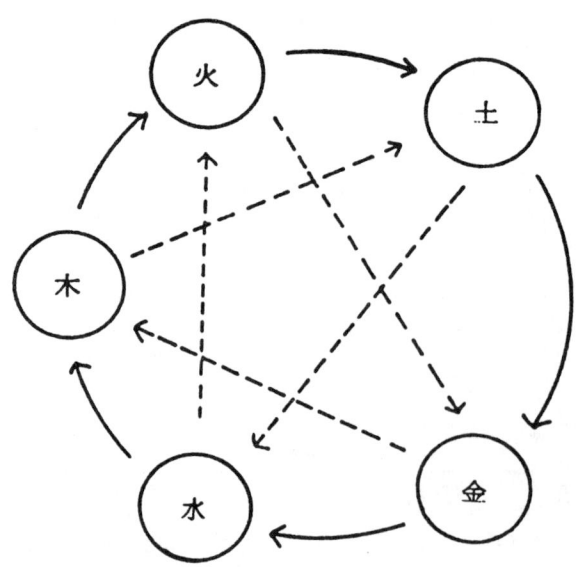

음양오행(陰陽五行)은 고정적이 아니고 경우와 장면(場面)에 따라 변화한다. 예를 들면 갑(甲)이 정오행(正五行)으로는 목(木)이지만 사대국오행(四大局五行)으로는 금(金)이 되며 성숙오행(星宿五行)으로는 화(火)가 된다. 또한 갑을(甲乙)에서 을(乙)은 음(陰)이지만 을축

(乙丑)에서는 을(乙)이 양(陽)이 된다. 日, 月에서 일(日)은 양(陽)이지만 일(日)이란 낮과 밤이 공존한다. 때문에 무엇을 측정할 것인가? 즉 어떤 오행(五行)의 경우인가에 따라서 오행(五行)이 변하는데 이는 당연히 변화물체를 측정하기 위해서는 측량기 자체도 변화되야 하기 때문에 더욱 합리적이라고 생각된다.

ㅁ 육친(六親)

오행(五行)에서의 관계를 육친(六親)으로 표현(表現)하면 다음과 같다.

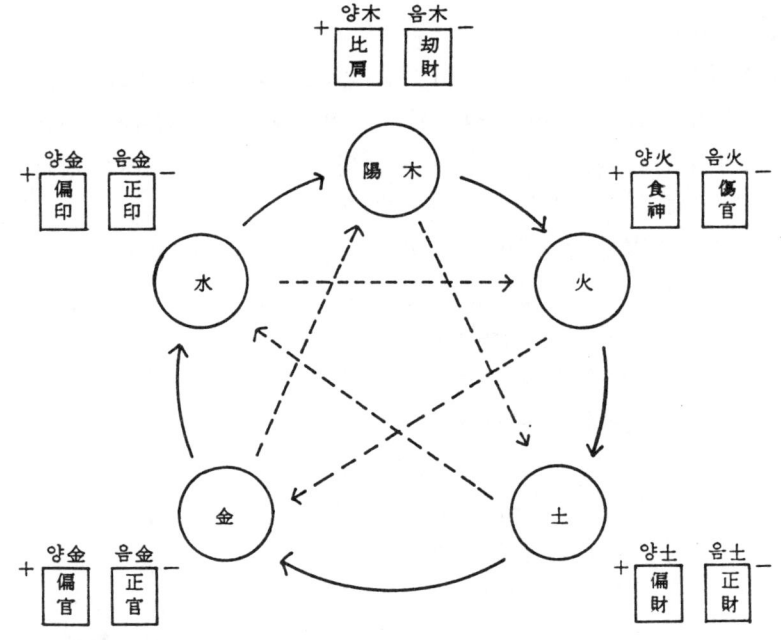

음양배합 ─ 正
음양분배합 ─ 偏

(陽木을 本人으로 할 때)
- 인수-부모, 후원자, 발복(人丁 및 財物)
- 비견접-형제(너무 多하면 재산손실)
- 식상관(食傷官)-자식, 재산손실
- 재(財)-재물(財物), 처(妻)
- 관(官)-관살(官殺)

풍수지리(風水地理)에서는 관살(官殺)은 매우 꺼지지만 식상관(食傷官)이 되는 경우도 기(氣)가 새어나간다 하면 흉(凶)으로 본다.

② 2층 황천살(黃泉殺)

㉠ 향(向)의 황천살(黃泉殺)

2층 황천살(黃泉殺)은 향(向)으로 볼때의 황천살(黃泉殺)로써 그 방향(方向)으로 수(水)가 들어오거나 나가면 황천살의 피해를 막는다.

4층의 임향(壬向)에 건방향(乾方向)의　　　황천살을 살피고
　　　계향(癸向)에 간방향(艮方向)의　　　　 〃　　　〃
　　　간향(艮向)에 갑방향(甲方向), 계방향(癸方向)의 〃 　〃
　　　갑향(甲向)에 간방향(艮方向)의　　　　 〃　　　〃
　　　을향(乙向)에 손방향(巽方向)의　　　　 〃　　　〃
　　　손향(巽向)에 을방향(乙方向), 병방향(丙方向)의 〃 　〃
　　　병향(丙向)에 손방향(巽方向)의　　　　 〃　　　〃
　　　정향(丁向)에 곤방향(坤方向)의　　　　 〃　　　〃
　　　곤향(坤向)에 정방향(丁方向), 경방향(庚方向)의 〃 　〃
　　　경향(庚向)에 곤방향(坤方向)의　　　　 〃　　　〃
　　　신향(辛向)에 건방향(乾方向)의　　　　 〃　　　〃
　　　건향(乾向)에 신방향(辛方向), 임방향(壬方向)의 황천살이 되니

주의해서 살펴야 한다.

다음 도표에서 임좌병향(壬坐丙向)이라는 묘가 있을 때 병(丙) 위의 빈칸 다음에 손(巽)자가 있는 바 손방향(巽方向)으로 수(水)가 들어오

거나 나가면 이 묘는 황천살(黃泉殺)의 피해를 본다.

다시 말하면 임좌병향(壬坐丙向)에서는 임좌(壬坐)가 진방향(辰方向)으로의 팔요황천살(八曜黃泉殺) 피해가 있으며 병향(丙向)이 손방향(巽方向)으로의 황천살(黃泉殺) 피해를 받는다.

때문에 이 묘에서는 진(辰)과 손(巽) 두 방향으로의 수(水)를 살펴야 하며 이는 단순히 수(水)만 살피지 말고 혈(穴)의 파손 부위와 사(砂)의 허(虛)함도 함께 살펴봐야 할 것이다.

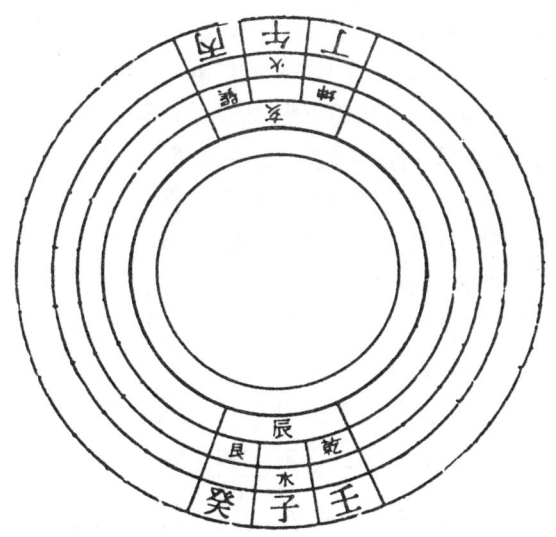

이는 풍수(風水)란 항상 풍(風)과 수(水)를 동시에 살펴보는 것이 가장 합리적인 방법이기 때문이다.

그러나 이때 자(子)나 오(午) 등 12지지(地支)에는 2층이 빈칸으로 나 있어 향(向)으로의 황천살이 없는 것 같이 되 있으나 이는 천간(天干)과 지(支)가 합쳐 동궁(同宮)이 되기 때문에 천간(天干)에만 표시한 것이다. 때문에 임자(壬子)는 동궁으로 자(子)의 2층에는 당연히 건(乾)이 오며 계축(癸丑)은 동궁이므로 축향(丑向)의 황천살은 간(艮)이다. 이와같이 순행(順行)으로 붙여 나가면 빈칸의 황천살 모두를 쉽게 파악할 수 있다.

ⓒ 파구(破口)에 의한 포태법(胞胎法)

2층은 또한 포태법(胞胎法) 관계를 표시한 것으로 이는 파구(破口)에 의하여 좌향(坐向)의 올바른 결정과 득수(得水)가 혈(穴)에 미치는 관계를 살펴 보는데 사용된다.

이를 이해하기 위해서는 12지지(地支)인 자(子), 축(丑), 인(寅), 묘(卯), 진(辰), 사(巳), 오(午), 미(未), 신(申), 유(酉), 술(戌), 사(死), 묘(墓)란 포태법을 순서대로 암기해야 한다.

우선 도표 12지(支)와 배열관계를 보면 〔도표 8〕과 같다.

    목(木) 절(絶) 어(於) 금(金) 신유(申酉)
    화(火) 절(絶) 어(於) 수(水) 해자(亥子)
    금(金) 절(絶) 어(於) 목(木) 인묘(寅卯)
    수(水:土) 절(絶) 어(於) 화(火) 사오(巳午)

	胞	胎	養	生	浴	帶	官	旺	衰	病	死	葬(墓)
甲木	甲	酉	戌	亥	子	丑	寅	卯	辰	巳	午	未
乙木	酉	申	未	午	巳	辰	卯	寅	丑	子	亥	戌
丙火	亥	子	丑	寅	卯	辰	巳	午	未	申	酉	戌
丁火	子	亥	戌	酉	申	未	午	巳	辰	卯	寅	丑
庚金	寅	卯	辰	巳	午	未	申	酉	戌	亥	子	丑
辛金	卯	寅	丑	子	亥	戌	酉	申	未	午	巳	辰
壬水	巳	午	未	申	酉	戌	亥	子	丑	寅	卯	辰
癸水	午	巳	辰	卯	寅	丑	子	亥	戌	酉	申	未

갑(甲:木) 포태(胞胎:陽胞胎)는 신(申)에서 포가 시작되어 순행(順行:시계 바늘과 같은 방향으로 회전됨을 뜻함)하여 미(未)에 묘(墓)가 붙고

을(乙:木) 포태(胞胎:陰胞胎)는 유(酉)에서 포가 시작되어 역행(逆行:시계 방향과 반대 방향으로 회전함)하여 술(戌)에 묘(墓)가 붙는다.

이렇게 하여 병포태(丙胞胎), 정포태(丁胞胎), 경포태(庚胞胎), 신포태(辛胞胎), 임포태(壬胞胎), 계포태(癸胞胎)가 도표와 같이 배열되니 묘(墓)는 진(辰), 술(戌), 축(丑), 미(未)에 붙게 되어 이를 일컬어 진파구(辰破口), 술파구(戌破口), 축파구(丑破口), 미파구(未破口)란 용어를 쓰고 있으며

미(未)란 사대국오행(四大局五行)으로 목(木)이라 목파구(木破口)라고도 하며

술(戌)은 사대국오행(四大局五行)으로 화(火)이라 화파구(火破口)라고도 하며

축(丑)은 사대국오행(四大局五行)으로 금(金)이라 금파구(金破口)라고도 하며

진(辰)은 사대국오행(四大局五行)으로 수(水)이라 수파구(水破口)라고도 한다.

포태법(胞胎法)이란 파구(破口)를 보고 좌향(坐向)을 정(定)하는 법(法)이니 혈(穴)에서 파구(破口)가 미파구(未破口)라 하면 미(未)는 사대국오행(四大局五行)으로 목(木)이며 사대국오행(四大局五行)으로 본(本)은 정(丁), 미(未), 곤(坤), 신(申), 경(庚), 유(酉)이므로 거수(去水)가 이 정(丁), 미(未), 곤(坤), 신(申), 경(庚), 유(酉)인 6방위(方位)로 파구(破口)가 되는 것은 모두 미파구(未破口)라고 한다.

그렇다면 미파구(未破口)에서 좌향(坐向)을 어떻게 정(定)하면 되는가?

풍수지리(風水地理)에서 용(龍)은 음(陰)이며 수(水)는 양(陽)이라 한다. 때문에 용(龍)인 좌(坐)는 포태(胞胎)를 역행(逆行)해야 하고 수(水)인 득수(得水)를 보기 위해서는 포태(胞胎)를 순행(順行)하면 된다.

즉, 미파구(未破口)는 계포태(癸胞胎)인고로 포(胞)를 오(午)에서부터 시작하여 역순(逆順)으로 붙여 나가니 사(巳)에 태(胎)가 붙고 진(辰)에 양(養)이 붙고 묘(卯)에 생(生)이 붙는다. 때문에 미파구(未破口)에서 묘좌(卯坐)를 쓰면 생용(生龍)이 되는 것이다.

미파구(未破口)에서 왜 좌(坐:龍)를 보기 위하여 계포태(癸胞胎)를 응용했는가? 그 해답은 자명하니 다음과 같은 시(詩)가 있다. 즉
    김양수계갑을령(金羊收癸甲乙靈)
    을병교이추술(乙丙交而趣戌)
    두오납정경지기(斗午納丁庚之氣)
    신임회이취진(辛壬會而聚辰)이 그것이다.
이것을 의역하면
    미파구(未破口)는 계갑포태(癸甲胞胎)를
    술파구(戌破口)는 을병포태(乙丙胞胎)를
    축파구(丑破口)는 정경포태(丁庚胞胎)를
    진파구(辰破口)는 신임포태(辛壬胞胎)를 사용하는 것이다.

때문에 미파구(未破口)에서 계갑포태중(癸甲胞胎中) 용(龍)이 음(陰)이기 때문에 계포태(癸胞胎)를 응용한 것이다.

미파구(未破口)에서 득수(得水)는 양(陽)인 갑포태(甲胞胎)를 사용하니 포(胞)가 신(申)에 붙고 양(養)이 술(戌)에, 생(生)이 해(亥)에 붙는다. 이같이 차례로 순행(順行)하여 붙여 나간다. 만일 해방위(亥方位)로 수(水)가 내(來)하면 득수(得水)는 생득수(生得水)로 매우 길(吉)한 것이다.

또는 사(巳)에 병(病)이 붙으니 사방(四方)으로 득수(得水)가 되면 병득수(病得水)로써 흉(凶)한 물(得水)이다.

이는 왼손에서 12지지(地支)를 미리 정하고 여기에 포태(胞胎)를 붙여 응용하는 방법을 익히면 매우 쉽게 사용할 수 있다.

고분(왕능등 옛무덤)들이 거의 이 포태법(胞胎法)으로 좌향(坐向)을 정(定)하였으니 신묘(辛墓)를 쓰거나 구묘(舊卯)를 감저할 때는 반듯이 이 포태법(胞胎法)을 응용할 것이다.

파구(破口)가 없는 묘(墓)에서는 어떻게 할 것인가?

이는 팔수룡(八首龍)의 좌족우족(左族右族)에 의한 포태법(胞胎法) 사용법과 구성(九星)에 의한 정음정양법(淨陰淨陽法)에 의한 포태법(胞胎法) 사용법과 구성(九星)에 의한 정음정양법(淨陰淨陽法)도 있다.

너무 혼돈되면 오히려 역효과이니 다음 기회에 설명하고저 한다.

③ 3층 쌍산(雙山) 및 삼합오행(三合五行)

임자(壬子)는 동궁(同宮)이므로 함께 수(水)가 되지만 나경에서 수(水)의 표시(表示)는 지지(地支)인 자(子)에만 붙인다.

처음 나경이 원래 12방위(方位)인데 양귀빈이 24방위(方位)로 만든 것이다. 목국(木局)은 갑(甲), 묘(卯), 정(丁), 미(未), 해(亥) 방위인데, 갑(甲), 정(丁), 건(乾)을 이으면 정삼각형이 되고 묘(卯), 미(未), 해(亥)를 이으면 정삼각형이 되며 이를 삼합(三合)이라 한다.

화국(火局)은 간(艮), 인(寅), 병(丙), 오(午), 신(辛), 술(戌) 방위인데 이도 삼합(三合)을 이룬다.

금국(金局)은 계(癸), 축(丑), 손(巽), 사(巳), 경(庚), 유(酉) 방위인데 이도 삼합(三合)을 이룬다.

토국(土局)은 중앙(中央)을 의미하므로 방위에서는 빠진 것이다.

삼합(三合)을 이룬다는 것은 좌향(坐向), 수(水), 사(砂)가 삼합(三合)을 이룬 때는 대길(大吉)하며 이중에 이합(二合)만 되어도 길(吉)한 것이다.

좌(坐), 득수(得水), 파구(破口)가 삼합(三合)을 이루어도 대길(大吉)하다. 묘(墓)에서 비석의 위치가 이 삼합(三合)의 방위(方位)로 정(定)함은 길(吉)한 것이다. 물론 평지묘(平地墓)에서는 비석을 세우지 않는 것이 원칙이다.

④ 4층 지반정침(地盤正針)
㉠ 주역선천(周易先天), 후천팔괘(后天八卦)

(1) 복희선천 팔괘(방위)

(보충) 복희팔괘차서도

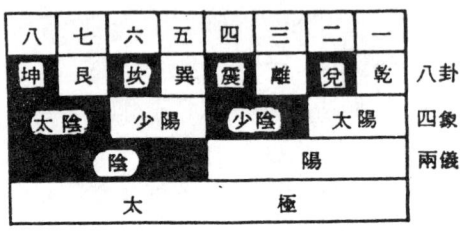

ㄱ. 보충의 그림의 순서대로 복희팔괘의 차례가 주어진다.
ㄴ. 二進法으로 전개되어진다.
　태극→음양→사상→8괘→(16)→
　(32)→64卦. ($2^0 → 2^1 → 2^2 → 2^3$
　→ $2^4 → 2^5 → 2^6$)

(2) 문왕후천팔괘(방위)

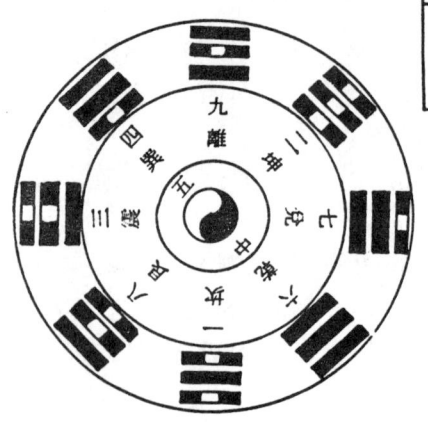

一	二	三	四	五	六	七	八
乾	兌	離	震	巽	坎	艮	坤
三連	上絶	虛中	下連	下絶	中連	上連	三絶

문왕팔괘차서도

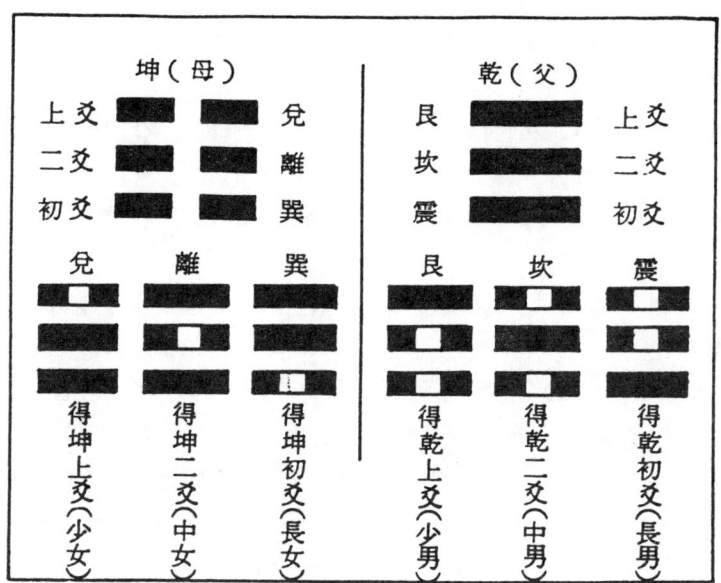

· 복희선천팔괘(伏羲先天八卦)가 문왕후천팔괘(文王后天八卦)로 바뀌는 것은 건괘(乾卦) 문언전구오(文言傳九五)에 설명되고 있다.

· 대칭(對稱)되는 괘(卦)의 수합(數合)이 선천8괘(卦)는 9, 후천8괘(卦)는 10임을 볼 수 있다.

주역팔괘(周易八卦)를 위에서 도표로 살펴보았다. 이는 팔괘(八卦)의 배열방법(配列方法)으로 선천(先天) 또는 후천(后天) 두가지로 분류되며 제삼(第三)의 방법(方法)은 아직 없다. 선천팔괘(先天八卦)는 기본체(基本體)이고 후천(后天)은 실용(實用)되는 것으로 나경(羅

經)도 이 후천(后天)을 그대로 사용하는 것이다. 나경4층은 이 후천팔괘(后天八卦)에 의하여 만들은 것이다.

주역을 터득하는데에는 많은 노력이 필요한 것이다.

ⓒ 좌향(坐向)

4층은 [자(子), 계(癸), 축(丑), 간(艮), (寅), 갑(甲), 묘(卯), 을(乙), 진(辰), 손(巽), 사(巳), 병(丙), 오(午), 정(丁), 미(未), 곤(坤), 신(申), 경(庚), 유(酉), 신(辛), 술(戌), 건(乾), 해(亥), 임(壬)]

24방위(方位)인데 이는 혈(穴)의 좌(坐)와 향(向)을 결정하는데 사용한다.

좌향(坐向)은 혈(穴)의 주인이므로 주의의 사(砂)나 수(水)가 좌향(坐向)에 어떻게 영향을 미치는가를 살펴보는 것이 풍수지리이다.

이는 12지지(地支)와 10천간중(天干中) 무기(戊己:土)를 제한 8간(干)과 사유(四維:건(乾), 곤(坤), 간(艮), 손(巽))을 합하여 24방위(方位)가 정해진 것이다. 360°원을 24방위로 구분하면 1방위가 15°를 이루며 자(子:北)는 오(午:南)와 대칭되고 묘(卯:東)는 유(酉:西)와 대칭된다.

간(艮:北東)은 곤(坤:西南)과 대칭이고 건(乾:西北)은 손(巽:東南)과 대칭이 된다.

때문에 혈(穴)의 좌향(坐向)은 자좌오향(子坐午向) 또는 묘좌유향(卯坐酉向) 등으로 정해진다.

혈(穴)의 좌향(坐向)은 언제나 대칭적으로 정한다. 또한 나경을 도표로 그릴 때는 언제나 자(子)가 밑에 오고 오(午)가 위에 오도록 그리는데 이는 수(水)부터 모든 것이 형성(形成)되었다는 주역(周易)의 원리에 의한 것이다. 때문에 일반적인 지도에서 윗쪽은 북(北)을 의미하는 것과 혼동되는 것에 주의해야 한다.

나경의 지반정침인 4층 24방위(方位)는 나경의 핵심이며 이는 주역(周易)의 후천팔괘(后天八卦)를 그대로 응용하여 만든 것이다. 때문에

일괘(一卦)가 3방위(方位)씩 관리하니

  임(壬), 자(子), 계(癸) 3방위(方位)는 감괘(坎卦)가 되고
  축(丑), 간(艮), 인(寅) 3방위(方位)는 간괘(艮卦)가 되고
  갑(甲), 묘(卯), 을(乙) 3방위(方位)는 진괘(震卦)가 되고
  진(辰), 손(巽), 사(巳) 3방위(方位)는 손괘(巽卦)가 되고
  병(丙), 오(午), 정(丁) 3방위(方位)는 이괘(離卦)가 되고
  미(未), 곤*坤), 신(申) 3방위(方位)는 곤괘(坤卦)가 되고
  경(庚), 유(酉), 신(辛) 3방위(方位)는 태괘(兌卦)가 되고
  술(戌), 건(乾), 해(亥) 3방위(方位)는 건괘(乾卦)가 되고

선(先), 후천팔괘(后天八卦)에 관해서는 이미 앞에서 서술한 바 있으므로 쉽게 이해되었으리라 믿는다.

그리고, 나경1층이 이 8괘(卦)의 오행에 대한 관살(官殺)을 황천살로 한다는 것은 1층에서 설명되었다.

  ㉢ 정음정양법(淨陰淨陽法)

㉠에서 나경이 팔괘(八卦)의 위치로 배열되었음을 설명하였다. 그러나 개개(個個)의 24방위(方位)가 팔괘중(八卦中) 어디에 납(納 : 귀속되는 것)하는가 하는 것은 위치적인 배열과는 다르다.

  예컨대 갑(甲)은 건(乾)에 납(納)하고 건괘(乾卦)로 하며,
        을(乙)은 곤(坤)에 납(納)하고 곤괘(坤卦)로 하며,
        병(丙)은 간(艮)에 납(納)하고 간괘(艮卦)로 하며,
        신(辛)은 손(巽)에 납(納)하고 손괘(巽卦)로 하며,
        유정사축(酉丁巳丑)은 태(兌)에 납(納)하고 태괘(兌卦)로 하며,
        묘경해미(卯庚亥未)는 진(震)에 납(納)하고 진괘(震卦)로 하며,
        오임인술(午壬寅戌)은 이(離)에 납(納)하고 이괘(離卦)로 하며,
        자계신장(子癸申辰)은 감(坎)에 납(納)하고 감괘(坎卦)로

한다.
 이때 건곤리감(乾坤離坎)의 괘(卦)는 ☰ ☷ ☲ ☵ 로 표시되고 이 괘(卦)의 가운에 효를 빼면 ⚌ ⚏ ⚌ ⚏ 로 표시된다. 이같이 아래, 위 효가 같을 때 이를 정양(淨陽)이라 하며 간(艮), 손(巽), 태(兌), 진(震)의 괘(卦)는 ☶ ☴ ☱ ☳ 로 표시되고 가운데 효를 빼면 ⚏ ⚌ ⚏ ⚌ 가 되며 이때는 위, 아래 효가 다르기 때문에 이를 정음(淨陰)이라 한다.
 이 정음정양(淨陰淨陽)으로 좌(坐)와 득파(得破), 좌(坐)와 입수용(入首龍) 또는 좌(坐)와 만두(巒頭)와의 길흉(吉凶) 관례를 구성(九星 : 탐순(貪順), 거문(巨門), 록존(祿存), 문곡(文曲), 렴정(廉貞), 무곡(武谷), 파군(破軍), 좌윤(左輪), 우필(右弼))으로 연관시켜 풀이해 보는 방법이 있다.
 이는 다소 그 작용이 난이하기 때문에 본인이 조사한 바로는 우리나라 고분에서 많이 사용하지는 않았으나 매우 중요한 것이므로 잘 이해해야 한다.
 구성(九星)은 성격을 약술하면 다음과 같다.
 파군(破軍)은 파패(破敗)의 성(星)이니 전택(田宅)은 파쇄(破碎)되고 이사하며 객사(客死)하게 된다. 모두 패(敗)하고 만다.
 록존(祿存)은 질병(疾病)의 성(星)이니 단명하게 된다.
 거문(巨門)은 사명(司命)의 성(星)이니 지배자가 될 것이다.
 탐랑(貪狼)은 재백(財帛)의 성(星)이니 부귀(富貴)하게 된다.
 문곡(文曲)은 문장(文章)의 성(星)이니 문인(文人)이 날 것이나 부(富)가 약하다.
 렴정(廉貞)은 흉살(凶殺)의 성(星)이니 도적이거나 부랑아가 나온 무곡(武曲)은 병권(兵權)의 성(星)이니 무관(武官)이 출현한다.
 보필(輔弼)은 보조의 성(星)이니 무슨 일이던 협조자가 있어 뜻을 이룬다.

㉮ 좌(坐)와 득파관계(得破關係)

좌(坐)와 득파(得破)의 관계에서 구성(九星)의 변화순서는

· 일상파군(一上破軍) · 이중록존(二中祿存) · 삼하거문(三下巨門) · 사중탐랑(四中貪狼) · 오상문곡(五上文曲) · 육중렴정(六中廉貞) · 칠하무곡(七下武曲) · 팔중보필(八中輔弼) 의 순(順)이다.

이를 다시 자세히 설명하면 례(例)로써 좌(坐)가 건좌(乾坐) 또는 갑좌(甲坐)라 하면 이때의 괘(卦)는 건괘(乾卦)로써 ☰ 로 표현된다. 이제 이것이 변화하니,

· 일상(一上) 하면 ☱ 태괘(兌卦)로 변화하며 태괘(兌卦)의 납갑(納甲)은 유정사축(酉丁巳丑)이니 이 4방위(方位)로의 득수(得水) 또는 파구(破口)는 파군(破軍)이 붙으니 이때의 좌(坐)와 득파(得破)의 관계해석은 구성(九星)의 성격설명인 파군(破軍)의 뜻과 같다. 즉 파패(破敗)의 뜻으로 재물(財物)을 잃고 가정이 파산되며 객사한다는 뜻이니 매우 흉(凶)하다. 때문에 이 묘(墓)의 좌향(坐向)은 잘못된 것이다. 즉 이때는 정양좌(淨陽坐)가 되면 절대 흉(凶)하니 정음좌(淨陰坐)가 되도록 할 것이다.

· 이중(二中) 하면 ☳ 진괘(震卦)로 변하면 진괘(震卦)의 납갑(納甲)은 묘경해미(卯庚亥未)이니 이 4방위(方位)로의 득파(得破)는 록존(祿存)이 붙으니 이때의 좌(坐)와 득파(得破)의 관계는 록존성(祿存星)의 뜻과 같다. 역시 몹시 흉(凶)하다.

· 삼하(三下) 하면 ☳ 진괘(震卦)가 하(下)가 변하여 ☷ 곤괘(坤卦)가 되며 곤을(坤乙)이니 이 2방위(方位)로의 득파(得破)는 거문(巨門)이 붙으니 거문(巨門)이 붙으니 거문(巨門)의 뜻과 같이 풀이되며 매우 길(吉)하다.

· 사중(四中) 하면 ☷ 곤괘(坤卦)가 중(中)이 변하여 감괘(坎卦)가 되며 자계신진(子癸申辰)이니 이 4방위(方位)로의 득파(得破)는 탐랑(貪狼)이 붙으니 탐랑성(貪狼星)의 뜻과 같이 좌(坐)와 (水)와의 관계를 해석한다. 탐랑(貪狼)은 매우 길(吉)하다.

· 오상(五上) 하면 ☵ 감괘(坎卦)가 상(上)이 변하여 ☴ 손괘(巽卦)가 되며 이는 납갑(納甲)이 손신(巽辛)이니 이 방위(方位)로의 득파(得破)는 문곡(文曲)이 붙으니 문곡성(文曲星)의 성격으로 풀이된다.

· 육중(六中) 하면 ☴ 손괘(巽卦)가 ☶ 간괘(艮卦)가 되니 이는 간병(艮丙)이니 이 방위(方位)로의 득파(得破)는 렴정(廉貞)으로 풀이되어 좌(坐)와 수(水)와의 관계(關係)는 매우 흉(凶)하다.

· 칠하(七下) 하면 ☶ 간괘(艮卦)가 변하여 ☲ 이괘(離卦) 된다. 이(離)의 납갑(納甲)은 오임인술(午壬寅戌)로 이 4방위(方位)의 득수(得水)는 무곡(武曲)이 붙으니 매우 길(吉)하다.

· 팔중(八中) 하면 ☲ 이괘(離卦)가 ☰ 건괘(乾卦)로 다시 돌아가고 납갑(納甲)은 건갑(乾甲)이다. 건갑방(乾甲方)으로의 득수(得水)는 보필(輔弼)이 붙으니 좌(坐)와 득파(得破)의 관계는 보필(輔弼)로 풀이되어 길(吉)하다.

이상과 같이 좌(坐)와 득파(得破)의 관계가 구성(九星)을 붙여 풀이하는 것이니 변화의 순서를 암기하여 명당의 감정이나 재혈에 상용할 것이다.

이 변화를 손가락 세개를 사용하여 응용하면 쉬우니 도표 11을 보고 많이 연습을 해야 한다.

④ 입수용(入首龍)과 향(向) 관계

정음용(淨陰龍 : 간병(艮丙), 손신(巽辛), 진경해미(震庚亥未), 태정사축(兌丁巳丑)으로의 입수용(入首龍)으로의 입수용(入首龍)은 정양향(淨陽向) 해야 한다는 것이다. 이의 배합(配合) 관계를 살펴보면 음용(陰龍 : 坐를 의미하지 않고 입수용(入首龍)을 의미한다.) 음향(陰向)이며 양용(陽龍)은 양향(陽向)이다.

팔괘 만드는 법(곤괘를 주방위로 할때)

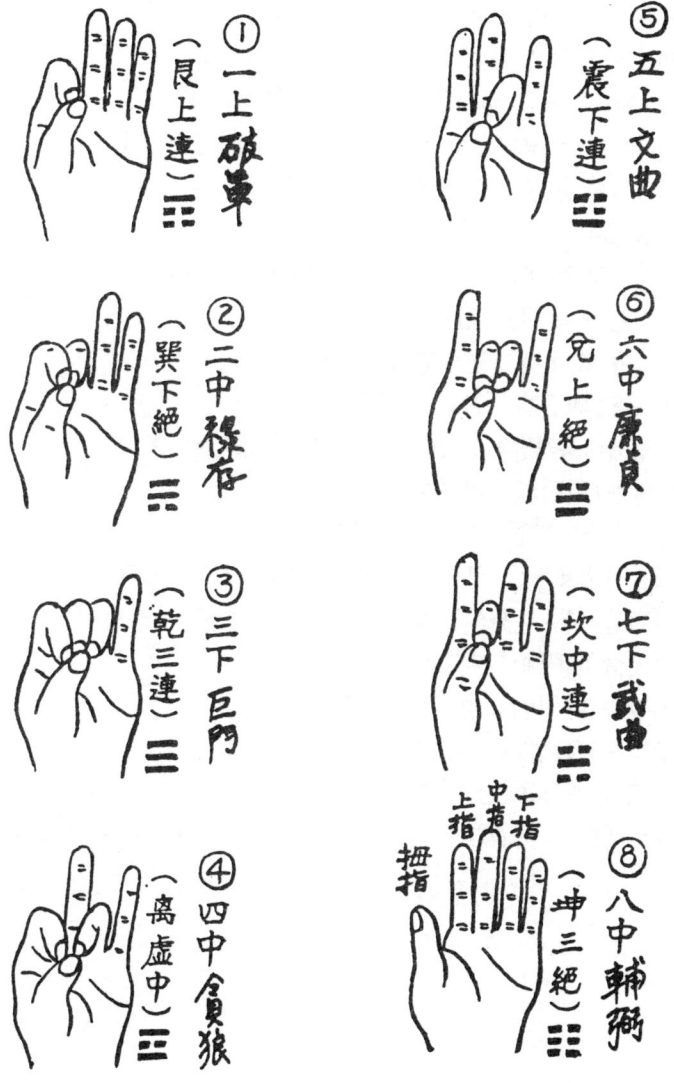

· 팔괘정유합(八卦正酉合)은
　건갑용(乾甲龍) 배(配) 곤을향(坤乙向)
　곤을용(坤乙龍) 배(配) 건갑향(乾甲向)
　진경해미(震庚亥未) 배(配) 손신향(巽辛向)
　손신향(巽辛向) 배(配) 진경해미(震庚亥未)
　감계신진(坎癸申辰) 배(配) 이임인술(離壬寅戌)
　이임인술(離壬寅戌) 배(配) 감계신진(坎癸申辰)
　간병(艮丙) 배(配) 태정을축(兌丁巳丑)
　태정사축(兌丁巳丑) 배(配) 간병(艮丙)이다.
· 납갑일기(納甲一氣)
　건갑용(乾甲龍) 건갑향(乾甲向)
　곤을룡(坤乙龍) 곤을향(坤乙向)
　진경해미용(震庚亥未龍) 진경해미향(震庚亥未向)
　간병룡(艮丙龍) 간병향(艮丙向)
　손신용(巽辛龍) 손신향(巽辛向)
　태정사축용(兌丁巳丑龍) 태정사축향(兌丁巳丑向)
　감계신진룡(坎癸申辰龍) 감계신진향(坎癸申辰向)이다.
· 음양상(陰陽相) 배합(配合)은
　건갑용(乾甲龍) 정양향(淨陽向)
　간병용(艮丙龍) 정음향(淨陰向)
등으로의 배합(配合)이다.
　팔괘정배합(八卦正配合)과 납갑일기(納甲一氣)의 예를 설명하고저 한다.

○ 팔괘정배(八卦正配)의 예(例)

간용입수(艮龍入首)는 계(癸:坐)정방향(丁方向:陰向)이다.

〔설명〕 a. 음용음향(陰龍陰向)

b. 태정사축용배간병향(兌丁巳丑龍配艮丙向). 팔괘정배(八卦正配)

c. 좌이승기(左耳乘氣)

　　　　八卦正配, 艮龍入首, 癸坐丁向

○ 납갑일기(納甲一氣)의 예(例)

간용입수병향(艮龍入首丙向)의 예(例)이다.

〔설명〕 a. 음용음향(陰龍陰向)
　　　　b. 간병룡입간병향(艮丙龍立艮丙向)
　　　　c. 좌요승기(左腰乘氣)

납갑일기(納甲一氣), 간용입수(艮龍入首), 임좌병향(壬坐丙向)

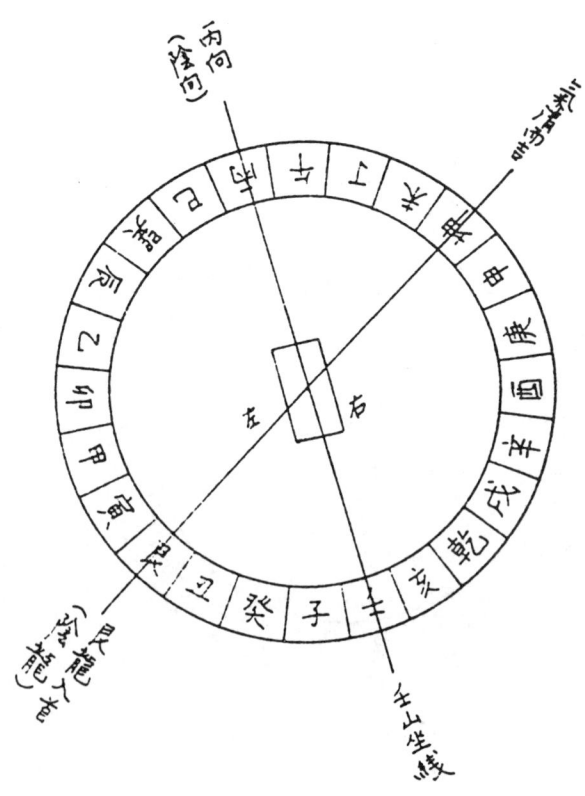

○ 좌(坐)와 수(水)의 렴(廉) 관계

렴(廉)이란 혈(穴:墓) 안으로 목근(木根), 수(水), 충(蟲) 등이 침범하는 것으로 이것은 형기적(形氣的) 입장에서 일차(一次) 고찰되야 마땅하나 이기적(理氣的)으로는 정음정양(淨陰淨陽)의 배합(配合)이 이루어지지 않을 경우에 묘(墓)에 렴(廉)이 침범한다는 것이다.

 a. 정음좌(淨陰坐)에 간병(艮丙), 손신(巽辛), 유정사축(酉丁巳丑), 묘경해미(卯庚亥未)

　ⓐ 건갑득파수(乾甲得破水)는 목렴(木廉):나무뿌리가 침범한다.

　ⓑ 곤을득파수(坤乙得破水)는 풍렴(風廉):바람이 침범한다.

　ⓒ 감계신진(坎癸申辰) 득파수(得破水)는 수렴(水廉:水)가 침범한다.

　ⓓ 이임인술(離壬寅戌) 득파수(得破水)는 화렴(火廉:火의 침범을 받는다)

 b. 정양좌(淨陽坐)에서 건갑(乾甲), 곤을(坤乙), 감(坎:子)계신진(癸申辰), 이(離:午)임인술(壬寅戌)

　ⓐ 진(震:卯)경해미(庚亥未) 득파수(得破水)는 화렴(火廉)

　ⓑ 태(兌:酉)정사축(丁巳丑) 득파수(得破水)는 화렴(火廉)

　ⓒ 손신(巽辛) 득파수(得破水)는 풍렴(風廉)

　ⓓ 간병(艮丙) 득파수(得破水)는 수렴(水廉)이 있다.

※ 좌(坐)나 택(宅)에서 용호(龍虎)의 허리에 견수(見水)이면 렴정(廉貞)이니 흉살(凶殺)이다.

⑤ 5층 천산 72층(穿山 72층)

천산 72용(龍)은 12지지(地支)에 각각(各各) 5용(龍)씩 60용(龍)과 8간(干)과 4유(維:乾坤艮巽)의 빈칸 12용을 합쳐 72용(龍)이 된다.

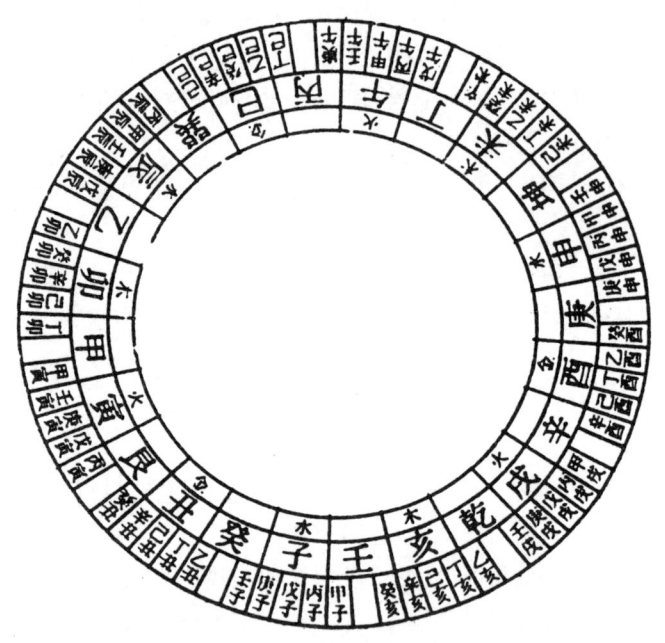

 이는 분수척상(分水脊上) 즉, 입수(入首)자리에 (취기처 또는 만두) 나경을 놓고 후용(後龍)에서 입수(入首)까지 들어오는 용(龍)의 방향 (方向)을 정하며 이 입수용(入首龍)의 길(吉 : 사용할 수 있는 것)과 흉(凶 : 사용되지 못하는 것)을 구별하는데 사용한다. 간단히 갑자순 (甲子順), 임자순(壬子順) 및 무자순(戊子順)은 무기살(戊己殺)로써 (甲子), 임자(壬子)는 고호살 무자(戊子)는 무기살이지만 통틀어 무 기살이라 한다) 사용되지 못하는데 이를 나경에서 쉽게 찾아보는 것은 4층의 지반정침(地盤正針)에서 지지(地支 : 子, 丑, 寅, 卯, 辰, 巳, 午,

未, 申, 酉, 戌, 亥)는 가운데 용(龍)을 쓰지 못하고 양쪽만 사용한다. (자좌(子坐)에서 병자(丙子), 경자(庚子), 천산, 용만 쓰고 무자(戊子) 용은 못쓴다.)

또 천간(天干) 12方(壬, 癸, 艮, 甲, 乙, 巽, 丙, 子, 坤, 庚, 辛, 乾)은 양쪽은 쓰지 못하고 빈칸만 사용된다.

60갑자(甲子)를 세분하여 기(氣)를 살펴보면,

㉠ 갑자(甲子), 을축(乙丑), 병인(丙寅), 정묘(丁卯), 무진(戊辰), 기사(己巳), 경오(庚午), 신미(辛未), 임신(壬申), 계유(癸酉), 갑술(甲戌), 을해(乙亥) 이상 갑자순(甲子順)으로 12용(龍)을 산기(散氣) 또는 냉기살(冷氣殺)이라고도 한다.

㉡ 병자(丙子), 정축(丁丑), 무인(戊寅), 기묘(己卯), 경진(庚辰), 신사(辛巳), 임오(壬午), 계미(癸未), 갑신(甲申), 을유(乙酉), 병술(丙戌), 정해(丁亥) 이상 병자순(丙子順) 12용(龍)은 정기(正氣)이고

㉢ 무자(戊子), 을축(乙丑), 무인(戊寅), 기묘(己卯), 경진(庚辰), 신사(辛巳), 임오(壬午), 계사(癸巳), 갑오(甲午), 을미(乙未), 병신(丙申), 정유(丁酉), 무술(戊戌), 기해(己亥) 이상 무자순(戊子順) 12용(龍)은 패기(敗氣) 또는 무기살이라고 한다.

㉣ 경자(庚子), 신축(辛丑), 임인(壬寅), 계묘(癸卯), 갑진(甲辰), 을사(乙巳), 병오(丙午), 정미(丁未), 무신(戊申), 기유(己酉), 경술(庚戌), 신해(辛亥) 이상 경자순(庚子順) 12용(龍)은 왕기(旺氣)이고

㉤ 임자(壬子), 계축(癸丑), 갑인(甲寅), 계묘(癸卯), 병진(丙辰), 정사(丁巳), 무오(戊午), 기미(己未), 경신(庚申), 신유(辛酉), 임술(壬戌), 계해(癸亥) 이상 임자순(壬子順) 12용(龍) 퇴기(退氣)이다.

㉠, ㉢, ㉤를 무기살이라 한다.

천산(穿山) 72용(龍)은 앞 도표와 같은데 사길성(四吉星)은 간방

(艮方)에 천시원(天市垣), 손방(巽方)에 태미원(太微垣), 해방(亥方)에 자미원(紫微垣), 유방(酉方)에 소미원(少微垣)이 붙으며 유방(酉方)을 제외하고는 수도(首都)나 대도시(大都市)를 이룰수 있는 근원이 되며 방(方)마다 고허왕상(孤虛旺相)이 있다.

 소조산(小祖山)에서부터 입수용(入首龍)을 살펴볼 때 때로는 허맥으로 용(龍)이 들어 왔어도 이것이 다시 정기(正氣) 또는 왕기(旺氣)로 될 경우 이 용(龍)은 사용될 수 있다. (入首 일절을 30年으로 보기 때문에 발복이 30년 늦어지는 것 뿐이다.)

 그렇다면 어째서 갑자순(甲子順), 무자순(戊子順), 임자순(壬子順)은 무기살이 되는가?

 이것은 4층의 좌(坐)와 5층의 갑자(甲子)에서 갑(甲)의 납갑팔괘(納甲八卦)와의 음양배합(陰陽配合) 관계를 살펴보면 쉽게 설명된다. 즉 정음정양(淨陰淨陽)에서 같은 음(陰)인가 양(陽)인가를 살펴보는

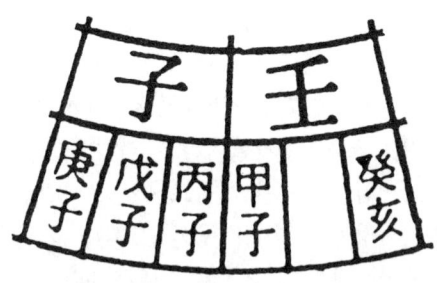

임(壬)은 이괘(離卦)에 속해 ☲ 이같이 표현되는데 이때 가운데 효를 빼면 ⚌로 되 정양(淨陽)이고 갑(甲)은 건괘(乾卦)에 속하여 ☰로 표현되며 이때 가운데 효를 빼면 역시 ⚌로 정양(淨陽)이다.

 즉, 임(壬)과 갑(甲)은 둘다 정양(淨陽)으로 모두 양(陽)이므로 음양(陰陽)이 배합이 안되고 고양(孤陽 : 홀아비 둘이 있다는 뜻)이다. 즉 충(沖)이다.

 그러나 자좌(子坐)와 병자(丙子)는 어떠한가 자(子)는 감괘(坎卦)로 ☵로 표시되고 정양(淨陽)이며 병(丙)은 간괘(艮卦)로 ☶로 정음(淨陰)이다. 즉 음(陰)과 양(陽)을 잘 어울려져 합(合)이 되는 것이

다.

그러나 5층의 천산 72용은 너무나 세분되어 있기 때문에 실제로 사용하기에는 매우 어렵다.

이것보다는 정음정양법(淨陰淨陽法)에 의하여 정양(淨陽) 입수용은 적어도 입수 3절 정도는 정양용(淨陽龍)으로 되는 것 정도가 바람직하다. 어떤 면에서는 이것 정도도 실용(實用)하기에 어려운 점이 있다는 것을 많은 경험을 통하여 알게 될 것이다.

⑥ 6층 인반중침(人盤中針)

인반중침(人盤中針)을 사(砂)를 볼 때 사용한다.

즉, 사(砂)와 좌(坐)와의 오행(五行)관계를 살펴 사(砂)의 길(吉)·흉(凶)을 살펴보는데 사용되는 것이다. 사(砂)란 산(山)을 뜻하며, 건물, 비석도 여기에 속한다.

인반은 4층의 지반정침(地盤正針)과 7.5°의 역행(逆行: 시계바늘 방향과 반대방향)의 차이가 있다. 이는 용(龍)은 음(陰)이기 때문에 역행(逆行) 된 것이다.

사(砂)는 성숙오행(星宿五行)으로 오행(五行)의 육친(六親) 관계를 살펴봐야 하는데 이때 좌산(坐山)이 주(主)가 되는 것이다.

성숙오행(星宿五行)을 다시 살펴보면 건곤간손(乾坤艮巽)은 목(木)이요,

갑경병임(甲庚丙壬), 자오묘유(子午卯酉)는 화(火)요, 을신정계(乙辛丁癸)는 토(土)요,

진술축미(辰戌丑未)는 금(金)이요, 인신사해(寅申巳亥)는 수(水)이다.

때문에 가령 건좌(乾坐)라면 목(木)이니 손간곤방(巽艮坤方)의 사(砂)는 비견(比肩)이 되어 인재(人財)의 득(得)이 있고 갑경병임(甲庚丙壬)이나 자오경유방(子午卯酉方)의 사(砂)는 화(火)이니 식신(食神)이 되어 재물(財物)의 손실이 있고 을신정계방(乙辛丁癸方)의 사(砂)는 토(土)이니 재물(財物)을 쓸 수 있으며 진술축미방(辰戌丑

未方)의 사(砂)는 금(金)이니 관살(官殺)로써 인재(人財)의 피해를 받으며 인신사해방(寅申巳亥方)의 사(砂)는 수(水)이므로 생(生)하여 주니 관인재(官人財)의 도움을 줄 것이다. 그런데 사(砂)는 인정(人丁)을 관리함이 원칙이니 자손이 번성할 것이다.

다시 말하면

관방(官方)의 사(砂)가 고(高)하고 유정(有情)하며 청(淸)하면 부귀(富貴)하고

관방(官方)의 사(砂)가 저(低)하거나 험상하면 빈천(貧賤)하다.

재방(財方)의 사(砂)가 고(高)하고 유정(有情)하며 청(淸)하면 처덕(妻德)이나 재(財)가 있고

재방(財方)의 사(砂)가 저(低)하거나 험상하면 재물(財物)이나 처덕(妻德)이 없다.

인방(印方)의 사(砂)가 고(高)하고 유정(有情)하며 청(淸)하면 부자화목(父子和睦), 유산(有産)이 있고

인방(印方)의 사(砂)가 저(低)하거나 험상하면 부덕(父德)이 없다.

비방(比方)의 사(砂)가 고(高)하고 유정(有情)하며 청(淸)하면 형제우애(兄弟友愛)가 있고 비방(比方)이 저(低)하면 형제덕(兄弟德)이 없다.

장생방(長生方)이 고(高)하고 유정(有情)하면 장수(長壽)하며

장생방(長生方)이 저(低)하면 질병(疾病)이 많다.

좌용(坐龍)은 장남(長男) 우용(右龍)은 삼남(三男 : 案山이었으면 二男) 안산(案山)은 이남(二男)으로 비유하여 살펴보는 법도 있다.

즉 좌용(左龍)이 우용(右龍)이나 안산(案山)보다 특별히 잘 발달되어 있고 유정(有情)하면 장남(長男)이 크게 발전됨을 뜻한다고 보는 것이다. 그러나 일반적으로는 좌용(左龍)은 아들 우용(右龍)은 외손(外孫) 또는 재물(財物)이며 안산(案山)은 노복 후용(后龍)은 조상(祖上) 또는 관직(官職)을 의미하기도 한다. 많은 경험이 필요하다.

좌(坐) 사(砂)를 생(生)하여 주는 경우는 식상관(食傷官)으로 풍수에서는 기(氣)가 새어 나간다 하여 매우 꺼린다. 또한 관살(官殺)이라 하여도 사(砂)가 매우 아름답게 되있다면 그 묘(墓)의 후손이 관(官)으로 크게 진출한다고 하는 역설적인 해석도 있다.

그러나 관살(官殺)로 흉악한 사(砂)가 있을 경우에 꼭 그곳에 묘(墓)를 써야할 경우에는 식상관방(食傷官方)으로 비석을 세워 관살(官殺)은 상살(相殺)시키는 방법이 있다. 때문에 비석을 세울 때는 삼합오행(三合五行)의 방법이 있고 아울러 성숙오행(星宿五行)의 방법을 사용하는 방법이 있으니 풍수사는 유의해야 한다.

⑦ 7층 투지 육십용(透地 肉十龍)
㉠ 투지용(透地龍)

투지(透地) 60용(龍)이란 4층의 24방(方)을 각 2.5분한 것으로 쌍산(雙山)을 5분한 것과 같다. 쌍산(雙山)에는 반드시 지지(地支)가 있는바 이 지지(地支)를 60갑자(甲子)로 분(分)한 것과 같다.

예컨대 임자(壬子 : 水局)에는 갑자(甲子), 병자(丙子), 무자(戊子), 경자(庚子), 임자(壬子)로 나누어진다. 투지(透地)라 함은 통(通)한다는 뜻이며 산(山)이라 하지 않고 지(地)라고 한 것은 지(地)에서 만물(萬物)이 발생할 수 있는데서 온 뜻이다.

이 투지(透地) 육십용(六十龍)을 정(定)하는데는 입수(入首)의 분수척상(分水脊上 : 만두)에 나경을 놓고 나경에서부터 혈(穴)에 이르는 것인데 예컨대 이때의 60용(龍)이 신해(辛亥)라면 납음(納音)은 금(金)인데 종우래(從右來)하여 좌이(左耳)로 승기(乘氣)한다면 혈(穴)은 건좌손향(乾坐巽向)하여 정해토기(丁亥土氣)를 투득(透得)하여야 정건용(正乾龍)의 생혈(生穴)이 되어 어김없이 발복(發福)하게 된다.

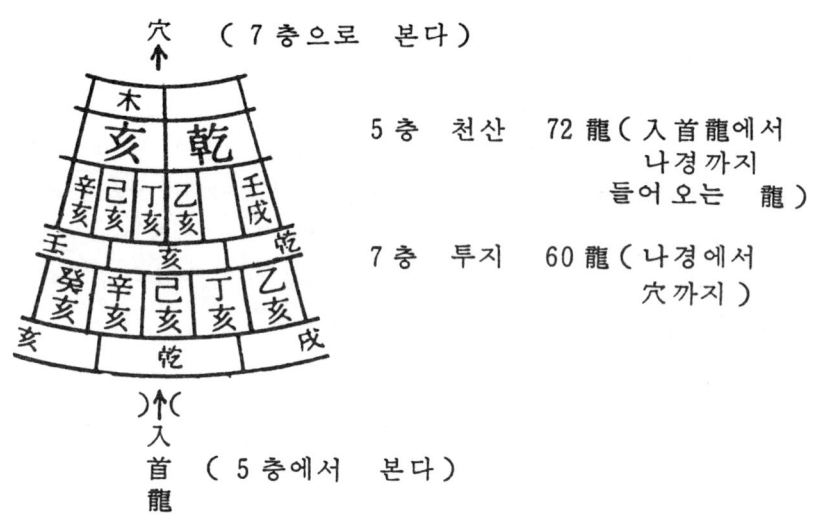

그러나 을해화용(乙亥火龍)은 혈(穴)을 극(剋)하여 해(害)를 입게 된다.

여기서 반복해서 밝힐 것은 천산(穿山) 72용(龍)과 투지(透地) 60용(龍)은 서로 반대되는 방향(方向)이 되는 것이다.

㉡ 납음오행(納音五行)

투지(透地) 60용(龍:60甲子)은 납음오행(納音五行)으로 상생상극 관계를 이루는바 납음오행(納音五行)을 쉽게 찾는 법(法)은

    자축오미(子丑午未) (1)   갑을(甲乙) (1)
    인유신유(寅酉申酉) (2)   병정(丙丁) (2)
    진사술해(辰巳戌亥) (3)   무기(戊己) (3)
                               경신(庚辛) (4)
                               임계(임계) (5)

로 수자로 하여

합(合)한 수가 1이면 목(木), 2는 금(金), 3은 수(水), 4는 화

(火), 5는 토(土)이다.

합(合)한 수가 5를 넘으면 5를 뺀다.

예컨대 갑자(甲子)는 갑(甲)(1)과 자(子)(1)을 합하면 2가 되며 2는 금(金)이다. 그러나 납음오행(納音五行)은 단순히 목(木), 화(火), 토(土), 금(金), 수(水)로만 기억해서 적용하면 안된다. 그 의미의 음까지 이해해야 상생상극관계가 이해된다. 예컨대 사중금(沙中金), 검봉금(劍鋒金)은 화(火)를 만나야 오히려 빛을 얻는다.

60갑자(甲子)에서는 오직 이 납음오행(納音五行) 밖에 없다. 그렇기 때문에 납음오행(納音五行) 활용의 범위가 넓다. 예컨대 망자(亡者)의 생년월일(生年月日)이 납음오행(納音五行)으로 좌(坐)와의 관계를 살펴볼 수 있고 하관시와 투지, 분금 등 두루 활용되는 것이다. 참고로 시두법(時頭法)과 월두법(月頭法)을 표시하니 하관시의 결정에 참고하시기 바랍니다.

월두법(月頭法)
갑기년(甲己年)에 병인월두(丙寅月頭)
을경년(乙庚年)에 무인월두(戊寅月頭)
병신년(丙辛年)에 경인월두(庚寅月頭)
정임년(丁壬年)에 임인월두(壬寅月頭)
무계년(戊癸年)에 갑인월두(甲寅月頭)
시두법(時頭法)
갑기일(甲己日)에 갑자시두(甲子時頭)
을경일(乙庚日)에 병자시두(丙子時頭)
병신일(丙辛日)에 무자시두(戊子時頭)
정임일(丁壬日)에 경자시두(庚子時頭)
무계일(戊癸日)에 임자시두(壬子時頭)

乙甲卯寅 大溪水	乙甲巳辰 覆燈火	乙甲未午 沙中金	乙甲酉申 泉中水	乙甲亥戌 山頭火	乙甲丑子 海中金
丁丙巳辰 大溪水	丁丙未午 覆燈火	丁丙酉申 沙中金	丁丙亥戌 泉中水	丁丙丑子 山頭火	丁丙卯寅 海中金
己戊未午 天上火	己戊酉申 大驛土	己戊亥戌 平地木	己戊丑子 霹靂火	己戊卯寅 城頭土	己戊巳辰 大林木
辛庚酉申 石榴木	辛庚亥戌 釵釧金	辛庚丑子 壁上土	辛庚卯寅 松柏木	辛庚巳辰 白鑞金	辛庚未午 路傍土
癸壬亥戌 大海水	癸壬丑子 桑柘木	癸壬卯寅 金箔金	癸壬巳辰 長流水	癸壬未午 楊柳木	癸壬酉申 劍鋒金

납음상극중상생의 명(納音相剋中相生의 命)

사중금(沙中金)·검봉금(劍鋒金)은 화(火)를 득(得)해야 복록(福祿)이 충맹(充孟)하며,

평지일수목(平地一秀木)은 금(金)이 없으면 영화(榮華)를 누리지 못하고

천하수(天河水) 대해수(大海水)는 토(土)를 만나면 자연(自然)히 형통(亨通)하고

대역사(大驛士·沙中士)는 목(木)이 아니면 평생(平生)을 그르치게 된다.

(이는 관성(官星)을 제화(制化)하는 묘법(妙法)이다.)

澗 : 산골물간   釵 : 비녀채
劍 : 칼검   釧 : 끝찌천
靂 : 벼락력   桑 : 메뽕나무자
霹 : 벼락벽   爐 : 뙤야볕로
鑞 : 백철랍   榴 : 석류류
柏 : 측백나무백   傍 : 가까울방
箔 : 금박박   桑 : 뽕나무상
覆 : 덮을복   沙 : 모래사

ⓒ 입수용의 좌우선과 투지용

나경을 보고 자세히 설명하면 해좌입수(亥坐入首)의 투지용(透地龍)이 신해(辛亥 7층투지 60용(龍)으로) 금투지(金透地)라면 이때 투지는 계해(癸亥 : 水) 기해(己亥 : 木) 정해(丁亥 : 土) 을해(乙亥 : 火)이므로 신해(辛亥 : 金) 투지용(透地龍)의 생(生)은 정해토기(丁亥土氣)이므로 정해투지(丁亥透地)의 좌향(坐向)은 건좌손향(乾坐巽向)이 되는 것이다.

결국 이것은 재혈의 방법(方法)이 되는 바 바꾸어 말하면 분수춘상(分水春上)에서 나경을 놓고 혈(穴)까지의 투지용(透地龍)을 보면(7층을 본다.)

신해용(辛亥龍)이 됐다고 하자.

이때 신해(辛亥)의 납음(納音)을 보면 금(金)이므로 금(金)을 생(生)해 주는 것이 오행중(五行中)에는 토(土)이므로 계해(癸亥), 기해(己亥), 을해(乙亥), 신해(辛亥), 오기중(五氣中) 토기(土氣)인 정해(丁亥)를 찾아 정해투지(丁亥透地)를 잡고 입관(入管)되도록 하며 정해(丁亥) 투지가 되기 위해서는 건좌손(乾坐巽)이 되는 것이다. 결국 이것은 입수용이 우선(右旋)했을 경우이고 우선되었다 하여도 우선된 경우에 따라서 결정하는 것인데 위에서 신해(辛亥) 투지가 정해(丁亥) 투지로 되는것은 경미한 우선의 경우이고 우선이 많이 됐다면 신좌(辛坐), 유좌(酉坐) 등으로도 바꾸어 질수 있다. 그러나 일반적으로 명당(明堂)이라 할 수 있는 곳에서 60° 이상의 꺾임은 부당하다고 본다.

다음은 종좌래(從左來 : 左旋龍)하고 우이(右耳)의 신해(辛亥 : 金) 투지(透地)로 든다면 갑자(甲子), 병자(丙子), 무자(戊子), 경자(庚子), 임자(壬子), 투지중(透地中)에서 납음(納音)이 토(土)가 되는 투지(透地)는 경자(庚子)이므로 경자(庚子) 투지(透地)로 재혈(裁穴) 되며 혈(穴)은 자좌오향(子坐午向)이 된다.

㉣ 좌(坐)와 투지용 납음오행의 상생상극관계

투지 60용은 오직 병자순(丙子順 : 병자(丙子), 정축(丁丑), 무진(戊辰), 기묘(己卯), 경진(庚辰), 신사(辛巳), 임오(壬午), 계미(癸未), 갑신(甲申), 을유(乙酉), 병무(丙戌), 정해(丁亥) 12용(龍)과 경자순(庚子順 : 경자(庚子), 신축(辛丑), 임진(壬辰), 계묘(癸卯), 갑진(甲辰), 을사(乙巳), 병오(丙午), 정미(丁未), 무신(戊申), 기유(己酉), 경술(庚戌), 신해(辛亥) 12용(龍) 즉 합계 24용만을 사용할 수 있으니 이를 주보혈(珠寶穴)이라 하며 각 좌(坐)마다 1개의 주보혈이 있으니 이주보혈의 남음오행과 좌(正五行으로)와의 관계를 살펴보아 투지용이 좌(坐)를 극하여 관살(官殺)이거나 (坐가 주인이기 때문에) 좌(坐)가 투지를 생하게 되면 기(氣)가 새어 좌(坐)가 되지 못한다.

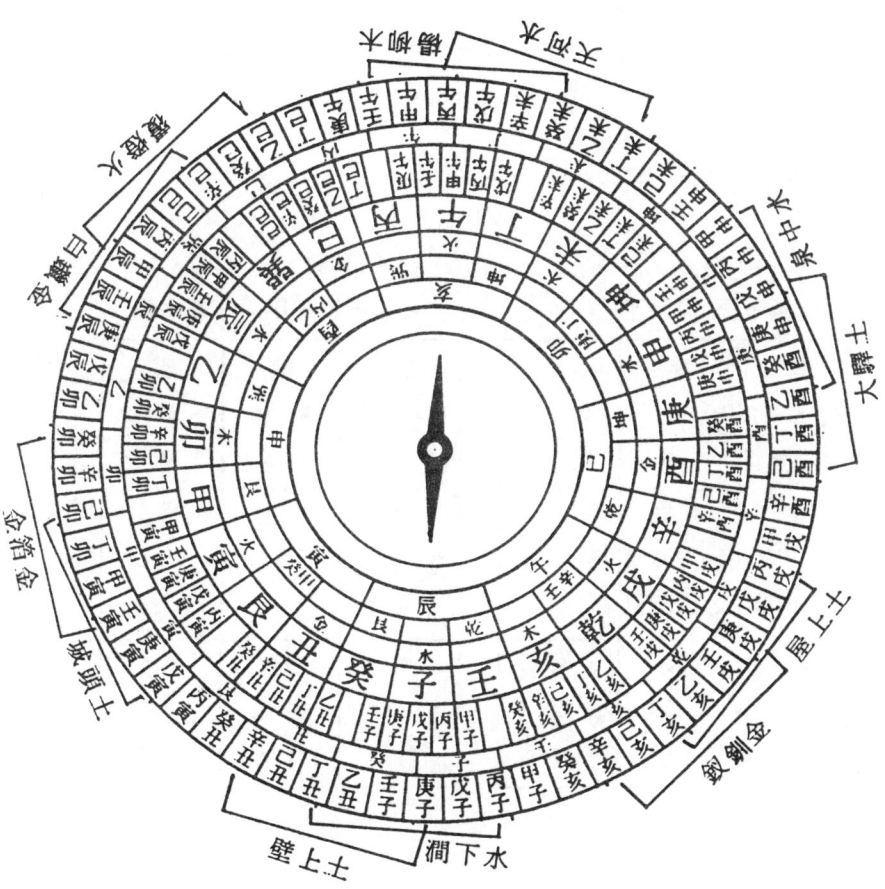

㉤ 24주보혈(珠寶穴)

보혈은 60투지용을 64괘(卦)로 분류하고 내괘(內卦)와 외괘(外卦)로 하며 팔괘방위(八卦方位)를 구궁법(九宮法)으로 부자재관록마귀인(父子財官祿馬貴人)을 양둔(陽遁 : 동지에서 하지까지의 절기)은 순행(順行)하며 음둔(陰遁 : 하지에서 동지까지의 절기)은 역행(逆行)하여 붙인다. ;   24주보혈의 각기(各氣)마다(예컨대 병자기(丙子氣), 정축기(丁丑氣) 등) 팔괘방위(후천 8괘방위)의 사(砂)와 육관(六觀) 관계의 생극관계를 살펴본다.

몇가지 예를 살펴본다.

① 丙子(壬龍,
　　大雪下局, 澤水困)

巽	離	坤
生丁貴兄丁 門奇人第酉	傷 門	杠乙 門奇
震 休丙丁父 門奇未母	中官 貴丁子戊妻 人亥孫寅財	兌 景 門
艮 開驛貴丁子 門馬人亥孫	坎 戊 驚午 門官	乾 死戊父 門辰母

② 庚子(子龍,
　　冬至七宮起甲子, 雷水解)

巽	離	坤
死丁子 門奇孫	驚官 門星	開丙財 門奇星
震 驚驛兄 門馬第	中官	兌 休子 門孫
艮 杠財 門星	坎 傷四 門吉	乾 生乙 門奇

③ 丁丑(丁丑：癸龍,
   小寒下局, 風水渙)

巽 乙兄 奇第	離 開門	坤 休丁兄父驛 門奇第母馬
震 丙子 奇孫	宮中 坤寄 山祿	兌 生 門
艮	坎 父母	乾 四吉

④ 辛丑(丑龍,
   大寒中局, 風山漸)

巽 開門	離 休官 門星	坤 生子 門孫
震 四吉	宮中 坤寄	兌 兄兄丙 弟弟寄
艮 乙奇	坎 蓬星	乾 財星

⑤ 戊寅(艮龍：入春下局,
   地山謙)

巽 開門	離 休丙父 門奇母	坤 生 四兄 門 吉兄
震	宮中	兌 子驛兄 巽馬第
艮 官丁 星奇	坎 英乙 星奇	乾 貴父 人母

⑥ 壬寅(寅龍, 雨水中局
   火山旅)

巽 休丙子 門奇孫	離 生 門	坤 乙驛財兄 奇馬星弟
震 開丁兄 門奇第	宮中 坤寄 乙奇	兌 四子 吉孫
艮	坎 英星	乾 財星

⑦ 癸卯(卯龍：春分中局,
　　震爲雷)

巽	離 祿父 星母	坤 官 星
震 四 吉	宮中	兌 丙財 奇星
艮 生乙兄 門奇弟	坎 休英財 門星星	乾 開丁子 門奇孫

⑧ 巳酉(酉龍，秋分上局
　　雷澤歸妹)

巽 開財 門星	離 休丙 問奇	坤 生 門
震	宮中 艮奇	兌 四 吉
艮 乙官兄貴 奇星弟人	坎 天丁官祿 輔奇星星	乾 父 母

⑨ 丁亥(乾龍：立冬中局,
　　雷天大壯)

巽 生官 門星	離 四財 吉星	坤 丙 奇
震 休丁祿父 門奇星母	宮中	兌 子 孫
艮 開兄兄 門弟弟	坎 天乙 英奇	乾

⑩ 辛亥(亥龍，小雪上局
　　地天泰)

巽 生 門	離 四財貴官 吉星人星	坤
震	宮中	兌 四 奇
艮 開丁祿財子 門奇星星孫	坎 天兄 輔弟	乾 .乙 奇

⑧ 8층 천반봉침

　수(水)의 방위를 보는데는 4층의 방위(方位)가 아니고 8층의 방위(方位)로 본다. 8층은 4층보다 7.5° 순행방(順行方)으로 이동된 것이니 이것은 6층의 용(龍)이 음(陰)이라 역행방(逆行方)으로 7.5° 옮긴 것과 같이 수(水)는 양(陽)이기 때문에 순행방(順行方)으로 7.5° 이동된 것이다.

　6층이나 8층은 글자가 작아서 얼핏 찾기 어려우니 초보자는 우선 4층을 보고 이것을 기준으로 6층, 8층을 보는것이 쉽다. 그러나 모름지기 풍수사들은 24방위(方位)의 위치는 나경을 보지 않고도 머리속에서 훤히 알고 있을 정도로 기억해 두어야 한다.

　나경의 1층(坐의 黃泉殺), 2층(向의 黃泉殺)은 수(水)의 방위(方位)임으로 8층으로 살펴야 한다. 또한 포태법에서도 역시 파구(破口)를 8층으로 보아 정한다.

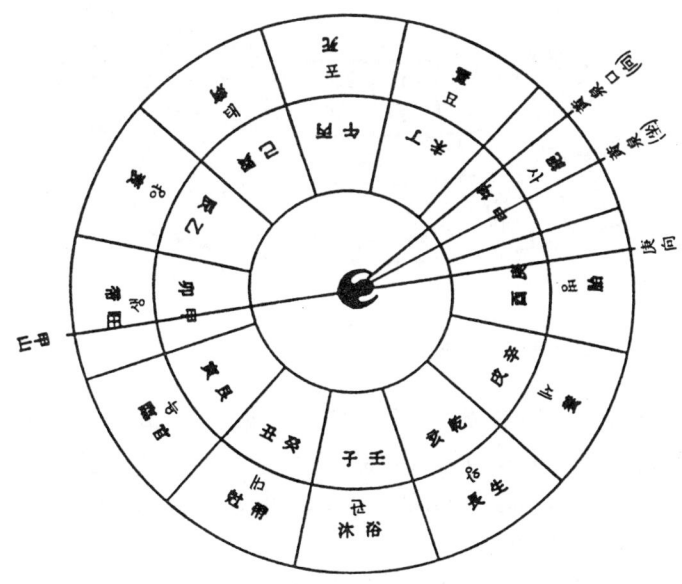

한문은 득수(得水)를 보기위한 포태순서이고 한글은 용(坐)을 보기 위한 포태를 순서로 넣어본 것이다. 갑좌경향묘(甲坐庚向墓)에서 미파구(未破口)인 경우를 예로한 것이다.

⑨ 9층 분금(分金)
마지막 입관(入管)하고 방향을 분금에 맞추어 튼다.
9층 분금(分金)은 빈칸은 못쓰고 글자를 써 놓은 것만 사용하는 것이다. 분금이 대칭적으로 서로 납음오행이 같으며 같은 천간(天干)을 쓰고 있다. 예컨대 병자분금(丙子分金)의 대칭이 병오분금(丙午分金)이다.

9층의 분금(分金)은 봉침분금으로써 수(水)와의 관계로 사용되지만 투지기(氣)와 납음오행(納音五行)으로 상생상극 관계를 살피는 것이 마땅하다.

정해(토)   신해(금)

예컨대 신해투지(辛亥透地 : 5층)으로 입혈(入穴)되었다면 신해(辛亥)는 납음(納音)이 금(金)이고 분금(分金 : 9층)은 정해(丁亥) 분금(分金)을 쓰는 것이 길(吉)하다. 분금이 망자(亡者)의 생년(生年)을 생(生)해주면 더욱 길(吉)하다.
성법, 분금 등이 5행이 상생되야 길혈(吉穴)이 되는 것이다.

4. 택일과 장법(葬法)

① 年, 月, 日, 時의 黃泉殺(黃泉殺)

四 巽	九 離	二 坤
三 震	五 中宮	七 兌
八 艮	一 坎	六 乾

구 궁 도

옆 9궁도는 나경의 방위와 같으며 이 팔괘방위(八卦方位)에는 각황선살(各黃線殺)이 있으니 이는 나경1층에 표시되 있다.

즉 감궁(坎宮)에는 진(辰)이 오면 황천살(黃泉殺)이니 여행이나 이장 하고저 할 때 즉 희망하는 年, 月, 日, 時를 중궁(中宮)에서 기(起)하여 남자(男子)이면 순행(順行 : 1, 2, 3등 순서로 진행하는 것) 여자(女子)이면 역행(逆行 : 九, 八, 七 등의 순서로 진행하는 것) 한다.

이와같이 하여 60갑자(甲子)를 전부를 중궁(中宮)에 놓고 시작하여 황천(黃泉)이 되는 年, 月, 日, 時를 도표로 만들었으니 참고로 한다.

예컨대 남자(男子)는 갑자(甲子)의 年, 月, 日, 時에는 태력(兌力)과 곤방(坤方)으로 여행이나 이장을 금한다는 뜻이다. 그러나 실제로 年, 月, 日, 時가 다 좋은 택일이 어려우니 年, 月, 日, 時中 하나를 택하여 사용함이 좋다. 즉시 하는 것을 時로 하고 몇시간 걸리어 정확한 時를 정하기 어려우면 日로 한다.

巽 酉	離 亥	坤 卯
甲戌 辛未 戊辰 乙丑 丙戌 癸未 庚辰 丁丑 戊戌 乙未 壬辰 己丑 庚戌 丁未 甲辰 辛丑 壬戌 己未 丙辰 癸丑	甲戌 辛未 戊辰 乙丑 丙戌 癸未 庚辰 丁丑 戊戌 乙未 壬辰 己丑 庚戌 丁未 甲辰 辛丑 壬戌 己未 丙辰 癸丑	癸酉 庚午 丁卯 甲子 乙酉 壬午 己卯 丙子 丁酉 甲午 辛卯 戊子 己酉 丙午 癸卯 庚子 辛酉 戊午 乙卯 壬子

震 申		兌 巳
甲戌 辛未 戊辰 乙丑 丙戌 癸未 庚辰 丁丑 戊戌 乙未 壬辰 己丑 庚戌 丁未 甲辰 辛丑 壬戌 己未 丙辰 癸丑	**順行黃泉（男）**	癸酉 庚午 丁卯 甲子 乙酉 壬午 己卯 丙子 丁酉 甲午 辛卯 戊子 己酉 丙午 癸卯 庚子 辛酉 戊午 乙卯 壬子

艮 寅	坎 辰戌	乾 午
乙亥 丁亥 己亥 辛亥 癸亥 壬申 甲申 丙申 戊申 庚申 丁巳 己巳 辛巳 癸巳 乙巳 丙寅 戊寅 庚寅 壬寅 甲寅	乙亥 丁亥 己亥 辛亥 癸亥 壬申 甲申 丙申 戊申 庚申 丁巳 己巳 辛巳 癸巳 乙巳 丙寅 戊寅 庚寅 壬寅 甲寅	乙亥 丁亥 己亥 辛亥 癸亥 壬申 甲申 丙申 戊申 庚申 丁巳 己巳 辛巳 癸巳 乙巳 丙寅 戊寅 庚寅 壬寅 甲寅

兌(酉) 癸	離 亥	坤 卯
甲寅 丁巳 庚申 癸亥 壬寅 乙巳 戊申 辛亥 庚寅 癸巳 丙申 己亥 戊寅 辛巳 甲申 丁亥 丙寅 己巳 壬申 乙亥	甲子 丁酉 庚午 癸卯 壬子 乙酉 戊午 辛卯 庚子 癸酉 丙午 己卯 戊子 辛酉 甲午 丁卯 丙子 己酉 壬午 乙卯	甲子 丁酉 庚午 癸卯 壬子 乙酉 戊午 辛卯 庚子 癸酉 丙午 己卯 戊子 辛酉 甲午 丁卯 丙子 己酉 壬午 乙卯
震 申	**逆行黃泉** (女)	兌 巳
戊子 辛卯 甲午 丁酉 庚子 癸卯 丙午 己酉 壬子 乙卯 戊午 辛酉 甲子 丁卯 庚午 癸酉 丙子 己卯 壬午 乙酉		甲戌 丁丑 庚辰 癸未 丙戌 己丑 壬辰 乙未 戊戌 辛丑 甲辰 丁未 庚戌 癸丑 丙辰 己未 壬戌 乙丑 戊辰 辛未
艮 寅	坎 辰戌	乾 午
甲寅 丁巳 庚申 癸亥 壬寅 乙巳 戊申 辛亥 庚寅 癸巳 丙申 己亥 戊寅 辛巳 甲申 丁亥 丙寅 己巳 壬申 乙亥	甲子 丁卯 庚午 癸酉 戊戌 壬子 乙卯 戊午 辛酉 丙戌 庚子 癸卯 丙午 己酉 戊子 辛卯 甲午 丁酉 丙子 己卯 壬午 乙酉	甲戌 丁丑 庚辰 癸未 丙戌 己丑 壬辰 乙未 戊戌 辛丑 甲辰 丁未 庚戌 癸丑 丙辰 己未 壬戌 乙丑 戊辰 辛未

② 남녀생기복덕일(男女生氣福德日)

　남자(男子)는 이(離)에서 시작하고 순행(順行)으로 곤(坤)에서 처음 띄고 계속하여 나이를 세고 여자(女子)는 감(坎)에서 시작하고 역행(逆行)으로 간(艮)에서 처음 띄고 계속하여 나이를 셈한다. 그리하여 보고저 하는 나이에서 괘(卦)를 정하고 그 괘(卦)에서 일상(一上), 이중(二中), 삼하(三下) 등의 변화를 일으키면 각괘(各卦)마다에 구성(九星)이 붙으니 각괘(各卦)의 지지(地支)의 年, 月, 日, 時의 풀이가 구성(九星) 풀이로 해석되면 된다.

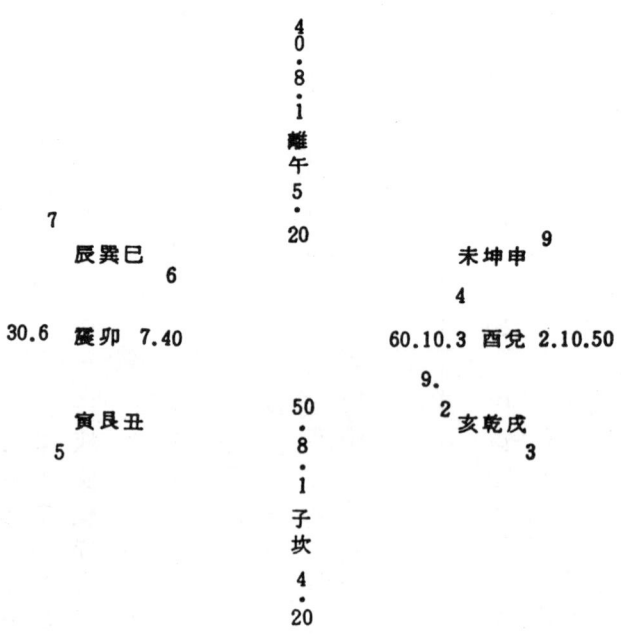

☰ 乾 天(父)　　　一上 生氣(貧狼)
☱ 兌 澤(少女)　　二中 天宜(巨門)
☲ 離 火(中女)　　三下 絕體(祿存)
☳ 震 雷(長男)　　四中 遊魂(文曲)
☴ 巽 風(長女)　　五上 禍害(廉貞)
☵ 坎 水(中男)　　六中 福德(破曲)
☶ 艮 山(小男)　　七下 絕命(破軍)
☷ 坤 地(母)　　　八中 歸魂(輔弼)

③ 오산년운법(五山年運法)

목화토금수(木火土金水) 오산(五山)의 5가지 좌산(坐山)에 속한 오행(五行)을 기준하여 산운(山運)과 年, 月, 日, 時의 생극관계의 길흉(吉凶)을 판단하는 방법이다. 이때 좌(坐)는 홍범오행(洪範五行)으로 하고 年, 月, 日, 時가 납음오행(納音五行)으로 변한다. 이때 변화된 좌산운(坐山運)과 장일(葬日)의 年月日時의 납음(納音) 오행(五行)과의 생극을 살피는 것이다.

변화관계를 도표로 하면 다음과 같다.

坐 \ 年	丁, 乾, 亥 (金山坐)	卯, 艮, 巳 (木坐)	年壬丙乙 (火坐)	癸, 丑, 坤, 庚, 未(土) 甲, 寅, 辰, 巽, 戌 子, 辛, 甲(水坐)
甲己年	乙丑 金運	辛未 土運	甲戌 火運	戊辰 木運
乙庚年	丁丑 水運	癸未 木運	丙戌 土運	庚辰 金運
丙辛年	己丑 火運	乙未 金運	戊戌 木運	壬辰 水運
丁壬年	辛丑 土運	丁未 水運	庚戌 金運	甲辰 火運
戊癸年	癸丑 木運	己未 火運	壬戌 水運	丙辰 土運

예(例)로써 갑기년(甲己年)에 유(酉), 정(丁), 건해(乾亥) 좌산운 (坐山運)은 을축금운(乙丑金運)인데 만약 건좌(乾坐)로되는 묘(墓)를 쓰고저 할때가 갑자년(甲子年)이라면 갑자(甲子)의 납음오행(納音五行)은 금(金:海中金)이므로 매우 길(吉)하다. 그러나 갑(甲)이 들어가는 년중(年中)에도 갑진년(甲辰年)은 건좌(乾坐)의 운(運)은 금(金:乙丑金運)이지만 갑진(甲辰)의 납음(納音)은 화(火:覆燈火)이므로 화극금(火剋金)하여 불길(不吉)하다. 그러나 갑진년(甲辰年)이라 하더라도 11月과 12月은 병자(丙子), 정축(丁丑)인데 이의 납음(納音)이 윤하수(潤下水)되어 수극화(水剋火)하여 갑진(甲辰)의 화(火)를 극(剋)하여 주기때문에 화극금(剋 金)하는 화(火)의 힘을 약화하며 택일할 수 있다.

즉 갑진년(甲辰年)에 건좌(乾坐)는 불가(不可)하지만 11月, 12月에는 건좌(乾坐)를 택할 수 있다고 해석한다.

④ 장법(葬法)

정혈(定穴)이 된 후에 장법이란 크게 어려운 점이 없으나 그러나 막상 정확한 지식이 없을때는 다소 당황하지 않을 수 없으니 익혀두어야 할 일이다. 우선 장법을 논하기 전에 정혈법(定穴法)을 간략히 살펴 본다.

㉠ 정혈법(定穴法)

자세한 것은 형기론(形氣論)에서 설명되었기 때문에 생략하고, 물의 침법을 받지 않고 양지바른곳에 혈(穴)을 정(定)한다. 흙이 넉넉한 곳을 택하되, 밭같이 된곳은 특히 주의해야 되는데 이곳이 산을 개간해서 밭이된 것인지, 아니면 계곡에서 오랜세월 물에 밀려 흙이 쌓여서 밭이 된 것인지를 잘 살펴야 한다.

후자는 절대 혈(穴)이 될 수 없다. 특히 석산(石山), 단산(斷山), 과산(過山), 독산(獨山), 동산(童山)에는 혈(穴)이 없다.

㉡ 장법의 일반론

와겸혈(窩鉗穴 : 形氣論參照)에서는 6尺을 넘게 깊게파서 장(葬)하면 좋지 않다. 이는 혈심(穴心)을 지나쳤다 하는데 때로는 특히 마사토(모래흙)에거는 6척이상(尺以上)이 풍(風)의 침범을 막으며, 천혈(天穴)은 깊이 장(葬)함이 길하다.
　묘(墓) 본봉의 형태(形態)와 크기는 특별히 논(論)한바 없으나 이는 혈성(穴星)의 형세에 따르며, 입수용의 크기와 와유(窩乳)에 따라 본봉의 형(形)과 세(勢)를 정(定)함이 길(吉)하다. 또한 혈전(穴前)의 토(土)를 퇴(堆)할때도 역시 입수용 또는 현무(玄武 : 主山)의 오행(五行)과 상생하도록 만들어야 길(吉)하다. 자세한 것은 金大恩著 九星과 葬法을 참고바람)
　㉢ 옥용자(玉龍子) 장법(葬法)
　우리나라의 풍수지리(風水地理)의 대가인 옥용자(玉龍子)는 좌별(坐別)로 혈심(穴深)을 정하였다.
　임좌(壬坐 : 6.4), 자(子 : 5.1), 계(癸 : 5.1), 축(丑 : 8.4), 간(艮 : 7.5), 인(寅 : 7.3), 갑(甲 : 9.2), 묘(卯 : 8.3), 을(乙 : 8.7), 진(辰 : 9.3), 손(巽 : 9.3), 사(巳 : 4.8), 병(丙 : 7.1), 오9午 : 6.5), 미(未 : 8.9), 곤(坤 : 9.3), 신(申 : 7.5), 경(庚 : 8.1), 신(辛 : 7.8), 술(戌 : 5,5), 건(乾 : 5.9), 해(亥 : 4.5)
※ ( )안의 숫자는 尺을 의미한다.

묘터로 풀어본
태조 李成桂외 41명
인생운명판단

전·서울시립여대 한국사
탁 은 정 교수

역사인물의
팔자와 명당

정가 17,000원
발행처…출판사 동양서적
전화…363-8682

사주로 풀어본
정치인 金大中외 111명
인생길흉판단

현대인물의 생애와 운명

청운역리연구원
엄윤문 원장

정가 20,000원
발행처…출판사 동양서적
전화…363-8682

| 판 권 |
| 본 사 |

명당(明堂)잡는법

1997년 9월 25일 초판발행
2003년 12월 25일 재판발행

편 자 / 엄윤문
발행인 / 안영동
발행처 / 출판사 동양서적
122-899 서울특별시 은평구 역촌동 40-6
www.orientbooks.co.kr
전 화 357-4722~3
등록일 1976년 9월 6일   번호 제 6-11호

값 15,000 원

ISBN 89-7262-038-6   03180